KB040875

이웃집 백만장자
변하지 않는 부의 법칙

이웃집 백만장자

The Next Millionaire Next Door

변하지 않는 부의 법칙

흔들리지 않는 부는 어떻게 축적되는가

토머스 스탠리·세라 스탠리 팰로 지음

김미정 옮김

비즈니스북스

옮긴이 **김미정**

서울대학교 사회교육과에서 학사 및 석사 학위를 받았으며 미국 일리노이대학교에서 교육심리학 전공 박사 과정을 수료했다. 고등학교와 대학에서 학생들을 가르치기도 했고 10년 넘게 영상번역가로 활동했다. 글밥아카데미를 수료하고 바른번역에 소속되어 활동 중이다. 옮긴 책으로는 《그릿 Grit》, 《자기통찰》, 《끝까지 해내는 기술》, 《최고의 변화는 어디서 시작되는가》, 《오직 스스로의 힘으로 백만장자가 된 사람들의 52가지 공통점》, 《변화의 시작 5AM 클럽》 등이 있다.

이웃집 백만장자
변하지 않는 부의 법칙

1판 1쇄 발행 2019년 12월 18일
1판 22쇄 발행 2024년 8월 27일

지은이 | 토머스 스탠리 · 세라 스탠리 팰로
옮긴이 | 김미정
발행인 | 홍영태
편집인 | 김미란
발행처 | (주)비즈니스북스
등 록 | 제2000-000225호(2000년 2월 28일)
주 소 | 03991 서울시 마포구 월드컵북로6길 3 이노베이스빌딩 7층
전 화 | (02)338-9449
팩 스 | (02)338-6543
대표메일 | bb@businessbooks.co.kr
홈페이지 | http://www.businessbooks.co.kr
블로그 | http://blog.naver.com/biz_books
페이스북 | thebizbooks
ISBN 979-11-6254-119-7 03320

"우리는 행동을 바꿀 수 있는 것에
돈을 투자해야 한다."

_빌 게이츠

부자의 길,
느리고도 꾸준한 일상의 혁명

내 아버지 토머스 스탠리 박사는 무려 40여 년간 수천 명의 미국 부자들을 연구해왔다. 특히 상속이나 증여의 도움 없이 재정 자립과 경제적 성공에 이를 수 있는 길을 찾아내 알리고자 했다. 그 과정에서 박사는 몇 가지 보편적 요소를 발견했지만 동시에 독특한 경력과 소비 행태, 사업 선택 등 다양한 경로를 통해서도 부자가 될 수 있다는 사실도 확인했다.

그가 쓴 《백만장자 불변의 법칙》을 보면 부를 쌓을 수 있는 구체적인 재무 계획 원칙뿐 아니라 확실히 검증된 자산 축적의 길이 제시돼 있다. 그럼에도 여전히 많은 사람들이 왜 자신은 부자가 아니냐고 묻는다. 단언컨대 기업가든, 교사나 변호사, 영업 전문가든 상관없다. 누구나 절제하고 체계적으로 재산을 모으면 부자가 될 수 있다. 이 책을 집필하기 위해 만난 수천 명의 백만장자들 역시 뉴욕 양키스와 백만 달러 계약을 체결하거나 복권에 당첨되거나 믹 재거 같은 세계적인 가수가 되지 않고도 천천히, 꾸준히 부를 쌓았다.

이와 같이 느리지만 꾸준한 접근법은 평소 우리 삶의 많은 과제에 적용된다. 예를 들어 새로운 기술을 습득하거나 탄탄한 몸매를 유지하거나 자녀를 기르거나 새로운 사업을 시작하는 것 같은 일들에도 적용될 수 있다. 사실 경제적 자립을 포함해 인생의 모든 주요 목표를 달성하기 위해서는 절제하는 행동, 자신의 능력에 대한 인식, 자원의 효율적 배분이 필요하다.

하지만 현실적으로 대부분의 사람들은 살면서 일정 수준의 소비가 필수라고 생각하고 또 사회적 지위를 과시하고 싶어 하기에 그런 길을 가기 힘들어한다. 안타깝게도 상당한 현금이 꾸준히 들어오지 않는 한 돈에 구애받지 않고 자신이 하고 싶은 일을 하거나 입고 싶은 옷, 타고 싶은 차, 살고 싶은 집을 마음껏 사들이는 생활을 유지하기는 어렵다. 우리 대다수는 현재 습관을 벗어나지 못하거나 이를 바꾸려는 노력은 없이 그저 불평만 늘어놓으며 익숙한 삶에 의존한 채 돈이 없다는 근심만 쌓아갈 뿐이다.

일부 비평가들의 이의 제기와 달리 스탠리 박사는 "아무것도 없이 시작해 엄청난 부자가 될 확률은 그리 높지 않다."고 분명히 말했다. 하지만 한편으로는 연구를 통해 우리가 행동으로 경제적 상황을 변화시킬 수 있음을 거듭 입증해 보였다. 그의 삶이 바로 그런 경우였다. 그는 몹시 초라했던 어린 시절의 환경을 극복하고 경제적 자립을 달성하기 위해 꼼꼼하고 꾸준하게 자신의 행동 방식을 바꿨다.

그는 1996년《백만장자 불변의 법칙》을 출간한 후 2판을 낼 마음이 전혀 없었다. 부를 쌓는 일과 관련해 독자들에게 다른 신선한 시각을 제공하는 새 책을 쓰고 싶어 했기 때문이다. 그래서《백만장자 마인드》The Millionaire Mind,《이웃집 여자 백만장자》Millionaire Women Next Door,《부자인 척 그만해라》Stop Acting Rich 를 후속작으로 내놓았다. 그 후 2012년에《백만장자 불변의 법칙》의 발간 20주년을 4년 앞두고 이 책에 대한 연구가 시작됐다. 원래 목표는 새롭게 등장한 몇몇 주제들의 동향을 조사하는 것이었으며, 이것을 스탠리 박사의 전작들에서 수집한 데이터와 비교하려 했다.

우리는 미국 백만장자들을 다시 조사해서《백만장자 불변의 법칙》초판이 출판된 후 20년 동안 어떤 변화가 있었는지 검토해보기로 뜻을 모았다. 우리의 목표는 '이웃집 백만장자'의 주요 행동 특성을 재검토하는 동시에 요즘은 어떤 식으로 부를 쌓는지 고찰해보는 것이었다. 스탠리 박사는 베이비붐 세대의 관점과 마케팅 지식이 있었고, 나는 X세대의 관점을 지닌 산업심리학자로서 이 프로젝트를 진행했다.

그러나 우리의 앞에는 또 다른 사건이 기다리고 있었다. 그로 인해 독자 여러분이 읽고 있는 이 책이 크게 바뀌게 됐다. 1차 설문 조사 안내 메일을 발송하기로 한 전날, 아버지가 불의의 사고로 세상을 떠나셨다. 그 후 우리가 조사한 결과와 아버지가 써놓은 글을 종합하는 임무는 내 몫이 됐다.

새로운 조사로 얻은 데이터와 몇 년간 수집했던 데이터를 해석하고, 스탠리 박사가 책에 포함시키려고 써뒀던 메모와 블로그 게시글들, 아이디어들을 덧붙여 책의 장들을 구성해야 했다. 괴롭고도 즐거웠던 이 작업을 끝내기까지는 3년이 걸렸다. 그 과정에서 아버지의 메모와 글들 대부분을 실었지만 새 데이터와 최근 주요 뉴스에 대해서는 내 해석을 겸허히 실을 수밖에 없었다.

그의 부재에도 불구하고 이 책을 완성해야만 한다고 느꼈던 이유가 몇 가지 있다. 이는 개인의 경제적 성공을 돕기 위한 소비자학, 재무설계, 행동재무학behavioral finance, 사회심리학 분야의 연구가 계속되어야 하는 이유와도 같다. 간단히 말하면, 어떻게 자력으로 부를 축적할 수 있는지 지속적인 연구를 통해 부에 관한 신화와 일화, 미담을 확인하거나 반박할 필요가 있다. 그럴듯한 이야기와 실제로 효과가 있는 방법을 과학적으로 구분할 수 있도록 말이다.

여전히 세상에는 부에 관한 신화가 넘쳐난다. 언론과 정부, 사람들의 머릿속에서 소득과 자산은 계속 혼동되고 있다. 마치 경제적으로 성공하는 길은 상당 수준의 경제적 원조(가족으로부터 받는 금전적 선물)나 복권 당첨, 부정직한 방법뿐인 것처럼 보인다. 자신의 힘으로 재산을 모은 사람은 의심스러운 시선을 받고, 화려하고 반짝이는 사진들이 SNS 피드를 채우며 경제적 성공의 실체를 가린다.

사실 우리 대부분은 자신의 재무 관리를 할 준비가 안 되어 있다. 심지어 재무 관리가 아예 불가능한 경우도 있다. 미국인의 경우 거의 절반이 뭔가를 팔거나 돈을 빌리지 않고는 400달러를 지출할 여유가 없다. 온 나라가 끊임없이 경제를 걱정한다. 미국심리학회APA에 따르면 생활 속에서 돈이 큰 스트레스 요인이라고 느끼는 미국인이 약 64%나 된다고 한다. 이 수치는 경제 상황에 따라 약간 달라지긴 하지만 대체로 미국인들은 직장 문제, 건강 문제, 가족 문제보다 돈 때문에 더 큰 스트레스를 받는다.

마지막으로《백만장자 불변의 법칙》에 대한 일부 비평가들의 주장을 지적하고 넘어가고자 한다. 그들은 이 책에 소개된 사람들의 성공이 1990년대 중반 인터넷 경제의 발달과 더불어 찾아온 주식 시장의 호황 덕택이라고 주장한다. 또 이 책이 생존자 편향survivorship bias에 치우쳐 결론을 냈다고(즉 경제적으로 성공한 사람들의 데이터만 수집하고 실패한 사람들을 조사하지 않았다고) 비판한다.

그러나 이들이 간과하고 있는 점이 있다. 이 책은 소득을 재산으로 전환하는 데 유능한 이들(소득 대비 재산이 많은 사람)과 똑같은 수입에도 그만한 예금액이 없는 이들(소득 대비 재산이 적은 사람)을 비교한다. 책에서 검토한 행동과 습관은 대중 시장mass market 인구와 대중 부유층mass affluent(중산층보다는 돈이 많지만 고액 자산가에는 미치지 못하는 집단으로, 미국의 경우 소득이 7만 5천 달러 이상이면서 어느 정도 금융 자산이 있는 이들을 일컫는다―옮긴이 주), 즉 아직 부의 경쟁을 통과하지 못한 사람들도 포함해 조사한 것이었다. 백만장자가 아닌 이들 집단도 재무와 관련해 신중하게 결정하고, 소비를 부추기는 사회적 압력을 무시하며 목표에 집중함으로써 빠른 자산 형성이 가능하다는 것을 보여주었다.

이번 책에는 아버지가 돌아가시기 직전과 후에 수집된 데이터에 대한 설명과 해석뿐만 아니라 그가 직접 쓴 글들도 포함되어 있다. 주로 그가 블로그에 올린 글 중에서 책에 포함할 내용으로 표시해놓은 것들이다. 이 책에서 강조된 데이터 대부분은 2015년과 2016년에 수집되었다. 하지만 2012~2018년에 실시한 다른 부수적 연구의 설문 조사 결과와, 그간 내 데이터 연구 회사인 데이터포인츠에서 수집했던 데이터와 연구 결과도 포함되어 있다.

나는 이 책 전체의 서술자를 '우리'로 하기로 했다. 하지만 아버지의 메모, 블로그 게시글, 각 장에 관한 아이디어, 데이터 검토를 그대로 옮긴 글상자도 중간중간 들어 있다. 이 책에 매우 중요한 그 글들을 그대로 들려줘야 한다고 생각했기 때문이다. 내 목소리를 담은 부분도 있는데, 그럴 때는 내 경험과 연구라는 것을 밝혔다.

2015년 아버지가 때 이른 죽음을 맞은 후 수많은 사람들이 웹사이트나 다른 경로로 연락해왔다. 아버지의 부재에 직계 가족만 상실감을 느낀 것이 아니라, 경제적 자립을 향한 여정에서 도움과 격려를 구하고픈 독자들도 그의 빈자리를 느끼는 듯했다.

가슴이 아프지만 마음을 가다듬고 스탠리 박사의 연구와 저작을 잇는 이 책을 내놓으려 한다. 일부 언론은 이웃집 백만장자 개념이 죽었다고 주장하기도 한다. 그러나 우리의 데이터는 그렇게 말하지 않는다. 이웃집 백만장자는 여전히 건재하며, 누구나 노력한다면 얼마든지 경제적 성공을 이룰 수 있음을 증명해 보이고 있다.

조지아주 매리에타에서
세라 스탠리 팰로

제1장
이웃집 백만장자는 잘 살아 있다

제2장
부에 관한 7가지 신화 깨부수기

제1장

이웃집 백만장자는
잘 살아 있다

⟨ 💎💎💎 ⟩

The Next Millionaire Next Door

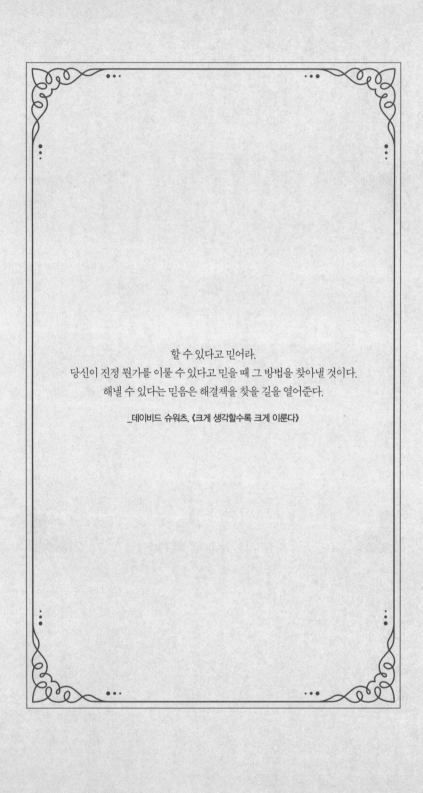

할 수 있다고 믿어라.
당신이 진정 뭔가를 이룰 수 있다고 믿을 때 그 방법을 찾아낼 것이다.
해낼 수 있다는 믿음은 해결책을 찾을 길을 열어준다.

_데이비드 슈워츠, 《크게 생각할수록 크게 이룬다》

토머스 스탠리 박사는 사람들이 어떻게 자력으로 경제적 성공을 거둘 수 있는지 연구하는 데 평생을 바쳤다. 그는 미국에서 소득이 평균 이상인 사업가, 경영자, 교사, 엔지니어 등 수많은 사람들을 조사해 '왜 어떤 사람들은 소득을 재산으로 더 잘 전환할 수 있는가?'라는 질문에 답하고자 했다. 그리고 그 연구 결과를 담은 책《백만장자 불변의 법칙》은 500만 권 이상 팔렸다.

왜 그의 책은 그토록 큰 반향을 일으켰을까? 아마도 부유한 집안이나 특정 민족 출신 같은 배경이나 조건 없이 '행동'만으로 부자가 될 수 있음을 밝혔기 때문일 것이다. 물론 그와 상반되는 뉴스들이 대대적으로 보도되고는 한다. 하지만 유산을 상속받거나 복권에 당첨되지 않더라도 부자가 될 수 있다. 스스로 정한 목표와 이를 달성하기 위한 행동, 그 과정에서 방해 요인들과 반대자들을 무시할 수 있는 능력이 있다면 말이다.

20년 전 '이웃집 백만장자'가 탄생했던 특징들은 지금도 유효하다.

정치 지형의 변화나 경제 환경, 유행과 상관없이 성립하는 부자 방정식은 한마디로 말해 '자신의 수입 이하로 생활하는 것'이다. 이 공식은 언제나 통하게 되어 있다.

하지만 1990년대와 2000년대 초반에 등장한 트레이딩 업trading up (주로 중저가 상품을 구매하던 중산층도 품질이나 감성적 만족을 위해 명품에 준하는 새로운 명품 브랜드를 부분적으로 구매하려는 경향으로 '상향 구매'라고도 한다―옮긴이 주) 그리고 최근에는 SNS 같은 일상의 방해 요인들 때문에 지출보다 저축이 많으면 되는 이 간단한 공식의 효과를 맛보는 사람은 많지 않다. 게다가 의료비와 교육비의 증가로 우리가 살아가는 방식 자체가 달라지고 있다. 우리의 부모와 조부모가 따랐던 전통적인 생활양식이나 직업 경로는 오늘날 부를 쌓는 데 도움이 되지 않는다.

여전히 일부 비평가들은 이제 이웃집 백만장자란 개념은 죽었다고 주장한다. 그들은 스탠리 박사가 다룬 성공담들이 1990년대 인터넷의 발달에 힘입은 주식 붐 덕분에 가능했으며, 박사가 제시한 데이터에 생존자 편향의 오류가 있다고 주장한다. 하지만 우리의 가장 최근 연구 결과는 그렇지 않음을 보여준다. 즉 부를 쌓는 데 도움이 되는 행동, 습관, 생활양식은 지난 20년 동안 바뀌지 않았을 뿐만 아니라 그 시대의 경제적, 사회적, 기술적 문제에 의해 좌우되지도 않았다. 그리고 부자가 아닌 사람들 중에서도 바로 그런 행동과 습관, 생활양식을 통해 소득을 재산으로 바꾸는 데 성공한 사람들과 그렇지 못한 사람들이 나뉜다는 것이 확인됐다.

이웃집 백만장자를 찾아 나서다

백만장자들을 찾아내는 과학적 방법들은 있지만, 그들의 수가 (우리가 조사 대상으로 삼은) 미국 인구에 비해 극소수이므로 어떤 조사 연구에서든 많은 표본 집단을 확보하기는 어렵다. 그래서 보통은 그 지역 주민 모두가 백만장자는 아니라 하더라도 방대한 데이터와 우편번호별 주소를 바탕으로 주민들의 소득과 순재산이 높다고 추정되는 지역에서 표본을 추출하는 방법을 쓴다.

하지만 전통적인 조사 연구와 타깃 시장 설정 절차가 이웃집 백만장자를 찾아내는 완벽한 방법이 아닐 수도 있다. 실제로 백만장자들은 자신이 살 집에 큰돈을 지출하지 않고 재산을 모은 경우가 많기 때문에 부유한 동네에 살 가능성이 낮다. 크라우드소싱 사이트나 경제적 자립 블로그에 간혹 백만장자들이 등장하기도 하지만, 보통 그들은 자신의 경제적 성공을 남들에게 알리지 않는다. 애초에 부유해 보일 생각이 없었기에 부자가 될 수 있었던 사람들인 까닭이다.

그러나 오늘날에도 자기 힘으로, 자기 방식대로 부를 쌓아가는 사람들은 계속 존재한다. 우리가 소개하는 이웃집 백만장자의 다수가 편지로 자신의 이야기를 알려주었다. 그들은 자신의 성공을 세상에 자랑하지는 않지만 그들을 본받을 의향이 있는 사람들에게는 (흔히 익명으로) 경험을 기꺼이 공유하고자 한다. 우리는 크라우드소싱 사이트에서 얻은 표본을 연구하면서 '예비 이웃집 백만장자'라는 명칭이 적절한 이들도 만났다. 아직 백만장자는 아니지만 확실히 그 길로 가고 있는 개인들 말이다.

소득을 재산으로 바꾸는 데 능한 사람들을 식별하려면 개별 구매 행위나 직함 이상을 고려해야 한다. 사실 스탠리 박사가 1996년에 조사하고 인터뷰했던 이웃집 백만장자 중에는 회계사나 고철 수집상처럼 지루하거나 평범한 업종으로 보일 수 있는 일에 종사하는 이들도 많았다. 1996년과 마찬가지로 현재도 엔지니어나 교사 같은 직업을 가진 이들은 소득을 부로 바꾸는 비상한 자질, 성격, 능력이 있다.

그렇지만 고철 수집상 같은 소규모 자영업자 모두가 소득을 부로 전환할 수 있는 것은 아니다. 오래된 자동차, 저렴한 시계, 적당한 규모의 주택을 소유한 사람 모두가 부를 쌓는 데 필요한 지식과 기술, 능력이 있는 것도 아니다. 스탠리 박사가 말했듯이 그런 요인은 표식이 될 수는 있지만 예측 변인이라고는 할 수 없다. 그런 한 가지 경제적 결정이나 생활 방식의 선택이 아니라 행동과 경험의 포괄적 유형을 고려해야만 한다.

은퇴한 젊은 부자들, 파이어족의 출현

1996년 《백만장자 불변의 법칙》이 출간된 후로 새로운 인류가 출현했다. 아주 이른 나이에 은퇴하거나 월급쟁이 생활을 그만두기 위해 노력하는 사람들이 바로 그들이다. 30대에 은퇴가 가능할 정도로 저축하는 게 과연 가능할까? 흔히 파이어족Financial Independence/Retire Early, FIRE으로 불리는 이들은 이웃집 백만장자가 건재함을 보여주는 최고의 증거라고 할 수 있다.

2011년 미스터 머니 머스태시Mr. Money Moustache란 필명의 한 블로거가 등장해 저축과 소비 습관, 투자 방식, 소비자 행동에 관한 자신의 철학을 보고하기 시작했다(그의 표현은 거침이 없었다. "현재 당신의 중산층 생활 방식은 낭비의 활화산과 같다."라는 표현은 큰 반향을 일으켰다). 최초로 온라인에서 근검절약과 이른 은퇴를 주장했던 건 아니지만 그는 많은 사람들이 사례로 제시했던 최초의 인물이었다. 미스터 머니 머스태시는 대략 90만 달러의 총자산을 모은 30세에 직장을 그만뒀다. 그리고 그가 쓴 글들과 함께 이른 은퇴에 대한 많은 글들은 하나의 문화 운동을 탄생시켰다.

파이어족의 디렉터리라고 할 수 있는 사이트 록스타 파이낸스Rock-star Finance에는 1,700개 이상의 파이어족 관련 블로그가 링크돼 있다. 약간씩만 다를 뿐 주제는 똑같은 이 블로그들은 가능한 한 빨리 돈을 모아 원하는 일을 하며 살자고 강조한다. 그리고 그중 많은 이들이 《백만장자 불변의 법칙》을 자신의 인생을 바꿔놓은 책으로 언급한다.

이 블로거들의 사례 연구와 개인적 행로는 책 한 권에 담을 수 없을 정도로 방대하다. 연봉이 50만 달러 이상인 의사와 변호사도 있고 그보다 월급이 적은 직업의 종사자들도 있다. 수백만 달러를 모으고도 아직 일을 그만두지 않은 블로거가 있는가 하면, 순재산이 백만 달러 미만인데 이미 은퇴한 이들도 있다. 그렇지만 이들은 하나같이 목적의식을 갖고 절제하는 생활을 하며, "회사나 조직에 매여 살지 말고 자신의 인생에서 무엇을 하고 싶은지 스스로 결정해야 한다."고 역설한다. 다시 말하지만 이들은 60, 70대가 아니라 20~40대다.

이 블로그들을 30분만 훑어보고 파이어족과 그들이 추구하는 생활 방식에 대해 알아보라. 어째서 그들은 그런 방식을 선택하게 됐을까? 당신은 그들의 방식이 마음에 들지 않을 수도 있다. 그러나 그들의 행동과 선택이 유효하지 않다고 주장하기는 어려울 것이다. 또 파이어족 중에 이웃집 백만장자들이 많다는 사실도 부정하기 힘들 것이다.

부의 전제 조건: 돈을 중히 여겨라

앨리슨 러마는 미국의 한 시골 마을에서 알코올중독자인 어머니와 생계를 꾸려가느라 고생했던 아버지 밑에서 자랐다. 앨리슨의 경제관념에 멘토 역할을 해준 이는 그녀의 조부모였다. 앨리슨은 우리와 인터뷰하면서 돈을 중히 여겨야 한다는 생각을 좀 독특하게 표현했다. "책임감 있게 돈을 관리하면 나중에 그 돈이 당신을 돌봐줄 거예요. 돈에 관심이 없다는 사람들의 말은 돈을 제대로 관리하지 않는 것에 대한 평계처럼 들려요."

현재 54세인 앨리슨은 대학생 나이의 두 자녀를 두고 있으며 결혼을 약속한 약혼자가 있다. 집을 소유하고 있는 그녀는 같은 동네에서 20년 동안 거주 중이다. 그녀가 200만 달러가 넘는 재산을 모을 수 있었던 것은 어릴 적 경험과 그에 대응한 행동 덕분이었다고 했다.

저는 맏이였기 때문에 집안의 생계에 대해 생각해야만 할 것 같았어요. 열세 살이었던 저도 갖고 싶었던 것들이 있었지만 가질 수 없다고 안타까워하고 있지만은 않았어요. 매일 신문 배달을 했고

영하 40도의 날씨에도 배달을 거르지 않았죠. 저는 타고난 행동가, 일꾼, 문제해결사였거든요.

당시엔 별다른 오락거리가 없었어요. 저는 조부모님과 많은 시간을 보냈죠. 할아버지는 평생 열심히 일해서 재산을 모은 분이세요. 그 재산을 당연히 물려받으리라 기대하는 몇몇 손주들에게 할아버지가 몹시 실망하시는 걸 곁에서 지켜봤죠. 지금도 페이스북에 들어가면 그런 사람들이 많아요. 멋진 삶을 사는 듯 보이지만 현실은 그렇지 못한 사람들 말입니다.

아버지는 수입의 10%를 저축하라고 늘 말씀하셨어요. 할아버지도 같은 말씀을 하셨죠. 그래서 저는 대학에 다니면서 시급이 6달러 50센트인 아르바이트를 할 때도 무조건 10%를 저축했습니다. 친구들은 저를 보며 "저축은 진짜 직장을 잡은 다음에 하지 그래?"라면서 웃었죠. 하지만 그건 제가 일찌감치 익히고 고수해온 습관이었어요. 희생이 아니라 습관이요.

저축을 하고 백만장자가 되면서 조부모님의 뜻을 따르고 있다는 느낌도 들었죠. 저는 백만장자가 되어가는 과정, 즉 한 가지 목표를 이룬 다음 또 다른 목표를 세우는 과정에서 만족을 느꼈어요. 저는 제가 백만장자가 될 줄 알고 있었어요. 그건 대단한 일이 아니었어요. 노력하면 되는 일이었죠. 때로는 하루에 14시간 일하는 것도 마다하지 않았죠. 그럴 가치가 있는 희생이니까요.

되돌아보면 좋은 시절이었다 싶기도 해요. 에어컨이 안 나오는 차를 몰고 다녔던 일만 해도 좋은 추억이죠. 35세 무렵에 처음으로 백만장자가 되었고 54세인 지금은 순재산이 200만 달러 정도

돼요. 제가 아주 평범하게 행동하기 때문에 친구들은 제 재산이 그 정도라고 생각조차 못 할 거예요. 돈 자체도 좋지만 저는 돈을 모으는 것보다 그 돈으로 무엇을 할 수 있을지 더 고민하는 편이죠.

앨리슨은 왜 많은 사람들이 재산을 모으는 데 어려움을 겪는지 다음과 같이 말해주었다.

- 그들은 사회적 단서에 의존해 중요한 게 무엇인지, 남들과 어떻게 경쟁할지 결정하며 남들과 자신을 끊임없이 비교한다. 앨리슨은 "특히 부모 노릇을 하면서 매우 경쟁적일 수 있다." 라고 지적했다.
- 그들은 자신의 위치가 어디쯤인지 현실을 직면할 필요가 있다. 자신의 재정 상태에 대해 제대로 인식하고 이해해야만 앞으로 어떻게 해야 할지 현실적인 결정을 내릴 수 있다.
- 그들은 사소한 결정들이 재정 상태에 별다른 영향을 미치지 않는다고 생각한다. 그러나 앨리슨은 "영하의 추위 속에 일하면서 작고 소소한 결정들이 재정에 복합적으로 영향을 미친다는 사실을 배웠다."고 강조했다.

어린 시절의 경험과 조부모님의 영향으로 앨리슨은 백만장자가 되는 경제적 여정을 걸어올 수 있었다. 도중에 포기하거나 쉬운 길을 선택할 수도 있었지만, 조부모님의 영향으로 돈을 중히 여기며 장기적인 안목을 가지고 재정적 선택을 해온 덕분에 현재 그녀는 큰 자유를 누리고 있다.

대차대조표를 보고 자신의 현재 상황을 직시하고 두려움 없이 있는 그대로 인식할 수 있어야 해요. 이혼할 때 그런 인식이 큰 도움이 되었죠. 제게는 선택권이 있었으니까요. 돈 문제를 이해하지 못하거나 두려워서 결혼 생활을 유지하는 여자들도 있어요. 저는 그런 제약을 받지 않았어요. 저는 소방서에서 일해요. 이 일이 좋아서 일을 하고 있죠. 지금은 월급보다 투자 소득이 더 높지만 주변 사람들은 몰라요. 제가 말하지 않았거든요.

앨리슨이 자기 이야기를 들려준 이유는 명성이나 더 큰 부를 얻기 위해 또는 인스타그램 포스팅을 위해서가 아니었다. 상황이 어떻든 경제적 성공은 과거에 일어난 일이 아니라 현재와 미래의 자기 행동에 달려 있다는 사실을 입증해 보이기 위해서였다. 그녀의 사례를 보면 1996년에 스탠리 박사가 묘사했던 이웃집 백만장자의 행동 특성들은 지금도 유효하다.

또 다른 이웃집 백만장자인 제이콥슨 가족은 어느 모로 봐도 1면 뉴스감이 아니다. 그들은 복권에 당첨된 적도, 아마존이나 구글에서 사들일 만한 IT 기업을 설립한 적도 없다. 그저 꾸준히 절약하고 재산 축적에 도움이 되는 선택을 수십 년 동안 해온 결과 부자가 됐다.

넓이가 177제곱미터(약 54평)인 제이콥슨의 집은 미국의 최고 자산가들이 거주하는 지역에 있지 않다. 제이콥슨의 가족은 전형적인 이웃집 백만장자들의 길이라고 불릴 수 있는 과정을 거쳤다. 제이콥슨 부인이 스탠리 박사에게 보낸 편지에 따르면 그들은 웬만한 백만장자들보다도 많은 재산을 모은 뒤로도 계속 그 재산을 유지하고 늘리는 방식으로 소비를 한다고 한다. 그들의 이야기는《백만장자 불변의 법칙》2010년판 서문에 언급되어 있다.

저는 저와 잘 맞는 배우자와 결혼해서 소박한 생활을 해왔습니다. 22년간 결혼 생활을 하면서 세 자녀를 두었고 애완견 세 마리와 말 한 마리를 키우고 있죠. 우리는 1975년에 지어진 177제곱미터 넓이의 평범한 집에서 20년 동안 살고 있습니다. 저는 화학공학 석사 학위가 있고, 남편은 화학공학 박사 학위 소지자로 현재화학회사 부사장입니다.

저는 고등학교 시절에 올 A를 받았고 SAT에서는 1,170점을 받았습니다. 그리고 우리 집안 최초로 대학에 갔죠. 저는 아칸소주의 산간벽지에서 태어났습니다. 대학을 졸업한 후 남편과 저, 둘 다좋은 직장에 취직했어요. 우리는 한 사람의 월급으로 생활하고 한 사람의 월급은 전액 저축했습니다. 그리고 월급이 인상될 때마다저축액을 늘렸죠. 지금 저는 아이들을 돌보느라 전업주부가 됐습니다.

우리는 이미 백만장자입니다. 하지만 세 아이를 대학까지 보내야 하기 때문에 우리가 부자라고 생각하지 않습니다. 식당에 가면아이들에게 1달러짜리 특별 할인 메뉴에서 주문하게 하는데 가끔아이들이 우리 집은 가난하냐고 묻더군요!

미국의 1가구 주택은 넓이가 평균 223제곱미터(약 67평) 정도로 제이콥슨 가족의 집보다 46제곱미터 더 넓다. 그러나 제이콥슨 가족은 주택 크기로는 평균 이하에 속하지만 순재산액net worth 기준으로는 미국 전체 상위 10%에 든다. 통계적으로 집의 크기가 클수록 모아놓은 재산은 적다. 자택 소유자의 약 92%는 백만장자가 아님에도 이들 중 많은 수가 177제곱미터보다 넓은 집에 살고 있다.

제이콥슨 가족은 향후 30년 이내에 퇴직연금 적자 사태가 발생하리라는 전망도 걱정할 필요가 없다. 현재 미국인의 수명은 늘고 연금 선택권은 줄어들고 있으므로, 은퇴 후 경제적 자립과 안락한 생활에 대한 대비는 개인의 책임이 될 가능성이 농후하다. 그래서 제이콥슨 가족은 만반의 준비를 하려 한다. 뉴스에서는 그와 반대되는 이야기를 하지만 뭐라고 하든 상관없이 그들은 이웃집 백만장자이며 아주 건재하다.

당신의 수입은 현재와 미래의 소비를 감당하는가?

앨리슨 러마처럼 어릴 적부터 일을 하는 것을 상상할 수 없는 사람도 있다. 또 제이콥슨 가족의 생활 방식이 모든 사람에게 맞는 것도 아니다. 소중한 점심을 특가 메뉴에서 주문하고 싶지 않은 사람도 분명 있을 것이고, 어떤 이유에서건 큰 집을 원하는 사람도 있을 것이다. 그리고 평생 절약하며 생활하는 방식이 모두에게 매력적이지도 않을 것이다. 모든 사람이 이런 식으로 살 수 있거나 살고 싶어 하는 건 아니다.

그러나 많은 사람들이 앞으로 늘어날 수입만 보고 남들과 같은 전자제품, 자동차, 액세서리를 경쟁적으로 사들임으로써 이웃집 백만장자의 길에서 멀어지고 있다. 이런 전략을 채택하는 개인은 마케터들의 타깃이 되어 경제적 자립이라는 목표에 집중하기가 어렵다. 경쟁적 소비 행태를 비롯해 많은 사람들이 그 경쟁에 참여하고 있는 현실은 재산 축적 문제에 관한 정치색 짙은 논쟁에서는 도외시될 때가 많다. 하지만 누누이 보아왔듯이 부를 가져오는 동인은 바로 우리의 행동이다. 주변에 이런 생활을 하는 사람이 얼마나 있는지 생각해보라.

- 현재 수준의 소득 없이는 살 수 없는 집에 살고 있다.
- 부를 과시하는 사람이 많은 동네에 살고 있다.
- 자신의 경제적 미래를 책임지고 싶어 하지 않는 친구 또는 가족과 함께 살고 있다.
- 은퇴나 자녀의 대학 진학 등에 대비하는 저축을 거의 하지 않으며 생활한다.
- 자신의 생활 방식이 위태로워질까 봐 끊임없이 걱정하며 산다.

이런 사람들은 일반적 틀을 벗어난 일, 예컨대 새로운 사업을 시작하거나 갑작스럽게 발생한 경제적 위기를 헤쳐나갈 여유가 없다. 당신 역시 이웃집 백만장자들의 검소한 생활 방식을 원하지 않을지 모른다. 그렇다면 지금의 소비를 뒷받침해주는 동시에 미래를 대비할 수 있는 높은 소득이 필요하다.

소득은 재산이 아니다

미국은 우리가 원하는 삶을 영위하고 부를 쌓거나 유지하는 방식을 선택할 수 있는 자유를 보장한다. 우리가 어떤 길을 택하든 가계소득household income의 창출은 그 과정에서 가장 중요한 요소일 것이다. 그러나 소득과 재산은 다르다. 소득은 오늘 집으로 가져오는 돈이지만 재산은 내일 그리고 다음 날, 그다음 날 갖게 되는 것이다.

소득이 곧 재산은 아니다.

재산은 얼마를 축적했는가를 의미한다. 순재산액은 대차대조표상에 나타나는 액수, 즉 채무를 제외한 자산 총액이다. 소득은 당신이 일정 기간 벌어들인 돈으로 연간 소득세 신고서에 보고하는 액수다. 주기적인 수입은 분명 대차대조표의 순재산에 영향을 주지만 그것이 진정한 부는 아니다. 임금으로 1년에 100만 달러를 벌고 그해에 120만 달러를 소비한 사람을 생각해보자. 이때 대차대조표상 재산의 변화는 마이너스 20만 달러다.

종종 언론에서 부를 다룰 때 순재산액 대신 소득으로 묘사하는 바람에 봉급이 많으면 부자가 된다는 잘못된 인식이 형성된다. 그러나 고소득자들과 순재산이 많은 자산가들의 한 가지 공통점은 대부분이 스스로 노력한 결과 경제적 결실을 얻었다는 것이다.

미국의 개인 재산은 점점 증가하고 있다. 미국통계국United States Census Bureau, USCB 조사에 따르면 2017년 백만장자 가구는 약 1,150만으로 미국 전체 가구의 9%가량이었다. 그에 반해 1996년에는 당시 미국 총가구의 3.5%인 35만 가구가 백만장자였다. 1996년 미국의 개인 재산은 총 22조 달러였지만 그중 거의 절반이 전체 가구의 3.5%의 소유였다. 이런 불균형한 분포는 오늘날도 마찬가지다. 2016년 미국의 회계산국Congressional Budget Office, CBO의 발표에 의하면 미국 개인 재산은 약 84조 9,000억 달러이며 그중 거의 79%를 전체 가구의 10%가 보유하고 있다.

미국은 어떻게 정의하든 매우 풍요로운 나라다. 하지만 오늘날 미국인의 대부분은 부자와는 거리가 멀다. 미국연방준비제도이사회 Federal Reserve의 2017년 발표에 따르면 미국 가구의 평균 순재산액은 69만 2,100달러다. 이 수치만 보면 미국인 노동자는 실직하더라도 그 재산으로 5년, 잘하면 6년 정도 살 수 있겠다는 생각이 들 것이다. 하지만 이 수치는 순재산액이 어마어마한 가구들 때문에 평균이 크게 올라간 것이다(워런 버핏이나 빌 게이츠 같은 억만장자를 생각해보라).

가구당 순재산 중앙값은 미국 부의 특성을 훨씬 정확하게 그려준다. 순재산 중앙값은 1억 2,400만 가구의 순재산을 최하부터 최고까지 나열했을 때 중간 지점에 오는 전형적 가구의 순재산을 말한다. 따로 언급한 소수의 사례를 제외하고 이 책에서 돈을 논할 때는 중앙값을 사용할 것이다.

2013년 기준 미국의 가계소득 중앙값은 5만 9,039달러였던 반면에 평균은 8만 3,143달러였다. 연방준비제도이사회의 발표에 따르면 2016년 미국인의 순재산 중앙값은 9만 7,300달러로 추정된다. 이는 거품 낀 평균 순재산액 69만 2,100달러와는 거리가 멀다. 요양원에

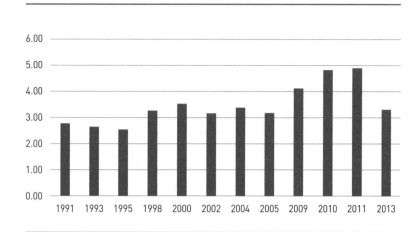

출처: 미국인구통계청, 2017

1년간 머무르기에도 약간 부족한 액수다. 즉 미국 내 모든 가구의 절반 정도는 보유 재산을 모두 처분하더라도 요양원에 갈 돈도 없다는 뜻이다.

미국 가구의 대부분은 경제적 자립, 즉 임금 또는 기타 근로소득 없이 일정 기간 살아갈 수 있는 능력이 없다. 또한 은퇴 후 편안한 생활을 할 수도 없다. 주택 자산을 순재산에 포함시키지 않는다면 어떻게 될까? 그러면 순재산 중앙값은 전형적인 미국 가정의 연소득의 절반 정도인 2만 5,116달러로 확 떨어진다. 이들이 더 이상 자신을 부양할 수 없을 때 누가 돌봐줄 것인가? 정부가 돌봐줄 거라는 기대는 하지 마라. 그리 머지않은 장래에 의지할 데라고는 자신과 가족뿐일 것이다. 자선 행위와 마찬가지로 생존은 가정에서부터 시작된다.

부의 지표로서의 순재산액을 살펴보도록 하자. "백만 달러? 이제 그 정도 돈은 아무것도 아니야."라는 말이 미디어뿐만 아니라 사람들과의 대화에서도 들린다. 백만 달러의 가치가 20년 전보다 떨어진 건 확실하지만(지금의 150만 달러가 1996년의 100만 달러와 거의 같다) 그래도 미국의 가구당 순재산 중앙값의 10배가 넘는 금액이다.

1996년에도 지금도 대부분의 미국 가정은 백만장자와는 거리가 멀다. 더구나 지금은 백만 달러를 손에 쥔다 해도 소비 위주의 생활 방식을 유지하기엔 충분하지 않을 수 있다. 만일 당신의 생활 방식도 그렇다면 상당 액수의 경상소득 확보가 무엇보다 중요하다. 하지만 근로소득은 한시적일 수 있다. 진정한 경제적 자립을 원하는 사람에게는 근로소득보다는 저축 및 투자 자본에서 발생하는 소극적 소득passive income이 필요하다.

21세기 백만장자들의 초상

그렇다면 오늘날 백만장자는 어떤 사람들일까? 부를 축적하는 데 베테랑인 백만장자들의 생활 방식, 행동, 태도는 세월이 흐르면서 어떻게 변했을까? 시간이 흘러도 변함없이 부의 축적을 가져오는 행동들이 있을까? 순재산 중앙값이 350만 달러인(가장 최근의 설문 조사 표본 집단의 순재산 중앙값이다) 이 집단은 지금 어떤 모습을 하고 있을까? 다음은 현재 백만장자들의 초상이다.

- 백만장자의 대부분은 결혼했거나(69%) 재혼한(25%) 61세의

남성이다(87%). 그들의 80% 이상은 배우자가 경제적 성공의 결정적 요인이었다고 믿는다.

- 백만장자의 전년도 소득 중앙값은 25만 달러이며 순재산 중앙값은 350만 달러다. 미국인의 평균과 비교해 소득은 4배지만 순재산은 약 36배다.

- 교육은 백만장자들의 성공에 매우 중요한 역할을 했다. 그들의 93% 이상이 대학 졸업자이며 약 60%가 대학원 졸업자다. 그중 절반을 약간 넘는 수가 주립대학을 다녔다.

- 백만장자의 약 20%는 퇴직자다. 아직 퇴직하지 않은 80%는 사업주, 변호사, 엔지니어, 기업 리더, 중간관리자, 의사, 컨설턴트로 주당 45시간가량 일하고 있다.

- 백만장자들은 거의 대부분이 자기가 번 돈으로 살아가는 사람들이다. 그들의 86%는 전년도 수입에서 신탁이나 상속의 비중이 0%였다. 10%만이 친척으로부터 현금이나 증권, 부동산, 차량을 증여받았다.

- 백만장자의 약 90%가 삶에 만족한다. 그중 약 80%는 대체로 꾸준히 신체 건강을 유지하고 있다고 이야기하며 평균 7.65시간 잠을 잔다.

- 백만장자들은 예산을 세워 생활하며 절약한다. 그들의 70%는 한 해 의식주 비용으로 얼마를 쓰는지 알고 있으며 59%는 늘 검소하게 생활한다. 60% 이상은 절약이 성공의 결정적 요인이라고 생각한다.

- 백만장자들이 청바지 구매에 쓴 최대 금액은 50달러, 선글라

스와 시계 구매에 쓴 최대 금액은 각각 150달러와 300달러다.

- 백만장자들은 쇼핑을 자주 하지는 않지만 할인 상품을 사러 다니지는 않는다. 그들의 약 77%는 지난 5년 동안 블랙 프라이데이에 상점 안에 발을 들인 적이 없다.

- 백만장자들은 최소 3년은 된 토요타나 혼다, 포드를 타고 다닌다. 가장 최근 자동차 구매에 쓴 금액은 평균 3만 5,000달러, 지금까지 자동차 구매에 써본 최대 금액은 4만 달러였다.

- 백만장자들의 70%는 자신의 부모가 근검절약했다고 말했다. 그들의 부모 대부분은 자녀들이 최소 18세가 될 때까지 결혼 생활을 유지했다(86.3%). 부모의 약 75%가 자녀의 성취를 독려했지만, 백만장자들의 42%만 자상한 부모가 성공 이유였다고 믿는다. 부모가 남들보다 유복하게 성장했다고 말한 이는 3분의 1이 안 됐다.

- 백만장자들은 자신감 있는 투자자들이다. 그들의 70%는 자신이 투자에 대해 많이 알고 있다고 이야기하며 3분의 1 정도만 투자자문가에게 의존하고 있다. 70% 이상이 종합금융투자회사 계좌를 하나 이상 갖고 있다.

- 백만장자들도 투자 과정에서 실수한 적이 있었다. 좋은 주식을 너무 일찍 팔았던 경험은 60% 이상, 나쁜 주식을 너무 늦게 팔았던 경험은 73% 이상, 적절한 거래 시기를 맞추려고 애썼던 경험은 약 40%가 갖고 있었다.

- 투자 초반에는 위험을 감수하는 시도가 도움이 됐다. 백만장자들의 56% 이상이 현재는 균형 잡힌 투자 전략을 쓴다고 하

지만, 처음 일을 시작했을 때는 위험하거나 매우 위험한 투자 전략을 썼다고 했다.

- 백만장자들은 투자자문가의 조언을 원할 때도 거기에 많은 돈을 쓰지는 않는다. 그들의 56%는 전년도 소득의 1%를 수수료로 냈지만 33%는 한 푼도 내지 않았다.

- 백만장자들 중 자녀와 손주에게 재산을 증여한 이는 3분의 2를 조금 밑돌았다. 34%가량이 소득의 1%를, 23%가 소득의 5%를 친족에게 증여한다.

오늘날 미국 백만장자들에 대한 묘사는 출발점일 뿐이다. 부자 연구의 진정한 가치는 그들이 경제적 성공을 거두는 과정에서 어떻게 했는지, 즉 성공을 가져온 행동이 무엇이었는지 이해하는 데 있다. 따라서 지난 몇 년 동안 자신의 태도, 생활 방식, 행동을 자세히 알려준 백만장자들의 사례를 조명해보는 것은 중요하다.

성공의 공식은 바뀌지 않았다

이 책의 데이터 대부분은 우리가 2015~2016년 동안 미국의 부자들을 대상으로 한 설문 조사 결과들이다(부록 1 참고). 우리는 이를 토대로 시간의 경과에 따라 백만장자들의 행동과 습관에 변화가 있는지 비교할 수 있었다. 애플루언트 마켓 인스티튜트와 데이터포인츠에서 여러 차례 수집한 데이터도 사용했으며, 자료 출처는 이 책 곳곳에 등장하는 표에 표시돼 있다.

많은 경우 우리는 백만장자, 즉 순재산이 100만 달러 이상인 부자의 최신 표본에서 발견한 결과들을 기술했다. 경제적 성공에 대한 명확한 검토가 필요한 경우는《백만장자 불변의 법칙》에서 처음으로 제시했던 '예상 순재산' 공식을 사용해, 표본을 두 집단으로 나누기도 했다. 예상 순재산은 나이에 소득을 곱한 다음 10으로 나눠 구한 값이다.

예상 순재산 = 나이 × 소득 × 0.10

이 공식의 주목적은 개인 또는 집단이 소득을 재산으로 얼마나 잘 전환할 수 있는지 실증적, 수량적으로 보여주는 것이다.

일부 평론가들은《백만장자 불변의 법칙》과 그전 연구 결과들이 순재산이나 소득, 경력 면에서 성공한 사람들의 표본에 초점을 맞췄다고 지적했다. 이런 이의 제기에 대한 우리의 반론은 두 가지다.

첫째, 이전 연구들은 단순히 백만장자들의 특성과 관련된 평균과 비중을 보고하는 데 그치지 않고 '소득 대비 재산이 많은 사람'Prodigious Accumulator of Wealth, PAW과 '소득 대비 재산이 적은 사람'Under Accumulator of Wealth, UAW, 두 집단 간 행동과 태도의 차이도 검토했다. 이번 연구에서는 두 집단의 행동과 태도에 차이가 있을 가능성을 검토하기 위해 실제 순재산actual net worth과 예상 순재산expected net worth 간의 차액에 기초해 이들을 4개의 표본 집단으로 나눴다. 실제 순재산과 예상 순재산 간의 차이를 경제적 성공의 척도로 삼은 것이다.

그 차액이 하위 25%에 속하는 사람들은 나이와 소득을 고려할 때 예상보다 적은 재산을 소유한 것으로 보이므로 UAW로 간주된다. 반대로 상위 25%는 현재의 소득과 나이를 고려할 때 예상보다 많은 순재산을 보유하고 있으므로 PAW다. 이는 명목상 구분이다. 즉 표본 집단의 나이, 소득, 순재산에 따라 네 집단을 구분하는 기준 금액이 달라진다. 이를 통해 우리는 일관된 성공 척도로 성공한 집단과 그만큼 성공하지 못한 집단을 비교할 수 있었다. 이 방법은 어떤 모집단을 대상으로 하든 사용될 수 있다.

둘째, 우리는 나이나 소득에 상관없이 재무 행동 유형이 순재산을 예측하는 데 유효하다는 사실을 입증했다. 나이가 적든 많든, 이제 막 일을 시작한 단계든 수십만 달러를 벌고 있든 상관없이 순재산과 상관관계가 있는 주요 행동들이 있다는 것이다.

스탠리 박사의 연구에 합류하게 되면서 지난 몇 년 동안 별도로 진행돼온 연구 주제인 '어떻게 해야 특정 직업에서 성공할 수 있는가?'는 '어떻게 하면 재산을 잘 모을 수 있는가?'로 바뀌었다. 연구는 경영자나 직장인의 직무 수행 예측에 쓰이는 방법을 활용했는데, 그 결과 특정 습관과 행동, 태도가 소득을 재산으로 바꾸는 데 뛰어난 사람들과 미국의 대중 부유층 표본에 속하지 않는 사람들을 구분해준다는 사실을 확인했다. 재산을 축적하는 데 도움이 되는 요인들과 순재산의 상관관계는 부의 정도를 막론하고(부자가 아닌 사람도 포함해서) 성립하는 것으로 나타났다.

또한 순재산이 많은 가정에서 수행하는 재무 관련 과업들은 대중 부유층 가정에서도 수행한다. 재무 과제도, 그 과제를 수행하는 데 필요한 역량도 비슷하다. 어떤 집단에서든 행동 유형이 부의 축적과 연관이 있다는 사실은 제5장에서 언급할 것이다.

어찌 보면 지난 20년 동안의 연구와 저술은 백만장자의 직무 분석 또는 자산 형성의 조건에 관한 과학적 조사였다고 할 수 있다. 인적 자원 관리 분야에서는 일을 능숙하게 해내는 사람들의 특성을 연구하기 위해 직무 분석을 한다. 그런 다음 그들의 역량이 장차 그 직장에서의 성공을 알려주는 타당한 예측 변수인지 검증한다. 이는 고용주가 특정 직업 또는 직무에서 성공할 가능성이 가장 큰 입사 지원자를 선발하는 데 유용하게 쓰인다.

고용주가 신입 직원을 채용할 때 지원자의 과거 행동과 경험은 미래의 실적을 가장 잘 예측해주는 요인일 것이다. 이런 생각으로 우리는 자산 축적을 가정 경영의 가장 중요한 직무 중 하나로 보았다. 그리고 가정 내에서 자산을 관리하고 축적하려는 사람들을 위해 이 직무를 구성하는 과업들을 나열하고, 직무를 얼마나 잘 수행할지 예측해주는 일련의 행동들을 명확히 정리하고자 했다.

재무 관리 직무에서의 성공도는 실제 순재산과 예상 순재산의 차이로 측정했다. 소득과 나이는 당연히 순재산에 큰 영향을 미친다. 소득이 높을수록 재산을 모을 가능성은 커진다. 나이가 많을수록 재산을 모아온 기간도 길다. 그리고 많은 유산도 도움이 된다. 이런 요인들도 영향을 미치지만 실제로 재산을 형성하는 데 더 중요한 것은 행동과 경험이다. 이는 백만장자를 연구하든, 대중 시장이나 대중 부유층을 연구하든 마찬가지다. 재산을 모을 때는 행동 습관과 경험이 중요하며 나이와 소득, 상속 재산의 비율과 상관없이 UAW와 PAW를 구분짓는 요인도 바로 그 행동 습관(절제된 소비와 저축, 재무 관리 행동 등)

발생률	0%	1~5%	10~30%	50%	75% 이상
1996년	80	7.8	9.7	1.2	0.9
2016년	86	6.5	5.9	0.7	0.7

이다.

우리의 연구로 더욱 보강된 결론은 어떤 것들일까? 경제적 성공에 관한 중요한 가르침들은 보편적이며 명확하다. 이는 선거나 기술, 문화 규범 때문에 바뀌지 않는다. 경기가 좋거나 나쁘다고 바뀌지도 않는다. 경제적 자립과 자수성가를 위해 필요한 기술, 능력, 역량은 세월이 흘러도 변함이 없다. 지위, 나이, 소득 수준과 상관없이 당신은 부와 경제적 자립을 향한 길을 찾을 수 있다.

우리는 생활 방식과 경제적 자립 추구 여부를 선택할 수 있다. 우리는 주변 사람들을 모방하며 마케터와 판매원들의 손쉬운 타깃이 될 수도 있고, 아니면 조용히 경제적 자립을 추구할 수도 있다.

부채 상환이나 고용주, 월급에 매이지 않는 재정적 자립을 달성하면 무엇이 가능해지는가? 자유를 얻을 수 있다. 자신이 적합하다고 생각하는 방식으로 문제를 해결할 수 있고, 자원봉사나 가족과의 시간을 자유롭게 가질 수 있으며, 보수는 적을지 몰라도 더 큰 만족감을 주는 일을 할 수도 있고, 스스로 경제적 기회를 만들 수도 있다. 그리고 파이어족 커뮤니티에 경제적 자유를 얻은 사연으로 자주 올라오듯이 35세 또는 40세에 칸막이 사무실과 정기적 급여를 박차고 나올 수도 있다.

많은 자유가 그렇듯이 경제적 자유 또한 비용을 치러야 얻을 수 있다. 경제적 자유를 얻고 유지하려면 절제와 노력이 필요하다. 하지만 모두가 그 비용을 치를 용의가 있는 것은 아니다.

'부자 행세'를 하는 가짜 이웃집 백만장자

이웃집 백만장자의 경제적 성공은 일반적으로 재산을 물려받은 결과가 아니다. 물론 베이비붐 세대 중에서 자식에게 거액의 재산을 증여하는 경우가 증가했고 복권 당첨자나 유명 인사들의 이야기는 대중의 상상력을 사로잡는다. 재산을 탕진한 사람들의 이야기 또한 언제나 있을 것이다. 사실 자수성가한 백만장자들의 자녀가 부모와 같은 수준의 경제적 성공을 거둘 가능성은 적다.

우리의 연구에 따르면 경제적 성공의 길은 파이어족이 예시하듯이 인생과 돈에 대해 다른 사고를 하기를 요구한다. 그 길은 절제와 노력을 요구한다. 자신의 강점과 약점, 환경, 시장에 대한 지식도 요구한다. 재정적, 정서적, 인지적, 시간 등의 자원을 배분하는 기술도 뛰어나야 한다.

말하자면 이것은 재산을 모으는 동안 절약하고, 유행에 휩쓸리지 않으며, 잘못된 통념에 따라 '부자 행세'를 하면 안 된다는 의미다. 어떤 사람에게는 미래의 경제적 자유를 위해 현재의 높은 소득을 잘 관리해야 한다는 뜻이다. 즉 수십만 또는 수백만 달러의 급여를 계속 받아야만 유지할 수 있는 집을 사지 말고, 평균 이상으로 저축과 투자를 할 수 있도록 생활해야 한다는 것이다. 또 어떤 사람에게는 정서 및 인지 자원을 동원해 경제적 자립과 자유를 허용하는 일을 개척하는 것을 의미한다. 이 모든 길은 용기와 끈기를 요구한다.

슬프게도 미국인 중에서 은퇴 준비가 아주 잘 또는 잘 되어 있다고 느끼는 사람은 겨우 28%, 비상 경비로 현금 400달러를 마련할 수 있다는 사람은 54%에 불과하다. 이런 통계 수치를 보면 앨리슨 러마나 제이콥슨 가족은 극히 특이한 경우처럼 보인다.

자기계발서와 개인 재무 블로그, 대개 뭔가를 팔려는 의도로 접근하는 '전문가'들의 급증에도 불구하고 사람들은 여전히 경제적 안정 측면에서 많이 뒤처져 있다. 아마도 소박한 생활을 하며 장기간에 걸쳐 재산을 형성하는 방식은 광고하며 팔기에는 너무 단순할 뿐 아니라 대부분의 사람들이 실천하기 어려운 방식이기 때문일 것이다. 대개 문제가 되는 것은 지출 측면이며, 소득이 평균 이상인 사람들은 더욱 그렇다.

부자가 되는 '유일한' 길은 없다

전체적 전망은 다소 암울하지만 경제적 성공에 이르는 길은 여러 갈래가 존재한다. 최근 미국의 부유한 동네들을 대상으로 실시한 설문조사를 생각해보자. 앞에서 논의했듯이 지역만으로 이웃집 백만장자를 찾아내는 데는 한계가 있다. 부업을 하거나, 경제활동을 시작할 때 구입한 소박한 집에서 지금껏 살고 있는 백만장자는 이 표본으로 설명할 수 없다. 고액 및 초고액 순재산을 보유한 미국인들로 구성된 이 표본 내에서도 뚜렷이 다른 경제적 성공의 경로들이 있다. 이런 사실들이 말해주는 진실은 다음과 같다.

경제적 자립에 이르는 유일한 길은 없다.

만일 경제적 자립의 길이 하나뿐이라면 개인 재무 블로그, 책, 출판물, 팟캐스트, 재무 계획 같은 소산업 전반은 존재하지 않을 것이다. 그러나 상속이나 증여 없이 부를 창출할 수 있다는 생각에 기반한 이 산업은 현재 자체 학회와 비평가, 비공식 지도자까지 있을 정도로 번창하고 있다.

하지만《백만장자 불변의 법칙》에서 상세히 다룬 부자가 되는 길은 몇 가지 안 된다. 여기서 제시된 전형적 경로는 절제된 지출, 집중적 저축, 성실한 돈 관리다. 실제로 경제적 성공을 달성하는 방식은 사람마다 다르지만 우리가 수행한 1만 6,000건 이상의 사례 연구, 인터뷰, 설문 조사 및 우리가 백만장자들에게 받은 편지에서 드러난 공통점들이 있었다. 이 책에서는 그 공통점들을 강조하는 한편으로《백만장자 불변의 법칙》에서 경제적 자립과 부를 가져온다고 밝혔던 행동과 성공 요인들이 20년 이상 지난 지금까지도 얼마나 유효한지 보여줄 것이다.

이 책에서 우리는 소비, 예산 수립, 경력, 투자, 재무 관리 일반과 관련된 구체적 결정과 행동이 재산 형성에 어떤 영향을 미칠 수 있는지 살펴보려 한다. 우리는 이전 책들과 이번 책을 쓰기 위해 조사했던 1990~2000년대 사이에 기술, 매체, 소비문화가 어떻게 변했는지에 초점을 뒀다. 즉 직접 재무 관리를 하고, 자기 사업을 시작하고, 독학을 원하는 사람들에게 자유를 주는 그 기술이 어떻게 재무 및 다른 목표들을 방해할 수도 있는지 조사했다.

또한 교육비와 의료비 등의 비용 증가가 천성이 검소한 개인들에게 어떤 영향을 미치고 있는지도 알아내려 했다. 그 외에 행동경제학의 논의 주제이며 많은 금융 서비스업 종사자들의 주목을 받는 투자 행동 편향은 PAW에게 어떤 영향을 미치는지, 그들 역시 같은 실수를 하는지도 조사했다.

평균 이상 소득자

다른 유형의 자수성가한 부자도 포함돼 있지만 전형적인 이웃집 백만장자는 다소 '지루한' 직업에 종사하며 평균 이상의 수입을 올리고, 절약을 중시하며 유행과 사회적 규범의 영향을 받지 않는 개인이다. 하지만 이런 방식은 모든 사람에게 맞지 않을지도 모른다. 이 유형은 재정 관리에 수비 위주의 전략을 쓰며, 일반적으로 소박하고 허세를 부리지 않는 생활 방식을 보여준다. 백만장자의 70%는 자신이 늘 검소했다고 말한다. 직업 유형과 소득 수준과 관계없이 이들은 검소하다.

고소득자

보통 펀드매니저, 의사, 변호사 같은 전문직 종사자 및 대기업의 경영자인 이들은 소득명세서상 부자income-statement-affluent, IA, 즉 소득은 높

◆ 표 3. 직업과 생활 방식에 준거한 부자 표본 집단의 분류

구분	평균 나이	연소득 중앙값 (달러)	실제 순재산과 예상 순재산 간 평균 차액(달러)	직업
평균 이상 소득자	57.4세	250,000	1,360,000	IT 회사 중역, 엔지니어, 임원, 중간관리자, 교수
고소득자	58.2세	400,000	1,160,000	변호사, 의사, 부사장, 사모펀드 회장, 펀드매니저
소기업주/사업가	59.8세	400,000	2,510,000	회계, 엔지니어링, IT 분야 종사자, 부동산

참고: 표본 전체의 순재산 중앙값은 350만 달러였다. 실제 순재산과 예상 순재산의 차이가 클수록 PAW일 가능성이 크다.

지만 순재산은 적은 과소비 집단이 되기 쉽다. 만일 이들이 소비가 활발한 환경에 둘러싸여 있다면 같은 업계의 사람들처럼 큰 집과 고급 자동차 및 값비싼 소비재를 구입하고 싶은 유혹을 자주 느끼게 된다. 고소득자가 재산을 모으려면 소비 영역에서 상당한 절제력이 있어야 한다. 또한 자녀를 경제적으로 자립시키고 싶다면 꾸준히 검소한 본보기를 보이고 가르쳐야만 한다.

소기업주/사업가

시장에서 기회를 포착하는 확실한 능력과 더불어 창의성, 용기, 결단력이 있다는 가정 아래 소기업주는 직장인들보다 많은 순재산을 보유하고 있는 편이다. 소기업주는 자신의 사업이 곧 수익원이자 다른 투자의 자금원이다. 하지만 자영업을 한다고 해서 높은 소득과 부가 저절로 따라오는 것은 아니다. 미국연방국세청IRS이 2015년 발표한

자료에 따르면 2,500만이 넘는 미국 자영업자의 평균 순이익은 1만 3,154달러였다.

부업 겸업자, 긱 워커, 파이어족

미국인의 약 3분의 1이 풀타임 또는 파트타임 정규 직장 외에도 부업을 해서 부가 수익을 창출한다. 복수의 수입원 찾기는 전형적인 이웃집 백만장자 유형이 하는 행동이다. 지금은 복수의 수입원을 확보하기가 10년 전보다 훨씬 쉽다. 손쉽게 이용할 수 있는 기술 자원으로 몇 분 안에 여러 사업을 시작할 수 있다. 일반적으로 큰 성공을 거둔 부업 겸업자들은 잠재 고객을 경험하거나 접촉해서 그들의 필요를 이미 파악하고 시장을 테스트해봤던 이들이다.

이들 부업 겸업자와 긱 워커gig worker(수요에 따라 임시로 계약을 맺고 일을 맡는 사람들을 말한다—옮긴이 주)는 '은밀한 부자'stealth wealthy라고 부를 수 있는 사람들이다. 즉 부유한 지역의 표집이나 전통적 방식으로는 그들을 발견할 수 없다. 그러나 우리는 설문 조사를 통해 크라우드소싱을 수입을 보충하기 위한 수단으로 이용하고 있는 예비 혹은 실제 이웃집 백만장자들을 찾을 수 있었다. 이들은 개발자, 행정 직원, 교사, 교수, 변호사, 마케팅 전문가, 판매원, 간호사 등 직업 유형도 다양하고 관심사와 수준도 다양했다. 이 집단은 보통 가족의 경제적 성공과 자유를 상품 소비보다 중시한다.

어느 천만장자의 똑똑한 선택

경제적으로 성공한 사람들은 차근차근 재산을 모으기 위한 지침이 있다. 그들은 쉬운 길을 택하는 대신 재정적 목표에 도움이 될 결정을 내린다. 경제적 자립의 추구는 언제든 시작할 수 있지만 빠를수록 좋다. 20여 년 전 스탠리 박사가 처음 인터뷰하고 책에 수록했던 켄의 경우를 봐도 그렇다.

켄의 아버지는 경제적인 성공 사례가 확실했지만, 그가 사망할 때까지 켄을 비롯한 가족들은 그 사실을 알지 못했다. 아버지의 재산에 대해 알지도 못했고 그 덕을 본 적도 없었던 켄은 스스로 경제적 앞날을 개척했다. 그의 경험은 경제적 성공과 관련해 현명하면서도 어려운 의사결정의 본보기로, 당신과 당신의 가정이 계획을 수립할 때 고려해볼 만한 사례다.

검소한 가정에서 성장하다

켄의 아버지는 의사로서 고소득자였지만 켄은 검소한 환경에서 성장했다. 성취를 중요하게 여기고 과시적 소비를 경멸하는 분위기에서 자란 그는 골프와 달리기로 신체 건강을 유지했다. 켄의 아버지는 세상을 떠나면서 아내에게 1,000만 달러가 넘는 부동산을 남겼다. 켄은 부를 이룬 가족에 대해 어떻게 설명했을까?

아버지는 검소한 분이었습니다. 우리는 아버지의 재산명세서를 받을 때까지 아버지가 부자라는 사실을 전혀 알지 못했습니다. 깜

짝 놀랐죠. 아버지는 8년에 한 번 차를 바꿨습니다. 바퀴가 떨어져 나갈 때쯤에야 차를 바꿨죠.

저는 저축과 투자를 하면서 엄청난 만족감을 느낍니다. 아버지처럼요. 부전자전이죠. 저는 검소한 사람입니다. 아내는 저보다 더 검소하죠. 저는 소규모 리스 회사에서 중고차를 삽니다. 소규모 회사들은 대체로 자본금이 부족하니까 요금을 납부하지 못한 임차인에게서 회수한 차를 싸게 팔거든요. 최근에는 1년 반밖에 안 된 차를 2만 2,000달러에 샀죠. 시세는 3만 5,000달러였어요. 리스 회사에 같은 모델이 4대나 있었던 덕분이죠. 저는 그냥 전화번호부에 나와 있는 리스 회사들로 전화를 해요.

현재 60대 초반인 켄은 이대로 가면 아버지를 능가하는 큰 재산을 모을 것이다. 켄의 아버지는 자주 그에게 이렇게 말했다고 한다. "나는 사람들이 소유한 것들에 감명을 받지는 않는다. 그들이 성취한 것에 감명을 받는다. 항상 네 분야에서 최고가 되려고 노력하고 돈을 쫓아다니지는 마라. 네 분야에서 최고가 되면 돈은 저절로 따라올 것이다." (부를 쌓는 방법에 영향을 미치는 어릴 적 경험 및 다른 요인들은 제3장에서 논의할 것이다.)

30년 후를 내다본 주거 선택

처음에 켄과 그의 아내는 켄의 직장까지 걸어 다닐 수 있는 맨해튼의 좋은 동네에 살았다. 하지만 부부는 30년 재무 계획을(그렇다, 30년 계획!) 세우기 시작하면서 세계에서 물가가 가장 비싼 도시 중 하나에서는 재산을 모으기가 어렵다는 사실을 깨달았다. 그래서 그는 상사에게 남부 도시로의 전근을 요청했다.

상사의 동의를 얻은 켄은 아내와 함께 애틀랜타 교외에 있는 주택을 약 30만 달러에 샀고, 30년이 지난 지금도 여전히 그 집에서 살고 있다. 뉴욕 근교라면 그와 비슷한 주택에 100만 달러는 줘야 했을 것이다(재산 형성 과정에서 주택 등 소비 요인의 영향에 대해서는 제3장과 제4장에서 논의할 것이다).

성공에 학위는 중요하지 않다

켄은 뛰어난 사회성을 발휘해 주립대학에서 MBA 과정을 밟는 동안 자신의 관심 분야인 스포츠 중계와 관련된 현장 프로젝트를 지원해줄 교수를 찾아냈다. 이런 현장 프로젝트 경험은 졸업 후 스포츠 전문 방송국에 취직하는 데 주효하게 작용했다. 그의 초봉은 약 10만 달러였다. 그는 전국 네 지구 중 한 지구의 중계를 맡았는데, 다른 세 지구의 중계 책임자는 모두 아이비리그 졸업생이었다.

주립대학을 나온 켄이 어떻게 그들과 같은 직위에 고용될 수 있었을까? 그가 MBA 과정에서 현장 프로젝트를 하면서 경험을 쌓았기 때문이었다(제5장에서는 백만장자들의 성공에 영향을 미치는 요인들을 알아보고, 그 요인들이 다른 측면의 직업적 성공과는 어떤 연관이 있는지 조명한다. 제6장에서 직업 세계의 조기 체험에 관해 이야기할 것이다).

단순하지만 어려운 비결, 절약

켄과 아내는 교통수단으로 미니밴을 구입해서 8~10년 동안 타고 다

넜다(경제적으로 자수성가한 미국인들의 지속적 특징인 소비와 절약에 대해서는 제4장에서 다룬다. 미국 부자들의 투자 방법을 포함한 자원 배분 방식은 제7장에서 논의할 것이다).

켄은 성공하려면 교육에 돈을 아끼지 말아야 한다는 통념을 무시했다. 그는 공립학교와 주립대학을 다녔고 자녀들도 마찬가지였다. 켄과 아내는 집을 살 때 동네를 신중하게 골랐다. 그 주에서 최고로 평가받는 공립학교가 있는 동네라는 사실도 중요한 고려 사항이었다. 현재 켄이 사는 지역의 초중고 12년간 사립학교 학비는 학생 1인당 11만~26만 4,000달러다. 이 학비를 감당하려면 세전 수입이 얼마나 돼야 할지 상상해보라.

놀랄 것도 없이 우리가 조사한 백만장자의 72%가 집을 살 때 훌륭한 공립학교가 있는 동네를 찾았다고 보고했다. 켄과 아내는 이를 통해 30만 달러 이상을 절약했다. 이렇게 아낀 교육비로 몇십 년 동안 늘릴 수 있었던 투자금을 생각하면 이 한 가지 결정만으로도 켄의 가족은 큰돈을 번 것이다(부와 교육을 둘러싼 잘못된 통념들은 제2장과 제5장에서 더 논의할 것이다). 그 결과는 무엇이었을까?

켄은 천만장자로 55세에 은퇴했다.

현재 소득이 평균 이상이면서 재정적 자립을 추구하는 이들은 어떨까? 만일 당신이 그런 사람이라면 개인이 부를 쌓을 수 있는 방법에 대해 어떻게 설명할 것인가? 아마도 당신은 버는 돈보다 적게 쓰고, 남은 돈을 저축하고, 그 돈이 불어나도록 투자하면 된다고 설명할 것이다. 간단한 이야기지만 쉬운 일은 아니다. 그 실천을 진짜 어렵게 만드는 것은 이 간단한 방법을 따르지 못하게 만드는 외부 압력이다.

이 책은 가장 최근의 조사 연구와 함께 40년간 수집된 데이터를 바탕으로 자수성가한 부자들의 핵심 습관과 특성, 행동에 초점을 맞춰 몇십 년이 흐르는 동안 그 유형에 변화가 있었는지 확인할 것이다. 우리가 확인한 바로는 닷컴 붐이나 주택 거품 붕괴와 상관없이 그 유형은 변함이 없었다. 경제적 성공을 가져오는 행동 요인은 백악관의 주인이 누구든 상관없이 변함이 없었다. 특가 메뉴를 고집하는 제이콥슨 가족의 가치관이 됐든, 켄의 30년 재무 계획이 됐든 자신의 소득으로 재산을 모을 수 있는 사람들과 그렇지 못한 사람들을 구분 짓는 핵심 요인들은 여전히 있다.

이웃집 백만장자들에게 가장 인기 있는 주제는?

◆ ◆ ◆

백만장자들은 종종 스탠리 박사의 책들을 읽고 피드백을 주기 위해 직접 연락을 해왔다. 그러면 스탠리 박사는 어김없이 책의 어느 부분이 좋았는지 그들에게 질문하곤 했다. 2014년에 그가 쓴 이 글은 그들의 피드백을 종합해 들려준다.

나는 내 책 《백만장자 불변의 법칙》을 읽은 백만장자들에게 어느 장이 가장 마음에 들었는지 질문하기를 즐긴다. 그게 제2장

(절약, 절약 또 절약!)이 아니었다는 이야기를 들으면 여러분은 놀랄지도 모르겠다. 제2장은 적당한 가격의 의류, 신발, 시계, 자동차 등을 구매하는 백만장자들의 검소한 생활 방식을 자세히 들려준다. 하지만 백만장자들에게 이는 자신의 모습을 확인하는 내용일 뿐이다. 그래서 이 장은 그들의 선호도로는 3위이지만 자녀에게 권하는 장으로는 1위다!

선호도 2위는 제5장(성인 자녀에 대한 경제적 원조)이다. 백만장자가 재정적 자립의 문턱을 넘어선 후부터는 새로운 문제들이 발생한다. 전형적인 이웃집 백만장자는 자녀 셋에 손주 6~8명을 두고 있다. 이 자손들과 경제적 문제를 어떻게 조정하는지에 따라 여러 가지 갈등이 발생할 수 있다.

물론 백만장자의 자녀라고 해서 모두 경제력이 떨어지는 건 아니다. 하지만 조사 표본으로 뽑은 10개 중 8개 직종에서 성인이 되어서도 경제적 원조를 받은 이들은 그런 도움을 받지 않은 이들에 비해 순재산이 적었다. 그 8개 직종은 회계사, 변호사, 마케팅 전문가, 사업가, 회사 고위임원, 엔지니어, 의사, 중간관리자다. 물론 이 데이터에는 성인 자녀를 계속 부양하고 있는 경우는 고려되지 않았다. 고소득자인 부모를 둔 25~35세 성인 남성 4명 중 1명은 부모와 함께 살고 있다는 사실도 유념하기 바란다.

백만장자들에게 가장 인기가 있는 장은 제6장(차별 수당 정책, 가정 스타일)이다. '백만장자의 성인 자녀들은 경제적으로 자급자

족할 수 있다'라는 부제는 이 장의 내용을 간결하게 요약해준다. 그렇지만 부모들의 재산 분배 방식으로 인해 성인 자녀들 간의 마찰이 종종 벌어진다. 부모들은 경제적으로 가장 뒤처지는 자녀에게 재산의 가장 큰 몫을 물려주는 경우가 많다. 이런 불공평한 재산 분배의 결과는 불을 보듯 뻔하다. 이는 나약한 자녀를 더욱 나약하게 만들고 강한 자녀를 더욱 강하게 만든다.

한 백만장자는 내게 이렇게 말했다. "성공한 자식은 자기 앞에 놓인 장애물을 극복함으로써 성공한 겁니다. 그들은 역경에 맞설 권리를 차단당한 적이 없죠. 그렇지 않은 자녀들은 위기에 부딪혀도 부모가 도와줘서 손쉽게 넘어가죠. 그들은 보호만 받아서 두려움과 걱정, 의존심을 떨칠 예방 조치를 전혀 받지 못했어요."

소셜 미디어와 인플레이션의 영향

《백만장자 불변의 법칙》이 처음 출판된 1996년 이후로 많은 것이 변했다. 그중 가장 큰 변화는 단연 개인용 전자기기의 확산일 것이다. 그리고 소셜 미디어가 등장하면서 우리는 거의 무한한 수의 사람들과 관계를 맺거나 유지할 수 있게 됐다.

긍정적인 측면에서 보면 소셜 미디어는 다른 사람들과 온라인으로 연락을 유지할 방법을 제공한다. 그러나 이를 통해 마케터들이 끊임없이 소비를 부추기며 우리의 친구와 가족들의 구매, 파티, 행사, 오락 등 소비자 경험을 끊임없이 보여준다는 것이 문제다.

소셜 미디어 마케팅은 어떻게든 피한다고 해도 가족과 친구의 행동에 영향을 받지 않기란 어렵다. 미국인의 거의 70%가 소셜 미디어를 사용하고 있기 때문이다. 다른 사람들은 무엇을 하고, 무슨 차를 타고, 무슨 물건을 사는지 등의 정보가 쇄도하는 이런 상황에서는 남들을 쫓아가려는 마음을 누르기가 쉽지 않다.

그다음 큰 변화는 1990년대가 직접 주식 거래를 하는 개인 투자자가 조금씩 나타나는 단계였다면, 지금은 누구나 직접 주식 거래를 할 수 있는 프로그램들이 존재한다는 것이다. 이는 재무상담사를 고용하는 비용을 줄여준 동시에 평범한 직장인과 상당한 자산가 모두의 투자 및 재무 계획의 성격을 바꿔놓고 있다(이 점에 대해서는 투자에 초점을 둔 제7장에서 더 논의할 것이다).

마지막으로, 비평가와 학자들은 1990년대가 경기 호황 국면이었기 때문에 지금보다 자력으로 재산을 불릴 가능성이 컸다고 주장한다. 1996년 이후 당연히 생활비 전반이 증가했지만 그중에서도 의료비와 교육비의 증가가 가장 컸다. 특히 고등교육 비용이 인플레이션을 훨씬 상회하는 탓에 최근에는 4~6년제 학위가 오늘날 어떤 가치가 있는지 의문을 제기하는 목소리들이 나오고 있다.

이제는 자수성가한 개인의 행동과 습관을 따라 하더라도 재산을 모으기가 어려워졌을까? 위와 같은 비용 증가가 자력으로 부자가 될 가능성에 아무런 영향을 미치지 않는다고 할 수는 없다. 하지만 1980년대와 1990년대의 이웃집 백만장자를 부자로 만들어준 바로 그 특성들은 여전히 유효하다. 오늘날 부자가 되고 싶은 욕구와 동기를 가진 사람들이 부자가 될 수 있는 요인은 절약, 절제력, 남다른 사고다.

남보다 절제하고 남과 다르게 생각하라

우리가 부자들을 연구하는 과정 내내 어떤 사람들은 찬사를 보내고 어떤 사람들은 욕하는 주제가 있었다. 바로 절제력discipline이다. 우리가 표본 조사한 백만장자들은 절제력을 가장 중요한 성공 요인으로 평가했다. 2000년에는 백만장자의 95%가 절제력이 그들의 성공에 결정적이었다는 데 동의했으며, 2016년에는 91%가 절제력의 발휘를 중요한 성공 요인으로 평가했다.

소득을 재산으로 전환하는 데는 분명 절제력이 요구된다. 이 절제력에는 자신이 얼마를 벌고 얼마를 지출하는 줄 알고, 흑자가 나도록 예산이나 지출 계획을 세울 줄 아는 것이 포함된다. 기본적인 덧셈과 뺄셈만으로 계산은 나온다. 그 계산이 들어맞도록 해주는 것이 절제력이며, 절제력은 재산을 모으게 해준다.

저축을 많이 할수록 투자 기회는 더 많아질 것이다. 그러면 또 다른 수학식이 적용된다. 바로 '복리 이자'다. 여기서도 절제력이 작용한다. 확실하게 계속해서 시장을 이길 수 있는 극소수의 투자자가 아니라면 빈번한 거래, 마켓 타이밍(주식 시장의 상승과 하락을 예측해서 높은 수익률을 얻으려는 투자 행위─옮긴이 주), 이색 투자를 하면서 복리 이자의 마법을 경험할 수는 없다.

절제력은 재산을 모을 수 없는 평계를 찾는 사람들, 특히 과소비를 일삼는 고소득층이 짜증을 느끼는 요인이다. 아마 그들은 주거비가 비싼 도시 지역에 살고 있고 자녀를 학비가 비싼 대학에 보내려고 학자금 대출도 많이 받았을 것이다. 절제하려면 선택해야 하고 원하는 전부를 가질 수 없기에 절제가 안 되는 것일까? 절제를 위해서는 종종 사회적 영향력을 포함한 시류에 역행해야 한다. 어쩌면 자신이 자라온 방식 혹은 지금 누릴 권리가 있다고 오랫동안 믿어온 신념까지 거슬러야 할 것이다.

절제력과 선견지명

우리가 최근에 연구한 백만장자들은 이전에 조사했던 표본들과 유사하게 재정 건전성을 유지하려는 경향이 있었다. 그들은 평균적인 미국인보다 소득과 순재산이 훨씬 많음에도 불구하고 재정 상태의 작은 부분, 일상적인 부분까지 빈틈없이 알고 있었다. 가장 최근에 했던 조사에서는 백만장자의 70%가 매년 의식주 비용으로 얼마를 지출하는지 알고 있었다. 65% 이상은 순재산이 많은데도 한정된 예산으로 가계를 꾸렸다. 그들은 투자 공부, 업계 잡지 읽기, 일하기 등 부의 창출과 유지에 적합한 활동을 했다.

경제적으로 성공한 미국인 대부분은 자신의 능력과 기술, 역량뿐만 아니라 어떻게 그것들이 경력과 직업, 사업으로 전환될 수 있는지 알고 있었다. 그들은 환경과 시장, 지역사회의 추세를 조사할 수 있는 능력과 자신이 제공하는 서비스나 제품의 전망 또는 수요 증가를 가늠할 수 있는 선견지명이 있다. 일반적으로 이런 인식은 부모의 지도와 조기 직업 체험, 시행착오 등을 통해 얻는다.

자신의 강점과 관심사, 가족의 목표, 이웃과 사회집단, 취업 시장, 업계 등 자신이 선택한 활동 무대의 상황과 일치하는 선택을 하기 위해서는 이런 인식이 필요하다.

목표를 달성하기 위한 자원 배분

금전적인 목표를 비롯해 모든 목표의 달성을 위해서는 의도적이고 절제된 방식으로 시간, 에너지, 돈을 배분하는 것이 매우 중요하다. 경제적 성공을 거둔 사람들은 목표를 달성하기 위해 효율적으로 자원을 배분하는 능력이 있으며 목표를 추구하는 동안 한눈을 팔지도 않았다. PAW는 UAW보다 미래의 투자 계획 수립에 더 많은 시간을 썼다. 이는 지금도 마찬가지다. 이웃집 백만장자들은 여전히 재산 축적이나 건강과 웰빙의 증진에 도움이 되는 활동에 시간을 쓴다(제5장에 나오지만 백만장자들은 평균적인 미국인보다 비디오게임을 하는 시간은 절반밖에 안 되며 운동과 독서 취미에 쓰는 시간은 2배에 이른다).

재정적 목표의 달성을 위해 시간과 돈, 에너지, 인지 자원을 투자하는 사람이 경제적 자립을 이룬다.

시류를 거스르는 투자 행동

부를 축적하는 일에 대해 대중매체와 소셜 미디어가 말하는 모든 내용이 사실이라고 잠시 가정해보자. 의료 및 교육 비용의 증가, 연금과 퇴직 기금의 부족, 기업들이 소비자 행동에 영향을 줄 수 있는 메커니

즘의 증가로 자력으로 부자가 될 수 있는 사람은 거의 없다고 말이다. 만일 당신이 상위 1%나 10%만(또는 특정 퍼센트만) 계속 부유하게 살수 있다는 생각을 받아들인다면 어떻게 될까?

만일 이런 추세에 맞서고 싶다고 결심했다면, 사람들이 불가능하다고 말하더라도 당신 혼자라도 시도해보고 싶다고 결심했다면 어떻게 될까? 많은 사람이 정부 보조나 지원금, 엄청난 행운 없이는 아무것도 스스로 할 수 없다고 말하는 세상에서 당신은 한 가닥 희망을 품고 이 책을 읽었으면 한다. 그러려면 무엇이 필요할까? 자기 성찰이 필요하다. 더 중요하게는 부와 관련된 태도와 행동에 다음과 같은 중대한 변화가 있어야 한다.

- 부란 무엇이며 어떻게 축적되는지에 관한 여러 통념을 이해하고 떨쳐버려야 한다. 경제적 성공을 이룬 사람들에 대한 비난을 중지하고 자신의 독특한 배경과 재능을 바탕으로 성공할 방법을 검토해야 한다.
- 현재 주위에 있는 모든 사람과 성장 과정에서 주위에 있었던 사람들이 재정적 문제를 어떻게 다뤘는지 검토해볼 필요가 있다. 부모와 양육자의 실수를 답습할 필요가 없음을 인식해야 한다. 더 중요하게는 주변 사람들이 당신의 재정적 행동에 얼마나 영향을 미치고 있는지 인지하고, 그런 영향을 계속 허용할지 말지 의식적인 결정을 내릴 필요가 있다.
- 집과 차 같은 주요 구매부터 작은 물건의 구매까지 자신의 소비 행동을 숙고해야만 한다. 당신과 당신의 가정이 어디에 자

리 잡는가는 다른 중요한 재정적 결정에 상당한 영향을 미칠 것이다. 그런 구매 결정들이 전반적인 재정적 목표에 도움이 되는지, 화려한 갑부들이나 부유한 척하는 사람들을 모방하려는 건 아닌지 판단해야만 한다.

- 재정적 문제와 관련해 자신의 강점과 약점에 대한 평가가 필요하다. 당신의 독특한 특성이 재정적 목표의 수립과 달성에 어떤 도움을 주는가? 재정적 결정에 더 집중하고 확신하며, 더욱 검소해지기 같은 재무 관련 목표를 자기계발 목표에 추가해야 한다.

- 부를 쌓으려면 스스로 수입을 창출해야 하므로 일이 자신에게 어떤 의미가 있는지 성찰해야 한다. 어디서, 어떻게, 얼마동안, 어떤 기업을 위해 일주일에 40시간 이상 일해주고 소득을 얻고 싶은지, 수입의 기복을 각오하고 자기 사업을 할 수 있을지 생각해봐야 한다. 아니면 원하는 시기에 조기 퇴직을 하기로 마음먹고 직장에 다니는 동안 최대한 절약해서 남들처럼 오전 9시부터 오후 6시까지 30년 이상 근무하는 삶을 그만둘 수도 있다.

- 그렇게 얻은 수입을 투자를 통해 키운다. 어떻게 투자를 할지, 어디서 재정적 조언을 얻을지 숙고한 후에 결정한다. 인지 자원을 어떻게 쓸지도 계획적으로 결정해야 한다. 우리의 관심과 시간은 재생 불가능한 자원으로, 우리가 경제적 자유를 얻을 기회를 늘려줄 수도 있고 우리를 '소득-지출-소득-지출'의 악순환에 가둘 수도 있다.

제 2 장

부에 관한
7가지 신화 깨부수기

The Next Millionaire Next Door

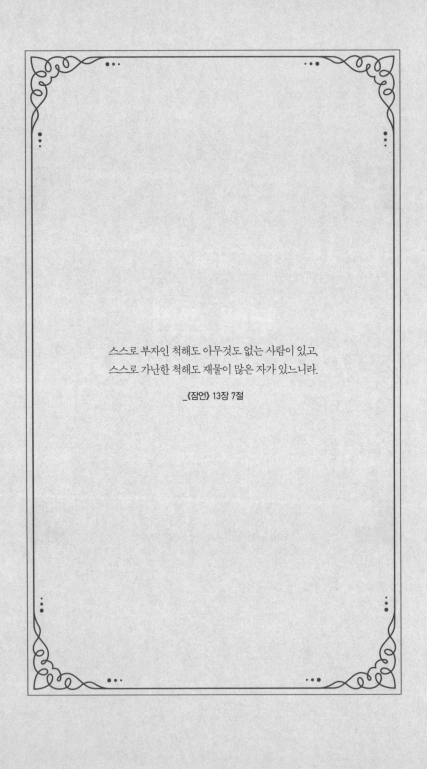

스스로 부자인 척해도 아무것도 없는 사람이 있고,
스스로 가난한 척해도 재물이 많은 자가 있느니라.

_《잠언》 13장 7절

정부와 사회 환경, 경제 시장의 중대한 변화에도 불구하고 지난 20년 동안 사회 초년생들이 들었던 조언은 똑같다. 차곡차곡 재산을 모으고 유지하려면 지출, 저축, 수익 창출, 투자 등 모든 재무 관리에 절제력을 보여야 한다는 것이다. 이는 단순히 신념이나 태도, 성격이 아니라 행동을 요구하는 문제다. 신념, 태도, 성격이 행동에 영향을 주기는 하겠지만 꾸준히 부를 쌓고 키우는 능력은 결국 머릿속에 있는 것들이 아니라 행동으로 형성된다.

의료비와 교육비가 크게 오른 것은 현재와 미래의 이웃집 백만장자들에게 어떤 의미가 있을까? 미국노동통계국Bureau of Labor Statistics에 따르면 1984년에서 2016년 사이 대학 학비가 153% 증가했다. 자신의 힘으로, 자기 방식대로 부를 쌓기를 원하는 요즘 세대는 아마도 이들 비용에 관한 사고방식을 바꿔야 할 것이다. 대학을 갈지 말지, 어디에 있는 대학을 갈지, 어떻게 진로를 구상할지 등에 대한 기존의 사고방식을 바꿔야만 한다. 우리가 비용이나 정부 정책, 금융 시장을 통제할 수는 없기 때문이다. 하지만 자신의 지출과 투자 방식, 기회를 추구하는 방식, 그 외 경제생활을 좋거나 나쁘게 통제할 수는 있다.

이는 논쟁의 여지가 없는, 원칙에 기초한 사실이다. 그렇지만 많은 사람들이 여전히 부에 관한 신화를 믿으며 자신의 힘으로 재산을 형성하려 하지 않는다.

어떻게 해야 부자가 될 수 있는가?

◆ ◆ ◆

어떻게 해야 부를 쌓을 수 있을까? 오늘날 미국에서도 여전히 부자가 될 수 있을까? 2014년 스탠리 박사는 다음과 같이 경제적 성공을 요약했다. 그리고 경제적 자립의 달성을 위해 필요한 것이 무엇인지 간략히 제시했다.

종종 언론에서 거론되는 내용과는 반대로 오늘날 미국 경제에는 역사상 어느 때보다도 좋은 기회들이 존재한다. 하지만 그 기회를 활용하려면 다음과 같은 경제적 성공 방정식의 8가지 핵심 요소들을 이해해야 한다.

1. 현재도 앞으로도 미국 경제가 계속 보상을 제공할 성공 요인은 노력, 성실성, 집중력이다.
2. 저조한 학업 성적이 생산적인 방향으로 나아가는 데

방해가 되지 않도록 하라.

3. 경제적 모험을 감행할 용기를 가져라. 그리고 실패를
   극복하는 법을 배워라.

4. 독특하고 수익성이 있을 뿐 아니라 자신이 사랑하
   는 직업을 선택하라.

5. 신중하게 배우자를 골라라. 많은 백만장자들이 함께
   경제적 성공을 추구할 수 있는 배우자와 결혼했다.

6. 경제적으로 생산적인 가정을 꾸려라. 백만장자는 새
   것을 사기보다 수리하거나 손질해서 쓰기를 좋아한다.

7. 집을 고를 때 백만장자들의 선례를 따라라. 적극적
   으로 조사하고, 검색하고, 협상하라.

8. 균형 잡힌 생활 방식을 채택하라. 백만장자는 돈이
   적게 드는 활동을 즐긴다. 가족과 친구와 즐겁게 어
   울리는 데는 많은 돈이 들지 않는다.

신화 1. 성공하려면 성공한 집단에 들어가라

당신과 인구통계학적으로 비슷한 사람들과 당신의 성공 가능성이 똑
같다고 믿는다면 스스로 성공할 수 있는 자신의 능력과 추진력을 무
시하는 것이다. 그리 멀지 않은 과거에도 능력이나 지식, 기술이 아니

라 피부색이나 성별을 토대로 특정 집단에 제한을 가하는 법률이 존재했다. 이는 500년 전 이야기가 아니다. 수십 년 전만 해도 그랬다.

심지어 오늘날에도 어떤 세대는 라떼와 아보카도 토스트를 즐기는 밀레니얼 세대가 웃긴다고 생각한다. 그러면서 베이비부머 같은 세대를 다시는 볼 수 없으리라고 말한다. 특정 집단을 일반화한 이런 결론은 마케팅과 정책 차원에서는 편리하고 유용할 수도 있다. 하지만 부를 이루는 조건을 찾을 때는 전혀 도움이 되지 않는다.

그런 생각이 가져올 결과는 무엇이겠는가? 모두가 핑곗거리를 찾는 것이다. 자신이 성공하지 못한 이유 또는 지금처럼 행동하는 이유를 집단의 탓으로 돌린다. 그러면서 "X세대 백인 여성 기혼자에 자녀가 셋이고 그 지역에 거주한다면 이런 부류겠군." 식의 사고를 한다.

한 심리학과 교수는 "집단 간보다 집단 내에서 더 큰 차이가 존재한다."고 말했다. 그 말은 심리와 행동의 차이(관심사, 성격, 능력의 차이)는 인구통계학적으로 다른 두 집단 사이보다 한 집단 내에서 더 크다는 것이다. 제5장에서 살펴보겠지만 부를 쌓고 유지하는 데는 피부색이나 출생 연도가 아니라 행동이 더 큰 영향을 미친다.

민족성과 추진력

《백만장자 불변의 법칙》의 관심 영역 중 하나는 혈통, 즉 부모나 조부모가 어디 출신인가였다. 그러나 이 책의 집필을 시작하면서 시간에 따라 변할 수 있는 특성들과 고칠 수 있는 행동 쪽으로 연구의 초점을 바꿨다. 인종, 성별, 세대 같은 집단은 논문과 설문 결과로 보고하기에는 흥미롭고 쉬운 변수지만 우리의 변화와 성장, 성공에는 별로 도움이 되지 않는다.

그렇지만 1세대 미국인들의 성공을 살펴볼 때 가족의 삶을 개선하기 위해 미국으로 이민 온 경험이 자수성가하는 데 영향을 미치지 않는다고 하기는 힘들다. 하지만 민족성보다는 미국의 해안이나 국경에 도달하고자 하는 욕망과 동인이 이민자 집단 내 성공에 대해 더 많은 부분을 설명해줄 것이다.

이민자로 이웃집 백만장자가 된 다음 사례를 읽어보자. 새로운 나라에서 다시 시작해야 하는 어려움에도 불구하고 이 사람이 어떤 행동과 선택들로 경제적 성공을 거둘 수 있었는지 찾아보라.

저는 일곱 살 때 미국에 온 이민 1세대입니다. 우리 가족은 극빈 가정은 아니었지만 가난했습니다. 제가 다녔던 고등학교에는 심화학습 과목도 없었고 신입생의 약 절반은 졸업하지 못했습니다. 다행히도 저는 교육의 가치를 알고 있었기에 캘리포니아대학교에 입학했습니다.

대학에서는 컴퓨터공학을 전공했는데, 취업 전망이 밝다는 이유가 선택에 큰 영향을 미쳤죠. 1996년 졸업 후 첫 직장에서는 연봉 3만 8,000달러를 받았습니다. 하지만 곧 경기가 좋아져 봉급도 올랐습니다. 주택 가격도 비교적 저렴했던 덕택에 샌프란시스코에 19만 2,000달러짜리 아파트를 90% 융자를 받아 샀습니다. 그리고 2000년에 좋은 기회가 찾아와 뉴욕의 대형 투자은행으로 직장을 옮겼습니다. 뉴욕에서는 12년 동안 일했죠. 봉급은 꽤 괜찮았지만 어마어마한 액수는 아니었어요(수당 포함해서 평균 20만 달러

쯤 됐죠).

저는 현명하게 투자를 해왔고 작년에 퇴직하기로 결정을 내렸습니다. 그리고 오리건으로 이사 왔죠. 매달 3,000달러의 임대 수입과 3,000~4,000달러의 배당금 수입이 있습니다. 개인연금 계좌에서도 매달 1,500달러가 나옵니다. 제가 지금 41세인데 이제 하기 싫으면 일하지 않아도 되죠.

한 가지 덧붙이자면 지금 저는 차를 소유하지 않고 있으며 제가 자동차 구매에 쓴 가장 큰 금액은 2,200달러였습니다. 저는 시계를 산 적도 없습니다. 신발에 200달러 이상 지출한 적도 없고요.

이 사람의 개인사가 그의 근면성과 소비 행동, 궁극적으로는 경제적 성공에 큰 영향을 미치지 않았다고 생각하기는 어려울 것이다.

미국에 오면 저절로 부자가 된다?

◆ ◆ ◆

물론 미국에 이민 온 것만으로는 충분하지 않다. 미국에 사는 다른 이들과 마찬가지로, 이민자 모두가 미국이 제공하는 자유란 '열심히 일하고 자기 사업을 하고 원하는 삶을 살 기회'를 의미한다는 것을 깨닫지는 못한다. 그러나 스탠리 박사가 다음 글에서 지적했듯이 미국의 도로가 모두 황금으로 포장되어 있는 건 아니다. 아메리칸드림은 신화일 뿐이고 이민자들의 삶은 현실이다.

"미국에 사는 건 어때요?"라는 질문에 나타샤는 30분 동안 쉬지 않고 대답을 이어갔다. 불평 대장인 나타샤는 미국에서 사는 게 행복하지 않다. 미용실 자리를 임대해 자영업자로 일하는 그녀와 원목 마루를 깔고 수리하는 일을 하는 그녀의 남편은 2004년 러시아에서 이민 왔다. 두 사람 다 지금쯤이면 부자가 되어 있을 줄 알았다. 하지만 그들은 부자와는 거리가 멀다. 그들은 미국의 개인 재산 총액이 약 65조라는 머리기사만 읽었던 게 틀림없다. 《포브스》Forbes 선정 400대 부호 명단도 읽었을 것이다. 프로 선수와 기업의 고위임원뿐 아니라 대학 총장까지도 수백만 달러의 연봉을 받는다는 기사는 러시아 언론에서도 크게 보도되었다.

아마도 나타샤는 미국 평균 가구의 순재산이 약 57만 5,000달러라는 연방준비제도이사회의 추정치에 더욱 깊은 인상을 받았을 것이다. 그들이 이민 오기 전에도 그 추정치는 이미 40만 달러가 넘었다. 그들은 미국에 정착하기만 하면 부자가 될 수 있을 줄 알았다.

사실 이 불평 대장 부인은 그 추정치에 가려진 사실에 주목해야 했다. 미국 가구의 순재산 중앙값은 8만 5,000달러로 평균 순재산 57만 5,000달러의 약 15%에 지나지 않는다는 사실 말이다. 가구당 소득 중앙값 역시 100만 달러와는 거리가 먼 5만 2,000달러로 나타샤 부부의 수입보다 약간 많을 뿐이다. 1년에 5만 달러의 수입으로 백만장자가 되기는 쉽지 않다.

나타샤는 집의 시세에도 실망하고 있다. 그들은 부동산 시장의 붕괴가 있기 직전에 융자를 많이 끼고 집을 샀다. 집값이 금방 오를 것으로 생각했기 때문이다. 하지만 지금 집값은 구매 가격의 70%밖에 안 된다. 사실 경기가 좋을 때도 주택의 순이익은 대다수가 추정하는 것보다 훨씬 적다.

이들 부부는 미국에 오기만 하면 열심히 일하거나 절약하지 않고도 저절로 부자가 되리라고 생각하는 실수를 범했다. 운 좋은 소수의 이민자를 제외하고는 이 역시 부에 관한 신화다.

신화 2. 소득이 곧 재산이다

제1장에서도 강조했지만 많은 사람들이 소득과 재산 개념을 종종 혼동한다. 특히 소득의 증가와 함께 소비를 늘리는 사람들은 두 개념이 똑같다고 가정한다. 그리고 이런 통념을 믿으면 부자처럼 보이는 사람들(고급 자동차를 모는 이웃 또는 200달러가 넘는 청바지를 사는 친구들)이 부유하다고 생각하게 된다. 사실 그들은 진짜 백만장자보다 더 많이 소비했을 뿐이다.

스탠리 박사는 "많은 부모, 학생, 교사와 함께 작가, 기자, 정치인들도 학교로 돌아가야 한다. 계속 소득을 재산과 혼동하니 말이다."라고 말했다. 소득이 곧 재산이라고 믿는 사람은 정말 많다. 사실 미국세금

재단Tax Foundation 조차 백만장자를 순재산이 아닌 소득세 신고액을 기준으로 규정한다.

여기서 재산이란 가구의 순재산, 즉 자산에서 부채를 뺀 차액을 지칭한다. 가계소득의 정의는 간단하다. 소득세 신고서에 기재하거나 신고해야 하는 금액이 (실현)소득이다. 하지만 사람들이 두 용어를 섞어 쓰면서 수많은 경제적, 사회적 주제에 대한 그릇된 결론을 내린다. 현실적으로는 재정적, 경제적 자립을 달성하기 위해 주목해야 할 지표 또는 수치를 왜곡하는 결과를 가져온다.

백만장자의 소득은 재산의 8.2%에 불과하다

몇 년 전만 해도 36세의 브릿과 그의 아내는 거액의 주택융자금을 갚느라 허덕였다. 이들의 순재산은 사실상 마이너스였으며 신용카드 빚도 6만 달러나 됐다. 현재 부부의 순재산은 약 2만 달러다. 브릿은 지금에 이르기까지 수많은 희생을 치르며 힘겹게 빚을 갚았다고 했다. 부부는 이만큼 해낸 것을 진심으로 자랑스럽게 여겼다. 그렇지만 브릿은 "둘 다 뼈 빠지게 일하지만 과연 언제 어떻게 부자가 될 수 있을지 몰라 걱정된다."고 말했다.

자신은 결코 부자가 되지 못할 거라고 믿는 사람들은 대개 그 예언대로 된다. 스탠리 박사는 기본적으로 소득명세서상 부자 유형이었던 브릿에게 지금이 이웃집 백만장자 유형이 될 수 있는 아주 좋은 기회이며, 전형적인 이웃집 백만장자의 나이는 57세(당시 기준)라고 말해주었다. 이 부부가 상당 액수의 빚을 갚는 동안 보여준 의지와 절제력 때문에 박사는 충분히 그럴 수 있으리라고 보았다. 이들은 그때와 같은 투지를 발휘해 소득의 최소 15%를 저축과 투자 용도로 떼어둘 수 있을 터였다. 그렇다면 전형적인 이웃집 백만장자의 재산은 어떤 모습이어야 할까?

1. 제1장에 소개한 부자 방정식에 대입했을 때 실제 순재산이 예상 순재산의 2배 이상이다.

2. 집의 시가가 순재산의 20% 이하다.

3. 부채가 순재산의 5% 미만이다.

4. 연간소득세는 순재산의 2% 정도다.

5. 연간 실현소득realized income 총액이 순재산(중앙값)의 약 8.2% 또는 재산 100달러당 소득 8.2달러의 비율이다.

스탠리 박사의 연구에서 나온 8.2달러라는 수치는 다른 연구자들의 결과와 상당히 일치한다. 예를 들어 재무부에 고용된 3명의 학자는 2007년에 사망한 3만 6,352명의 연방 상속세 신고서를 통해 백만장자의 재산 특성을 이들의 생전 소득과 비교했다. 그 결과 70세 이하의 기혼자인 백만장자들은 (스탠리 박사가 조사했던 대다수의 이웃집 백만장자처럼) 순재산 100달러당 8.45달러에 상응하는 실현소득을 올린 것으로 나타났다. 이 수치는 스탠리 박사의 연구에서 나온 8.2달러와 3센트도 차이가 나지 않는다.

물론 소득과 순재산은 서로 연관이 있는 요인들이다. 하지만 그 의미가 동일하지는 않다. 전반적인 재정 건전성과 발전을 평가하기 위해 둘을 구분해 써야 한다.

신화 3. 부자는 고급 승용차를 탄다

사람들은 모두 '부자'에 대해 나름대로의 견해를 가지고 있다. 여기에 일부 언론과 정당들이 서사를 덧붙여 그런 견해들을 영속화한다. 스탠리 박사는 부를 창출하려면 무엇이 필요한가, 부자들은 그들의 재산으로 무엇을 하는가, 이 두 가지에 관한 신화를 불식시키는 것이 주요 관심사였다. 그는 그런 신화를 신봉하는 사람들의 사례 연구를 통해 신화의 오류를 입증해 보였다.

2010년 그가 애틀랜타 인근의 국립공원에서 만났던 산림경비원 레인저 X 리치(가명)를 예로 들어보자. 리치의 사례는 부에 관한 신화를 신봉할 때 빠질 수 있는 위험을 보여준다. 그리고 돈이 있는 사람과 없는 사람에 대한 그릇된 전제가 경제적 자립을 추구하는 근면성과 삶에 대한 만족감에 어떤 영향을 주는지도 보여준다.

자연보호 구역에 인접한 커다란 주차장을 벗어나 막 산을 오르려던 순간 한 산림경비원이 눈에 들어왔다. 그가 주차 위반 경고장을 꺼내 드는 모습에 아내가 "아까 주차할 때 주차권은 대시보드에 올려뒀죠?"라고 내게 물었다. 생각해보니 주차권을 대시보드가 아니라 콘솔 안에 넣어뒀다. 나는 산림경비원에게 말했다. "차에 가서 주차권을 대시보드에 올려놓지 않으면 주차 위반 스티커를 붙일 건가요?" 그는 미소를 지은 채 주차장을 가리키며 내 차가 어떤 것이냐고 물었다. 나는 토요타 4 러너라고 대답했다.

그런데 돌아온 그의 대답이 충격적이었다. "아마 토요타 쪽으로는 안 갈 거예요. 토요타, 포드, 쉐보레를 모는 사람들은 대부분 주차 요금 3달러를 내고 갑니다. 주차 요금을 안 내는 사람들은 대개 메르세데스, BMW, 재규어를 모는 사람들이죠. 최악은 레인지로버 운전자들이고요. 제가 이 일을 오래 해서 압니다. 이 나라에서 돈을 제대로 내는 사람은 노동자들이죠. 부자들은 세금을 안 내고 주차비도 안 내죠."

이 책의 실증 연구에서는 부자들의 주차 습관을 다루지는 않았다. 그래서 사회적 지위가 있는 사람들이 주로 타는 고급 차량의 운전자가 주차비 규정을 더 우습게 여긴다는 리치의 가설이 옳은지 그른지 말해줄 수는 없다. 그런데 리치가 고급 자동차를 모는 사람을 '부자'라고 당연한 듯 말했다는 건 흥미롭다. 스탠리 박사가 《부자인 척 그만해라》에서 지적했듯이, 고급 승용차를 모는 사람의 86%는 백만장자가 아니다. 그래서 그들은 주차료를 내거나 식당 종업원, 캐디 등에게 팁을 줄 돈이 없는지도 모른다.

레인저 X 리치는 주차 위반 경고장을 발부할 때 '부자 우선 시스템'이 옳다고 믿었다. 그는 부자들이 세금도, 공원 주차료도 내지 않는다고 생각했기 때문에 고급 승용차부터 찾아다니며 주차 위반 경고장을 붙이려 했다. 하지만 스탠리 박사가 지적한 대로, 최근 백만장자들이 자동차를 사는 데 쓴 비용의 중앙값은 3만 1,367달러에 불과하다. 천만장자의 일반적인 자동차 구매 비용은 4만 1,997달러다. 많은 백만장자들이 고급 승용차가 아닌 일반 승용차를 타고 다닌다. 최근 연구에 따르면 백만장자들이 자동차를 구매하는 데 쓴 비용의 중앙값은

3만 5,000달러였다.

하지만 리치는 대다수의 사람들처럼 부자를 순재산이 아닌 소득으로 정의하고 있었다. 물론 고급 승용차를 소유함으로써 자신의 사회경제적 성공을 과시하는 사람도 많다. 그들은 성공한 고소득자는 명품 차를 타고 다닌다고 생각하며, 반대로 일반 승용차 운전자는 소득도 보통일 거라고 생각한다. 그러나 자동차의 위상과 운전자의 소득 간에 상관관계가 별로 없다는 것은 데이터에서 알 수 있다. 사실 고급 승용차의 운전자 다수는 경제적 성공을 이룬 사람으로 간주될 만한 수준의 소득이나 순재산을 갖고 있지 않다.

이런 맥락에서 포브스닷컴Forbes.com 기고가인 조앤 뮬러Joann Muller는 '부자들은 실제로 어떤 차를 타는가'라는 제목의 글을 썼다. 그녀는 부자를 순재산이 아니라 소득을 기준으로 정의하며 이렇게 말한다. "고급 브랜드 차를 살 가능성이 가장 큰 사람들은 부유한 사람들이었다(연간 가계소득이 25만 달러 이상인 사람들의 39%, 10만 달러 이하인 사람들의 8%에 해당한다). 그러나 25만 달러 이상을 버는 사람들의 61%는 고급 승용차를 절대 사지 않는다."

그녀의 분석에 따르면 소득이 높은 사람이 고급 승용차를 타고 다닐 가능성이 더 크다. 하지만 누군가가 고급 승용차를 몬다고 해서 반드시 소득이 높다거나 순재산이 많은 것은 아니다. 2012년 스탠리 박사는 이렇게 말했다. "연간 실현소득이 25만 달러 이상인 가정은 전체 가구의 2.2%에 가까운 250만 가구로 추정된다. 부자의 39%가 고급 승용차를 산다는 뮬러의 추산에 따른다면 고급 차량의 구매자 수를 97만 5,000명으로 추산할 수 있다. 하지만 그 수는 연소득이 10만 달러 미만이면서 고급 차를 타는 가구 수보다 훨씬 적다. 연소득이 5만 달러 이상 10만 미만인 가정은 약 3,000만 가구다. 3,000만 가구의 8%인 240만 가구는 부자 범주에 들지 않지만 고급 승용차를 산다고 한다. 이 수는 고소득자이면서 고급 차량 구매자 수의 거의 2.5배다." 어쩌면 고급 브랜드 자동차회사들의 진정한 조력자는 가짜 부자 또는 부자 지망생일지 모른다.

2007년 소득과 순재산이 모두 높은 1,594가구를 대상으로 한 설문 조사뿐 아니라 최근의 연구에 따르면 연간 실현 가계소득annual realized household income이 순자산(재산)보다 자동차 구입 가격을 훨씬 더 잘 예측해주는 것으로 나타났다. 2007년 연구에 따르면 20만 달러 이상 소득자의 48.5%는 최근에 구입한 자동차 가격이 3만 2,000달러였다. 50만 달러 이상 소득자의 3분의 1이 넘는 35.9%도 3만 2,000달러 이하의 차를 샀다. 20만 달러 이상 50만 달러 미만인 소득자의 54%도 3만 2,000달러 이하의 차를 구매했다.

컨트리클럽에서 생긴 일

◆ ◆ ◆

아마도 부와 관련해 시간을 초월하는 명언은 '백만장자는 부자 행세를 하지 않는다'는 말일 것이다. 스탠리 박사는 다음 일화를 통해 백만장 자들이 그 지위에 상응하는 옷을 입지 않는다는 점을 거듭 강조했다.

오늘날 금융 자문업에 종사하는 사람들은 여전히 이웃집 백만장자 유형을 겨냥해 서비스를 제공하고 싶어 한다. 하지만 그런 사람들을 대상으로 마케팅하고 서비스를 제공하는 이들이 모두 성공하지는 못할 것이다. 이웃집 백만장자 유형에 가장 잘 맞는 이들은 누구일까? 대개 인격 형성기에 이웃집 백만장자 유형을 경험해본 사람들일 경우가 많다.

성공한 투자자산운용사인 토니 슈만Tony Schuman은 자신을 드러내지 않는 이웃집 백만장자와 가짜 부자의 중요한 차이를 일찌감치 깨달았다. 토니는 열 살 때 신문 배달을 했는데, 그때 경험한 일을 말해주었다. "블루칼라들은 항상 제때 신문 구독료를 내고 팁도 주었습니다. 반면 변호사였던 한 여성의 경우는 남편과 맞벌이를 하면서도 늘 구독료 미납으로 재방문을 해야 했고, 한 번도 팁을 준 적이 없었어요."

나중에 토니는 나처럼 캐디로도 일했다. 내가 그랬듯이 그 역시 골프장에서 만난 사람들마다 팁을 다르게 준다는 것을 알았다. 자수성가한 블루칼라 백만장자들은 공공 골프클럽을 다녔고 팁을 많이 주었다. 반면 부자 지망생 대다수는 민영 컨트리클럽을 다니며 팁을 잘 주지 않았다. 하지만 민영 컨트리클럽에서 팁을 줬던 사람들은 매우 후하게 줬다.

지금 돌이켜 생각해보면 경영대학원에 다녔던 시간보

다 골프장에서 일하는 동안 사업에 대해 더 많이 배운 것 같습니다. 자수성가한 분들은 팁도 잘 주고 대학에 다니면서 일하는 저를 계속 격려해줬습니다.

제가 멘토로 여겼던 R 회원은 대형 건설 도급 업체의 소유주로 컨트리클럽의 건설 자금을 절반 이상 댔던 분이었죠. 그는 코네티컷의 추운 겨울 날씨 때문에 여름이면 일하는 시간을 2배로 늘려야 했습니다. 그래서 토요일에 다른 회원들과 골프를 치는 것도 여름에는 못 했죠. 그 대신 토요일 오후면 클럽에 와서 테라스에서 맥주를 한 잔씩 했습니다. 이웃집 백만장자의 유니폼이라 할 수 있는 카키색 작업복에 안전화 차림으로요. 어느 날 신입 회원의 부인으로 클럽의 원로처럼 굴던 한 여성이 테라스에서 맥주를 마시며 시가를 피우는 R을 봤습니다. 그녀는 큰 소리로 한낱 일꾼인 그가 테라스에서 술을 마시고 담배를 피운다고 꾸짖으며 이런 말을 했어요. "당신이 누구라고 생각하는 거예요? 여기 주인이라도 된다고 생각해요?" 그러자 R은 차분하게 답했습니다. "거의 그렇죠, 부인. 거의 그렇습니다." 그녀는 소리를 지르며 클럽 매니저에게 달려갔죠. 그리고 매니저에게서 R이 컨트리클럽 지분의 약 75%를 소유하고 있으니 질문이 더 있으면 직접 이야기하라는 답을 들었습니다.

신화 4. 부자들은 세금을 내지 않는다

레인저 X 리치가 부자를 싫어한 데는 직업과 관련된 다른 이유들도 작용했다. 그는 미국의 부자들이 공정하게 세금을 내지 않는 탓에 그를 고용한 주의 세수가 감소했고, 그로 인해 고용 감축과 직무 변화가 불가피해졌다고 믿었다.

왜 리치가 부자들이 정당한 세금을 내지 않는다고 믿는지 그 이유를 이해하는 데는 소득과 부에 관한 통념이 도움이 된다. 우선 리치는 고급 자동차가 곧 부를 의미한다고 혼동했다(어쩌면 소득을 의미했을 수도 있다). 그러나 그의 생각은 틀렸다. 고급 승용차 가격 정도는 고소득층 갑부들의 재원이나 연봉에 비하면 새 발의 피다. 리치는 차라리 이들이 내는 세금 액수를 고려하는 게 나았을 것이다.

슈퍼카를 탄 애국자들

◆ ◆ ◆

스탠리 박사는 《부자인 척 그만해라》에서 '멀티플린스키'Multiplinski라고 이름 붙인 인물을 소개한다. 그는 박사의 설문지에 이런 메모를 휘갈겨 써놓았다. "저는 페라리 1대가 아니라 3대나 있습니다. 롤렉스? 전 롤렉스 3개에 브라이틀링, 까르띠에, 모바도, 오메가, 태그호이어를 갖고 있습니다. 와인은 2,000병을 수집해뒀죠." 박사는 화려한 갑부에 속하는 멀티플린스키가 거리낌 없이 자신의 경제적 성공을 과시한 이유에 대해 다음과 같이 설명했다.

"그는 노동자 계급에 속했던 가족과 자신을 분리하려는 욕구가 매우 강하다. 당대에 큰 부를 달성한 사람들은 지위를 상징하는 물건에 과도한 지출을 하는 경향이 있다."

멀티플린스키의 첫 정규직 직업은 영업직이었다. 그는 곧바로 높은 실적을 올렸다. 대학 학자금 전액을 오로지 판매 수수료로 상환했을 정도였다. 그는 21세에 처음으로 집을 장만했으며 32세에는 순재산 100만 달러의 문턱을 넘었다. 또한 30세도 되기 전에 고용주로부터 지분을 제안받았다.

멀티플린스키는 순수 자신의 노력과 능력만으로 자수성가했지만, 씀씀이도 헤픈 사람이었다. 씀씀이가 크면 많이 벌어야 한다. 그리고 돈을 많이 벌면 세금도 많이 내야 한다. 일례로 멀티플린스키는 33만 달러 가격의 페라리를 현금을 주고 샀다. 그가 미국 연방과 주, 지방자치단체에 소득세로 내야 할 돈까지 고려하면 이를 위해 어느 정도의 근로소득을 창출해야 했을까? 그는 페라리를 사기 위해서만(현금 구매를 전제로 하겠다) 60만 달러를 벌어야 했다(60만 달러×세금을 제한 차량 구매에 해당하는 몫 55%=33만 달러). 차액 27만 달러는 연방 정부와 주 정부의 세금으로 나갔다.

나는 《백만장자 불변의 법칙》에서 화려한 갑부들에 대해 이렇게 말했다.

이들은 진정한 애국자다. 고소득자(고액 세금 납부자)는 애국 훈장을 받아야 할 사람들이다.

너무나 많은 미국인이 이들 갑부 집단이 수행하는 중요한 역할을 이해하지 못한다. 어떤 사람들은 멀티플린스키 같은 이들이 정당한 몫의 세금을 내지 않는다고 생각한다. 어떤 사람들은 갑부들이 제힘으로 부자가 된 게 아니라 수단 방법을 가리지 않고 돈을 벌었거나 상속을 받아서 부자가 되었다고 생각한다. 일부 야망 있는 정치가들은 이런 믿음을 종종 무기로 사용한다.

잠시 다음과 같은 상황을 생각해보자. 어느 날 화려한 갑부 부부가 산속의 호화로운 휴양지에서 긴 주말 연휴를 보내기로 했다. 이들은 최고급 페라리를 타고 멋진 드라이브를 즐기다 리조트에 도착한다. 그리고 저스틴 버코위츠Justin Berkowitz가 2013년 《카 앤드 드라이버》Car and Driver에 쓴 기사 같은 상황을 맞이한다. "고급 승용차는 길 한쪽에 주차하고 운전자들은 사무실에서 세금 기록을 확인할 동안 꼼짝 말고 대기하라는 요구를 받았다. 총 42대의 차 중에서 슈퍼카 소유주로는 빈약한 연간 소득을 신고한 사람의 차가 6대당 1대였다. 대담해진 세무 경찰은 검문소를 설치하고 불시에 페라리 소유주들의 모임에 들르기까지 했다. (이제) 정부는 고가 구매를 하는 사람의 세무 기록을 자동 확인하도록 하자는 법안을 발의했다."

이것은 2013년 이탈리아에서 실제로 있었던 상황이다. 〈카를로 검문소: 세무 경찰이 이탈리아 슈퍼카 시장을 어떻게 죽였는가〉라는 기사 제목이 가리키듯이 계급 간 질시가 정치적으로 이용됐다.

이런 시스템이 미국에 채택된다면 어떨까? 슈퍼 브랜드 시장을 잃을 것이다. 그뿐 아니라 멀티플린스키 같은 이들은 시달림을 받는 데 지친 나머지 33만 달러짜리 스포츠카를 더 이상 구매하지 않을 것이다. 또한 그들은 더 이상 높은 과세소득을 벌어들일 필요를 느끼지 못할 것이다.

화려한 갑부들을 미워하는 대신에 경의를 표하자. 그들 다수는 근로소득의 50%에 해당하는 돈을 다양한 연방과 주 세금으로 낸다. 흥미롭게도 미국 가구의 약 50%는 소득의 0%를 세금으로 낸다. 하지만 이탈리아 경찰이 슈퍼카를 사기에는 소득이 너무 적다고 판단했던 42명 중 6명의 운전자는 어떻게 된 걸까? 그들은 재산이 많아서 그것으로 생활하고 있는 걸까?

소득세의 부담

미국의 지주회사 버크셔 해서웨이의 회장이자 CEO인 워런 버핏은 소득을 재산으로 전환하는 능력으로는 최고 중의 최고다. 과연 그 비결은 무엇일까? 말할 것도 없이 검소한 생활 방식과 성실성, 현명한 투자가 답이다.

그는 소비에 관한 한 미국 중서부의 전통적인 가치관을 갖고 있다. 대단한 재력에도 불구하고 비교적 소박한 집에 살고 미국산 자동차들을 타고 다닌다. 하지만 검소한 생활 방식과 성실함 외의 요인도 있다. 스탠리 박사는 이렇게 말했다. "백만장자들은 소비를 많이 할수록 더 많은 소득을 올려야 한다는 사실을 알고 있다. 그런데 소득이 높아질수록 더 많은 소득세를 내야 한다. 그러므로 다음과 같은 중요한 원칙을 지키도록 하라. 재산을 모으려면 (과세 대상인) 실현소득을 최소화하고 미실현소득(현금 흐름이 없는 부/자본 가치 상승)을 최대화해 부를 늘리도록 하라."

전형적인 이웃집 백만장자의 실현소득은 재산(중앙값)의 단 8.2%에 불과하다. 하지만 워런 버핏은 순재산 대비 소득을 최소화하는 데 월등한 실력을 보인다. 2012년 《포브스》에서 발표한 400대 부자 순위에 따르면 버핏은 460억 달러의 순재산을 보유하고 있었다. 〈CNN 머니〉는 2010년 그의 과세소득이 3,981만 4,784달러였다고 보도했다. 이는 그의 순재산의 0.087%에 불과하다! 바꿔 말하면 전형적인 이웃집 백만장자의 순재산 대비 실현소득의 비율(8.2%)은 버핏보다 거의 95배나 많다.

이 등식의 또 다른 변수인 순재산 대비 소득세도 고려해보자. 전형적인 이웃집 백만장자는 매년 순재산의 거의 2%(중앙값)를 소득세로 낸다. 하지만 버핏은 소득세를 최소화하는 데도 매우 뛰어나다. 로이터 통신에 따르면 그는 2010년 연방소득세로 겨우 690만 달러를 납부했다.

금액만 보면 690만 달러의 소득세는 굉장히 큰 액수인 것 같다. 하지만 그의 세금액과 순재산을 비교해보자. 즉 690만 달러가 그의 재산인 460억 달러의 몇 퍼센트인지 생각해보라. 그는 순재산의 단 0.015%에 상응하는 세금을 냈을 뿐이다. 그에 비해 이웃집 백만장자들이 낸 소득세 비율 중앙값은 2%다. 이는 버핏보다 무려 133배나 높은 비율이다.

사실 버핏이 그들과 똑같이 2%로 소득세를 낸다면 10억 달러에 가까운 9억 2,000만 달러를 재무부에 내야만 한다. 하지만 버핏은 소득세에서 특별 면제를 받는다. 재산 대부분을 자선사업을 위해 내놓기로 약속했기 때문이다. 《포브스》에 따르면 그는 이미 상당한 액수를 기부했다. "그는 (2012년) 6월 게이츠 재단에 15억 달러를 기부했다. 이로써 그의 기부 총액은 175억 달러가 됐으며, 8월에는 30억 상당의 주식을 그의 자녀들 재단에 내놓기로 했다."

그의 과세소득 전부는 아니더라도 대부분이 낮은 연방소득세율을 적용받는 장기자본소득(장기 보유한 자본 자산의 처분에 따라 실현되는 소득) 형태로 발생한다는 점도 당연히 도움이 된다.

당신의 재산에서 파생한 돈을 효율적으로 배분할 곳이 정부일까, 자선단체일까? 그 답은 당신도 알고, 버핏도 분명히 알고 있다.

신화 5. 내가 성공하지 못한 건 부자들 탓이다

우리에게 편지와 이메일을 보낸 사람 중 다수는 자신이 경제적으로 성공하지 못한 이유가 남의 탓이라며 다음과 같이 말했다.

- 이 오랜 세월 포트폴리오 수익의 3%를 투자자산운용사에게 내지만 않았어도 정말 부자가 됐을 거예요. 그는 매년 돈을 벌었지만 저는 그러지 못했죠.
- 고등학교를 중퇴하고 아직도 부모님 집에 얹혀사는 28세의 남동생이 얼마 전 할머니 재산의 90%를 물려받았습니다. 제 MBA 졸업장은 유산 상속에 도움이 되지 않았죠.
- 미술을 전공하지 말고 (어머니, 아버지 말씀대로) 경영학을 전공하기만 했어도….

경제적으로 성공한 사람 대부분은 역경을 활용할 줄 안다. 그들은 불이익과 좌절, 편견, 정실 인사, 오심, 불운을 어떻게 기회로 삼아야 하는지 학습이 되어 있다. 그들은 유감스러운 상황을 곱씹지 않고, 분개하느라 감정 에너지를 쏟지 않는다. 다만 성공하기 위해 힘쓴다. 많은 백만장자들이 자신의 성공은 친척, 교사, 값비싼 재무상담사, 언론 그리고 편견 없다고 자칭하는 심판들의 오심과 직접적 상관이 있다고 말했다. 최근에 자수성가한 한 백만장자는 '부모님이 되지도 않을 자식을 밀어줬음을 입증하고 싶은' 마음 때문에 성공했다고 말했다.

학습된 무력감learned helplessness, 즉 자신이 어떻게 해도 성공할 수 없다는 믿음은 재산 형성에 커다란 방해 요인이다. 이것은 장기적으로 부를 쌓고 유지할 책임이 누구에게 있는가라는 개념으로 매우 중요하다. 여러 표본 연구에서 소득과 나이와 상관없이 자신의 행동이 재정 상태에 영향을 미친다고 믿고 행동하는 특성이 순재산과 관련이 있는 것으로 나타났다. 금전적 성공을 위해 스스로 할 수 있는 일이 거의 없다고 믿는 사람들은 경제적으로 그다지 유리하지 않은 행동을 하는 경향이 있다. 사실 이런 통념을 믿는다면 장기적으로 경제적 성공에 매우 해로울지 모른다.

그러나 미국의 경제 상황에 대해 해결책이라고 불리는 것들은 대개 정부 규제와 통제를 핵심으로 하는 것들이 많다. 언론 보도와 TV 토론에서는 통제를 염두에 둔 해결책들이 등장한다. 정치적으로 보수주의자든 진보주의자든 관계없이 개인이 부유해지는 방식을 규제할 수 있다고 가정하는 듯하다. 하지만 경제적 목표의 달성은 가정 안에서, 우리의 마음속에서 시작되는 것이다. 먼저 태도를 바꾼 다음 그에 따라 행동을 바꾸고(행동부터 바뀔 수도 있기는 하다), 당신과 가족의 평소 방식에 이의를 제기하고, 소비 열기에 휩싸인 남들의 행동을 무시하며, 시간과 에너지를 재정 및 기타 목표 달성에 집중해야 한다.

한 산림경비원의 이야기

우리의 산림경비원 이야기를 좀 더 해보자. 레인저 X 리치는 야외 활동을 좋아했다. 이는 그가 주립공원 관리인으로 취직한 주요 이유 중 하나였다. 최근의 경기침체 이전에 그는 야생 공원과 삼림을 순찰하는 업무를 맡았다.

그는 자신의 일을 좋아했다. 국가의 자연 자원 보호에 일조한다는 생각에 자부심을 느꼈고 자존감도 높았다. 하지만 2008년 경기침체 직후 리치의 상황은 바뀌었다. 인원 감축과 고용 동결로 업무가 바뀌었지만 받아들이지 않을 수 없었다. 그는 더 이상 자연보호 구역을 순찰하거나 수렵법 위반자를 체포하지 않는다. 지금은 주차감시원으로 강등되어 주차장이나 순찰하며 공원 주차 요금을 내지 않은 사람들에게 고지서를 발부할 뿐이다. 어떤 때는 주차장 부스에 앉아 주차 요금을 받는다.

요즘 리치는 자기 직업이 싫다. 하지만 주 정부 공무원 신분을 유지하려면 주차 관련 업무를 맡아야만 한다는 사실을 알고 있다. 그는 일에 불만을 갖게 된 근본적인 원인이 경기침체에 있다고 보지 않는다. 그가 생각하기에 경기침체의 원인은 부자들에게 있기 때문이다. 그러나 어떤 사람들이 부자인지, 어째서 부자가 경기침체의 원인인지 그가 설명하지 않았다는 점에 주목하라. 그는 업무가 바뀐 궁극적인 책임이 부자에게 있다고 확신했다. 부자들의 잘못 때문에 그는 '자연 자원의 보호자'가 아니라 '주차 안내 및 단속원'으로 전락했고, 업무에 대한 불만과 부자에 대한 분노를 느끼게 됐다.

하지만 리치는 평생교육 강좌를 들으며 직업 관련 기술을 향상시키려는 시도조차 한 적이 없었다. 산림과 숲, 나무를 그렇게 좋아한다면 목재 관리, 임업 등의 야간 강좌를 수강할 수 있었을 것이다. 그가 사는 지역의 여러 대학에서는 그런 강좌는 물론 그와 관련된 다양한 과목을 제공한다. 게다가 학교에 다시 다니면서 만난 급우들의 회사에서 직원 채용을 고려하고 있다면 새로운 기회가 생길 가능성도 있다.

리치와 아내가 맞벌이를 시작했을 때부터 블루칼라 부자 집단의 일원이 될 가능성은 충분히 있었다. 하지만 이 블루칼라 부부는 소득명세서상 부자의 길을 가는 쪽을 택했다. 중하층의 직업적 지위, 교육 및 관련 사회경제적 특성을 고려하면 노동자 계층인 이 맞벌이 가정은 멋진 동네의 비싼 집에 살아야 한다는 '사회적 요구'를 받을 일은 없었다. 비싼 옷을 입고 출근해야 한다는 사회적 요구도 없었다. 격식을 갖춘 옷차림으로 사교 행사에 참석할 의무감을 느낄 일도 없었다. 이렇게 낮은 간접비용을 고려하면 그들은 일하는 동안 매년 연간 실현소득의 20% 정도는 쉽게 저축하거나 투자할 수 있었을 것이다. 하지만 그들은 다른 방향을 선택했고 예산도, 재무 계획도, 자동이체로 불입되는 예금 하나도 없이 지내왔다.

신화 6. 혼자 힘으로는 남보다 잘살 수 없다

대체로 미국은 종교나 피부색과 상관없이 그리고 어제 이 땅에 도착했든 250년 전에 왔든 상관없이 사업을 시작하고 성공할 수 있는 국가다. 누구든 가치 있는 제품이나 서비스를 산출할 수 있다면 부자가 될 기회가 주어진다. 이런 자유가 세계 각국 사람들을 미국에 이민 오도록 유인한다. 3억 1,100만 미국 시민의 약 13%가 이민 1세대다. 따라서 경제적으로 성공하려면 미국 거주 기간이나 이민 전 국적에 상관없이 다음과 같은 중대한 질문들에 대답할 수 있어야 한다.

- 가치 있는 뭔가(제품이나 서비스)를 생산해 수익을 창출하고, 그 돈을 모으고 투자해 늘릴 수 있는가?
- 자신의 기술과 경험을 기반으로 다른 사람에게 고용되어 일하면서 꾸준히 저축하고 만족감도 느낄 수 있는가?
- 저축을 위해 절제력을 발휘하는 동시에 고용 및 금융 시장이

어떻게 변화하며 시간의 흐름에 따라 기술을 어떻게 변화시
켜야 하는지 충분히 인식하고 있는가?
- 소비지상주의와 대중매체의 방해를 무시할 수 있는가?

누구나 민족, 인종, 종교, 성별과 관계없이 자신의 지식, 기술, 능력
및 기타 특성들을 활용해서 직장 생활이나 사업을 하며 가치를 높여
갈 수는 있다. 하지만 근면함과 절제력이 필요하다. 불리한 처지에 있
는 사람이라면 더욱 그렇다.

경제적 불평등은 인기 있는 주제다. 미국에서 소득 창출 가구의 하
위 5분의 1이 국민총소득에서 차지하는 비중은 점점 줄어드는 반면,
상위 5분의 1의 비중은 계속 증가하고 있다.

그렇다면 '부자는 점점 부유해지는 반면에 빈자는 점점 가난해진
다'는 언론의 주장이 사실일까? 1996년과 마찬가지로 현재도 언론을
포함한 대부분의 사람들이 소득과 부를 혼동한다는 점에 유의하라.

미국은 경제적 기회의 땅이어야 한다. 우리 데이터가 시사하는 바
로는 여전히 그렇다. 소득 상위층과 하위층의 차이는 현실이다. 하지
만 20년 전 소득 하위 집단에 속했던 모든 사람이 지금도 그 집단에
머무는 것은 아니다. 또 소득 상위 집단에 있던 모든 사람이 그 수준을
유지하는 것도 아니다. 미국은 사회경제적 계층 이동이 대단히 활발
한 나라다. 심지어 한 세대 안에서도 상향 또는 하향 이동하는 경향이
있다. 여러 세대를 살펴본다면 이런 경향은 더욱 뚜렷이 나타난다. 많
은 부모가 너무 늦게 알게 되듯이 자수성가한 백만장자들의 자녀 대
부분은 부모의 성공을 따라가지 못한다.

그런데도 많은 사람들이 부가 상속되는 게 틀림없다고, 더 부유해지는 사람들은 재산 증여나 양도의 수혜자들뿐이라고 주장한다. 그 주장과는 달리 백만장자의 86%는 전년도 소득 중 증여나 상속, 신탁기금 비중이 0%이며, 86% 이상은 그렇게 양도받은 재산이 순재산의 10% 이내라고 보고한다. 1996년 스탠리 박사의 연구 결과처럼 지금도 많은 데이터가 백만장자 대부분이 자기 힘으로 부를 쌓았다는 사실을 보여준다.

미국에서 자수성가하기

미국에서 자수성가는 새로운 동향이 아니다. 경제학자 스탠리 레버고트Stanley Lebergott는 1882년의 연구에서 백만장자의 84%가 자기 세대에서 부자가 됐다는 사실을 발견했다. 스티븐 호로위츠Steven Horowitz 교수는 미국의 빈부격차가 심화되고 있다는 경제학자들의 주장에 이의를 제기한다. 부자가 될지 가난뱅이가 될지 개인의 운명은 많은 비민주 국가처럼 고정불변이 아니다.

호로위츠 교수는 "미국 재무부의 데이터에 따르면 1979년 최하위 20%에 속했던 가구의 무려 86%가 1988년에는 빈곤에서 벗어나 있었다."라고 주장한다. 그가 언급한 최하위 20%는 소득 계층의 사다리에 첫발을 올린 신혼부부, 고등학교 졸업생, 새로운 이민자 가정으로 구성되어 있었다.

소득이 아닌 실질적 재산을 기준으로 했을 때 미국 백만장자의 80%는 자수성가한 사람들이라는 결과가 계속 도출되었다. 2005년과 2006년에 수집한 데이터를 담은《부자인 척 그만해라》에서는 백만장자 24%가 자신의 아버지가 블루칼라 노동자라고 밝혔다. 19%는 소상공인, 4%는 농부였다고 밝혔다. 회사 고위임원과 의사를 아버지로 둔 사람은 각각 9%와 3%뿐이었다. 그들의 아버지와 어머니 중 47%와 40%만 대학 졸업자였다.

백만장자 3명당 1명가량은 스스로 대학 등록금을 냈다. 백만장자의 약 42%가 풀타임으로 일하기 시작했을 때 순재산이 전혀 없거나 부채만 있었다. 대부분(88%)은 조사에 참여한 전해에 친족으로부터 받은 신탁 기금이나 부동산, 현금 증여가 전혀 없었다. 오늘날 백만장자의 3분의 1만 부모가 자신의 고등학교 동창들보다 형편이 좋다고 보고했으며 약 63~65%는 근검절약한다고 답했다.

여전히 자수성가한 백만장자가 나오는 땅, 미국

◆ ◆ ◆

《백만장자 불변의 법칙》에서 가장 놀라운 점 중 하나는 그들의 80%가 자수성가했다는 조사 결과였다. 부모의 경제적 원조나 엄청난 행운 없이 부자가 되는 시대는 오래전에 끝났다는 일부의 주장에도 불구하고 우리는 이런 추세를 계속 목격하고 있다. 스탠리 박사는 2014년 블로그에서 이런 동향을 논했던 적이 있다.

수십 년 동안 백만장자들을 조사하고 연구하면서 나는 그들의 80~86%가 자수성가했다는 사실을 거듭해서 발견했다. 천만장자들도 마찬가지였다. 1982년 《포브스》에 따르면 미국 부유층의 약 38%가 자수성가한 이들이다. 2012년 그 비율은 70%로 급증했다.

미국의 사회경제적 이동에 관한 가장 철저한 조사로 인정받는 하버드대학교의 라지 체티Raj Chetty 교수와 캘리포니아대학교 버클리 캠퍼스의 이매뉴얼 사에즈Emmanuel Saez 교수의 연구에서는 약 500만 건의 부모와 성인 자녀의 소득세 신고서를 조사했다. 〈월스트리트저널〉에 일부 언급된 이 연구는 "자녀 세대의 경제적 계층이 상향될 확률은 지난 30년간 거의 동일했다. 이런 결과는 근래에 와서 경제적 계층 이동이 감소했다는 워싱턴 정가의 이야기와 상반된다."라고 주장했다.

미국에는 지금도 경제적 기회가 많지만 미국인 대다수는 부유하지 않다. 미국 경제의 불평등을 탓하기 쉽다. 하지만 이는 미국인들이 영구적 가치가 없는 것들에 소득의 대부분을 쓰는 탓이 더 크다. 그들에게는 부의 축적에 필요한 절제력이 부족하다. 대부분의 가정이 일하고 소비하는 생활을 반복한다. 전형적인 미국 가정의 연간 실현소득 중앙값은 5만~7만 5,000달러다. 이들 중 겨우 6.3%만 자본이득 실현소득이 있다.

2014년 〈뉴욕타임스〉도 체티와 사에즈의 연구 결과에 동의하며 '연구에 따르면 계층의 상향 이동성은 감소하지 않았다'Upward Mobility Has Not Declined, Study Says라는 제목의 머리기사를 내걸었다. 이런 기사들은 친구들, 특히 자녀들과 공유해야만 한다. 오늘날 경제적으로 성공한 사람들이 초창기 자신의 태도와 신념을 되돌아보게 된다면 우리에게 무슨 이야기를 해줄까? 그들의 성공은 혼자 힘으로 얼마든지 성공할 수 있으며 미국에는 경제적 기회가 풍부하다는 믿음에 힘입은 바 크다. 그들의 믿음과 현실은 일치한다. 그런데 유감스럽게도 언론은 경제적 기회의 흐름이 경제적 계층의 상향 이동에 역행하고 있다고 주장하는 보도를 더 많이 내놓고 있다.

위에서 언급한 연구는 세대 간 소득 차이만 다뤘다는 점에 유의하라. 소득이 부, 즉 순재산과 상관관계가 있기는 하지만 경제적 성공의 척도로는 소득보다 순재산을 선택하는 것이 현명하다. 소득은 부의 차이를 아주 일부분만 설명해준다. 물론 역도 마찬가지다. 1800년대 후반부터 현재까지의 연구들은 순재산이 많은 부류의 80% 이상이 자수성가형 부자임을 보여준다. 이는 백만장자든, 천만장자든, 상위 5%나 상위 2%, 상위 1% 수준의 자산가든 마찬가지다.

신화 7. 부자들은 악한 존재다

흔히 언론인과 정치인은 부자를 '악인'으로 묘사한다. 약 500만에서

1,000만으로 추산되는 미국의 백만장자 가정 중에는 아마 악한 사람도 있을 것이다. 하지만 부자 대다수는 전통적 방식을 통해 합법적으로 부를 일궜다. 우리나 다른 연구자들이 대다수 부자의 전통적인 가치관에 대해 발표한 수많은 연구에도 불구하고 신문 1면을 장식하는 것은 그런 내용이 아니다.

텍사스의 미스터 디피Mr. D.P.는 젊은이들에게 부자들의 진실을 알려주기 위한 대책에 대해 다음과 같이 이야기했다.

> 선생님은《백만장자 마인드》의 연구 결과를 토대로 공립학교의 교육과정을 만들고 홍보할 생각을 해본 적이 있으십니까? 현재 공립학교 대부분이 아이들에게 부자를 경멸하고 적대시하도록 가르치고 있습니다. 그와 반대로 아이들에게 부자를 본받도록 가르친다면 그들이 노동인구에 편입되기 전에 이런 상황을 해소하고 모두를 위해 더 많은 부를 창출할 수 있을 것입니다. 저는 고향에서 학교운영위원회에 출마할까 심사숙고하고 있으며, 텍사스와 미국의 아이들을 위해 그런 사회가 되기를 바랍니다.

이런 말을 들으면 정말 기쁘다. 고등학교가 하나밖에 없는 오클라호마의 작은 동네에 사는 부자가 졸업반 학생 모두에게《백만장자 불변의 법칙》을 한 권씩 사준 일도 있었다. 이들 외에도 많은 사람들이 아이들에게 경제적으로 독립하는 방법과 그 목표의 중요성을 가르치기 위해 자신의 시간과 에너지를 쏟아붓는다.

여전히 스크루지를 믿는가?

부와 관련된 정직과 진실에 대해 말들이 많다. 스크루지가 악하다는 개념은 시간이 흘러도 변함이 없는 듯하다. 레인저 X 리치는 이 소설을 믿는 것이 확실했다. 그러나 제5장에서 논의하겠지만 성실성 conscientiousness과 그 사촌 격인 진실성integrity에 관한 연구는 경제적 목표의 추구에서 그 두 가지 성격 특성이 중요하다는 것을 입증해 보인다.

현재 500만 달러 이상의 재산을 보유하고 있으며 태평양 연안 북서부 지역에 사는 검안사인 로렌스 박사의 예를 들어보자. 그는 자신의 관심사와 전문 지식을 활용하는 동시에 고객이 우선이라는 정신으로 회사를 세웠고 운영한다. 그는 창업 과정을 이렇게 들려줬다.

저는 인간의 시각계를 향상하고 보존해주는 일을 즐거이 해왔습니다. 검안 분야는 독립적으로 일하면서 사업으로 연결할 수 있는 의료 분야죠. 저는 환자들의 요구와 바람을 항상 최우선으로 여겼고 그 덕분에 환자가 많았습니다. 환자들의 입소문과 첨단 기술의 도입으로 병원은 점차 번창했죠. 그러자 병원을 팔려고 내놓은 적이 없었는데도 한 젊은 의사가 인수하고 싶다고 찾아오더군요. 61세에 병원을 그에게 넘기고 지금은 거기서 주 2일만 일하고 있습니다.

부를 얻겠다는 생각으로 병원을 운영한 적은 결코 없었습니다. 하지만 선하고 올바른 마음으로 진료를 본다면 부자가 될 수도 있다는 것을 알게 됐죠. 항상 성실하고 정직하게 살며 미래에 집중하면 됩니다. 집을 제외하고 모든 구매는 이미 저축해놓은 돈으로 했습니다. 그러면 순간적인 충동에 휩쓸려 돈을 쓰고 나중에 후회하는 일이 없어지죠.

백만장자 그리고 억만장자들의 동기

◆ ◆ ◆

'부자는 악하다'라는 인식은 아이러니하게도 그런 통념을 영속시키는 바로 그 조직(부자 집단)에 의해 없어지기도 한다. 2011년 부자들의 자선 사례에 대해서도 심도 있게 연구·조사를 진행한 스탠리 박사의 다음 글을 살펴보자.

2011년 〈뉴욕타임스〉 기사에서 앤드류 로스 소킨Andrew Ross Sorkin은 스티브 잡스가 성공하게 된 동기를 탐구하며 이런 글을 썼다. "잡스는 돈 자체를 갈망한 적도, 부를 과시한 적도 없었다. 그는 애플의 CEO 직을 사임하기 전 연봉 1달러를 받고 있었다."

사망 당시 억만장자였던 잡스는 엄청난 부를 일구었지만 과소비를 일삼지 않는 전형적인 이웃집 백만장자들과 공통점이 많았다. 《백만장자 불변의 법칙》에 소개된 앨런은 그 점에 대해 이렇게 말했다. "만일 돈을 버는 동기가 돈을 맘껏 쓰면서 근사하게 사는 것이라면 절대 성공하지 못합니다. 돈 때문에 가치관이 바뀌어서는 안 됩니다. 돈을 버는 것은 단지 성적표일 뿐입니다. 당신이 잘하고 있는지 알려주는 방편일 뿐이죠."

소킨의 기사는 잡스의 말을 이렇게 인용한다. "제 재산에만 관심이 쏠리는 것을 보면 우습다는 생각이 주로 듭니다. 돈은 제게 영감을 주는 것도, 가치 있는 것도 아니기 때문입니다."

사람들 대부분이 이웃집 백만장자들의 동기를 오해한다. 그들이 재산을 모으는 것은 값비싼 물건들에 둘러싸인 저택에 살기 위해서가 아니라 경제적인 독립을 달성하기 위해서다. 크리스 코라도Chris Corrado는 2011년 온라인 매거진 아메리칸 씽커American Thinker에서 부자들에 대한 세금 인상을 옹호하는 사람들에게 훌륭한 반론을 제기했다. 그러면서 《백만장자 불변의 법칙》에 소개된 백만장자들의 특성도 간략히 열거했다.

토머스 스탠리의 통찰력 있는 이 책은 부자 대부분이 상당히 검소한 생활을 하며, 그들의 약 80%가 상속받은 재산이 전혀 또는 거의 없는 1세대 부자라고 말한다. 2004년형 픽업트럭을 몰고 다니고 상설 할인 매장에서 옷을 사는 그들을 향해 (부자들에 대한 세금 인상을 주창하는 사람들이) 부자의 탐욕에 관해 이야기하기는 힘들다.

사람들이 흔히 떠올리는 부자는 이탈리아 양복을 입고 페라리를 몰며, 요트에 올라 지중해에서 크루즈를 즐기고, 100달러 지폐로 불을 붙인 질 좋은 시가를 피워대는 도덕적으로 의심스러운 인간일 것이다. 회사 전용기의

남용도 빠뜨릴 수 없다. 이것이 좌파의 관점에서 그려내
고 정치적으로 이용하는 부자의 모습이다. 아무리 허구
라 해도 이런 부자는 분개와 증오의 대상이 되어 마땅
하다.

익명의 기부자들

뉴욕의 대형 금융기관에서 일하는 한 프라이빗 뱅킹 책임자는 스탠
리 박사에게 흥미로운 사례를 들려주었다. 이 은행가는 미국 소도시
의 변호사로부터 매우 부유한 부부를 소개받았다. 부부는 다른 주의
금융기관과 거래하고 싶어 했다. 소도시에 사는 부자의 다수가 그렇
듯 그들 역시 지역 금융기관에 그들이 그간 쌓아온 상당액의 재산이
알려지기를 원하지 않았다. 그들이 다양한 사업체에 넣었던 투자금의
상당 부분을 현금화할 예정이었으므로 그 점이 더욱 중요해졌다. 또
한 그들은 여러 자선단체에 재산의 상당 부분을 익명으로 기부할 계
획도 갖고 있었다.

　부부가 뉴욕시의 프라이빗 뱅크에 도착하자 이 은행가는 구하기 힘
든 연극표부터 고급 클럽 입회 승인, 최고의 주택조합과 타운하우스
매물, 미술품과 골동품 구매에 이르기까지 부부가 받을 수 있는 모든
혜택과 부가 서비스부터 알려주기 시작했다. 10분 정도가 지나자 별

말 없이 듣고 있던 부인이 커다란 핸드백에서 책 한 권을 꺼냈다. 《백만장자 불변의 법칙》이었다. 그녀는 그 책을 은행가의 책상에 올려놓고는 손으로 가리켰다. 그리고 "이게 우리예요, 이웃집 백만장자. 이 책을 아직 안 읽었다면 읽어보세요."

무안함에 붉어진 은행가의 낯빛이 정상으로 돌아온 후 세 사람 모두 웃음을 터트렸다. 긴장이 풀리자 부부는 익명성을 포함해 프라이빗 뱅크의 전통적 금융 서비스만 원한다는 의사를 분명히 밝혔다. 그들은 법률 고문을 고용하는 데는 관심이 없었으며 뉴욕 사교계에 발을 들여 자부심을 높일 필요성도 느끼지 않았다. 더욱이 뉴욕시의 타운하우스나 어떤 주택도 구매할 생각이 없었다.

백만장자들을 대상으로 마케팅을 할 때는 그 무엇보다 상대의 요구에 공감하는 것이 성공의 열쇠다. 이 은행가는 부부에게 "어떻게 맨손에서 지금의 위치까지 오르셨어요?"라고 물었어야 했다. 즉, 부부가 그들의 이야기를 할 수 있게 해주었어야만 했다. 아무도 이웃집 백만장자에게 그가 어떻게 살아왔는지, 어떻게 성공할 수 있었는지 물어보지 않는다.

이 부부는 미국의 백만장자 중 가장 많은 유형이었다. 그렇다. 그들은 '익명의 기부자'였다. 스탠리 박사는 여러 재단, 대학, 사회단체, 자선단체의 연례보고서를 받았는데 어떤 연례보고서든 익명의 기부자는 항상 있었다고 했다. 기부금 액수도 몇만 달러에서 몇백만 달러까지 다양했다.

부자 혐오는 당신을 부자로 만들어줄 수 없다

왜 어떤 사람들은 재산을 모을 수 있는가? 왜 평균보다 높은 수입에 좋은 교육을 받고 역경을 겪지 않았는데도 스스로 재산을 일구지 못하는 사람이 있는가? 아마 그들은 레인저 X 리치처럼 부의 신화를 수용하고 있을 것이다. 사실을 알지도 못하면서 그들은 끊임없이 쏟아지는 부의 신화에 관한 뉴스, 의견, 자기충족적 예언을 받아들인다(미국에서 경제적으로 성공한 이들은 전문가들, 정치가들이 주장하는 신화를 비롯해 모든 신화를 무시한다).

부자에 대한 리치의 경멸은 감정 에너지를 허비하는 짓이다. 그는 부정적 감정에 사로잡혀 있으며 절제력이 심각하게 부족한 자신의 문제를 외면하고 있다. 아마도 그의 소셜 미디어 피드는 편파적인 뉴스와 일방적인 논평 일색일 것이다. 이 문제를 다른 식으로 생각해보자. 리치는 부자를 미워하는 데 시간과 에너지를 쏟을 만큼 많은 돈이나 순재산에 여유가 있지 않다. 주차 위반 경고장을 발부할 대상을 의도적으로 고르는 행동은 절대로 그에게 경제적 자립을 가져다주지 않을 것이다.

일반적으로 증오는 재산 형성에 도움이 되지 않으며 경제적 성공에 필요한 습관을 고민하고 노력하는 일을 방해한다. 리치가 계속해서 부자들을 미워하고 경멸하는 데 들이는 시간과 에너지 자원을 경제적 자립의 달성 같은 보다 생산적인 목표에 재분배한다면 어떨까? 만일 그렇게 한다면 부자와 지금의 일을 싫어할 시간이 줄어들 것이다. 직업 만족도가 낮은 다수의 사람들에게는 한 가지 공통점이 있다. 그들은 자신이 싫어하는 직업에 의존할 필요가 없도록 분명하고 계획적인 대책을 세우지 않는다.

우리는 소득이 높거나 대단히 높은 중상위층 사람들에 대한 글을 자주 쓴다. 그들을 보면 대부분이 자신의 사회적 지위를 고려해 고급 주택과 자동차, 값비싼 옷, 해외 리조트에서의 호화 휴가 등을 소비해야 한다고 느낀다. 그러나 리치와 그의 가족은 이런 부담이 없는데 왜 경제적 안정과 거리가 있는가? 그의 가족이 바로 과소비 유형에 속하기 때문이다.

리치와 부의 신화를 믿는 사람들은 미국의 백만장자들로부터 배워야 할 점이 많다. 백만장자 대부분은 경제적 지위가 향상될 동안 유감이나 증오를 품지 않았다. 그들도 한두 번쯤 속은 적이 있었지만 긍정적인 측면에 집중하며 그 일을 넘겼다. 증오는 경력을 쌓아주지도, 대차대조표를 개선해주지도 않는다.

반대로 재무 행동이 개선되면 재정적 만족도도 함께 올라간다. 소득을 재산으로 바꾸는 데 뛰어난 PAW의 약 93%는 삶에 대단히 만족한다고 보고하는데, 이는 UAW(84%)보다 높은 비율이다. UAW의 56%는 경제적 자립을 달성하지 못할 것을 걱정하며 시간을 보내지만, PAW는 4분의 1이 약간 넘는 수만 그런 걱정을 한다. 그리고 UAW는 거의 5명 중 4명이 은퇴 후 편안히 살 수 있을지 걱정하는 반면 그런 걱정을 하는 PAW는 5명 중 2명에 불과하다. 요컨대 행동이 바뀌면 직업과 삶에 대한 태도도 바뀌며, 은퇴 후 생활 또한 달라진다.

왜 누구는 가난하고 누구는 부유한가?

◆ ◆ ◆

레인저 X 리치가 부의 신화들을 넘어 경제적 성공을 향한 자신의 길을 걷기 시작하려면 무슨 조언이 필요할까? 만일 부의 신화에 대한 그의 믿음이 굳건하다면 해줄 말이 별로 없겠지만 말이다. 사람들은 왜 누군가는 부유하고 누군가는 가난하다고 믿을까? 이에 대해 스탠리 박사가 2014년에 쓴 블로그 게시글을 살펴보자.

올해 초 퓨 리서치 센터Pew Research Center는 전국의 성인 1,504명을 대상으로 '왜 누구는 가난하고 누구는 부유한가?'라는 주제의 설문 조사를 했다. 응답자 10명 중 4명 정도만(38%) "남들보다 열심히 일했기 때문에" 부자가 부유하다고 답했다. 그런데 실제로 부유한 백만장자들은 자신의 경제적 성공을 어떻게 설명할까? 10명 중 거의 9명이(88%) 노력을 중요하거나 매우 중요한 요인으로 꼽았다.

같은 설문 조사에서 응답자의 51%는 "부자는 남들보다 유리한 형편 때문에" 부유하다는 의견을 밝혔고, 50%는 "가난한 사람은 본인이 통제할 수 없는 상황" 때문에 가난하다고 답했다. 미국의 백만장자 중 80%가 자수성가했다는 사실과 대비해보라. 백만장자의 95%가 강한 절제력을 자신의 경제적 성공을 가져온 요소로 꼽았다는 사실에도 주목하라. 백만장자들의 믿음과 크게 대조되는 일반 대중의 믿음은 특히 정계에 많은 시사점을 던져준다.

퓨 리서치 센터의 설문 조사 대상이 미국의 성인 인구를 대표한다고 가정하면 많아봐야 응답자의 약 4~8%만 백만장자다. 그렇다면 이 설문 조사 응답자들의 의견이 부의 축적 수준의 차이를 설명하는 데 얼마나 타당성을 가질까? 전형적인 미국 가정의 순재산은 9만 달러가 조금 넘으며 연소득은 2014년 기준 5만 2,000달러 정도다. 그런 사람들이 어떻게 부자가 되는 법에 대해 제대로 알고 있을까?

만일 당신의 목표가 경제적 자립의 달성이라면, 일반 대중이 아니라 자수성가한 미국 백만장자들의 방식과 수단을 따르는 것이 더 생산적일 것이다.

부자가 되려면 부에 관한 신화를 무시하라

부자가 되는 방법에 관한 신화들을 무시한다면 남은 것은 무엇일까? 바로 우리 자신의 행동, 선택, 생활 방식이다.

소득은 통계적으로 재산과 연관이 있지만 재산은 아니다. 이 사실을 이해할 때 저축률saving rate의 중요성이 보이기 시작할 것이다. 저축률은 얼마를 버는가가 아니라 그 돈으로 무엇을 하는가(어떻게 소비하고 저축하는가)로 좌우된다. 소비하는 것보다 더 많이 저축하고 수입

이하로 사는 것은 우리에게 달려 있다. 그리고 그것이 재산을 축적하는 수학적 진리다.

부유해 보이는 데 더 관심이 있는 소비 위주의 생활 방식이 대부분의 사람들을 일평생 직장에 종속되어 일에 매인 삶, 경제적 자유가 거의 없는 삶으로 몰아넣고 있다는 사실을 이해한다면 지금부터 대안적 삶과 생활 방식을 만들어나갈 수 있다. 대안적 삶과 생활 방식은 우리의 부모님이나 조부모님의 삶과는 크게 달라 보일 수 있으며, 특별히 운 좋은 경우가 아니라면 주변 사람 또는 소셜 미디어 피드와도 매우 다르게 보일 것이다.

외부 기관이나 후원자가 우리의 재정 자립 상태를 바꿔줄 일은 거의 없다는 사실을 이해하라. 우리가 의지할 수 있는 것은 우리 자신뿐이다. 우리의 경제적 미래는 고용주나 정부, 가족 구성원이 아닌 우리에게 달려 있다. 부를 쌓게 해주는 건 자신의 능력뿐이라는 사실을 이해하는 순간부터 시간과 에너지, 돈을 어떻게 써야 할지가 보일 것이다. 제5장에서 살펴보겠지만 자신의 경제적 미래를 책임지는 것은 부를 쌓는 데 매우 중요한 요소다.

혼자 힘으로 부를 쌓은 사람들 모두가 악한 것도, 선한 것도 아니라는 사실을 인정하면 성공한 이들을 비난하는 대신 그들이 했던 행동들을 검토하기 시작할 수 있다. 부의 신화에서 벗어나면 부를 쌓는 데 도움이 되는 행동과 선택에 집중할 수 있다. 소속 집단과 관계없이 자유 국가에서 부를 쌓을 방법은 결국 그런 행동과 결정이다. 그때야 비로소 우리는 진정한 경제적 성공을 이룬 사람들의 행동을 모방할 수 있다. 어쩌면 리치도 우리와 함께할 것이다.

제 3 장

백만장자는 어떻게
만들어지는가

The Next Millionaire Next Door

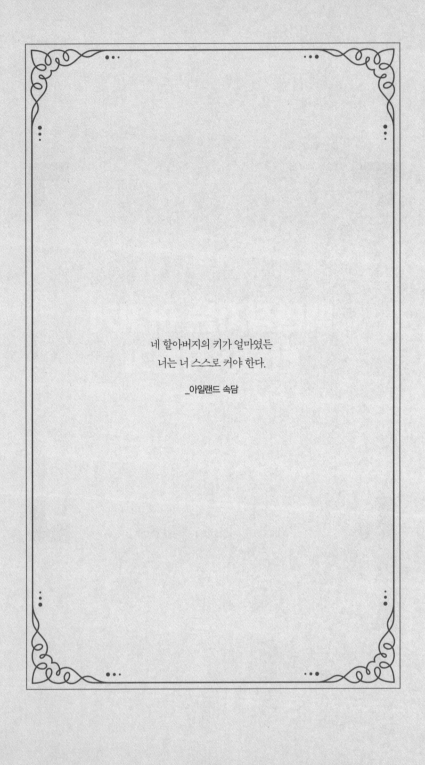

네 할아버지의 키가 얼마였든
너는 너 스스로 커야 한다.

_아일랜드 속담

과학적으로 증명되었다시피 우리가 어떤 행동을 할 때는 천성(고유한 특성)과 양육(키워진 방식과 환경)이 함께 영향을 미친다. 우리의 행동을 생각해보면 천성은 무엇을 할지 또는 무엇을 할 수 있는지 경계를 정해주며, 양육은 그 경계 내에서 어떻게 수행해낼지 또는 무엇을 할 건지를 결정해준다.

따라서 경제적 성공에 관한 연구에서도 양육의 측면에 초점을 맞춰 가정교육, 배우자와 친구의 선택, 사회적 문화가 소득을 부로 전환하는 가능성과 방법에 어떤 영향을 미치는지 검토해야 한다. 한 예로 우리는 가족 간 화목이 자수성가한 백만장자의 성격 형성과 성공에 강한 영향을 미치는 요인임을 발견했다. 지난 30년 동안 전국적인 설문조사에서 백만장자의 약 70%가 사랑이 넘치는 화목한 분위기에서 성장했다고 보고했으며, 약 4분의 3이 목표를 달성하고 우수한 결과를 내도록 부모로부터 격려를 받았다고 말했다.

그러나 따뜻하고 애정이 넘치는 가정은 누구나 누리는 조건이 아니다. 어떤 가정에서 태어날지, 어떤 부모를 만날지, 어릴 적 어떤 교육을 받을지는 우리가 선택할 수 있는 사항이 아니다. 우리는 현재 상황을 성장 과정 탓으로 돌리고 싶을지 모른다. 그리고 그 원망은 얼마간 타당할 수 있다. 하지만 개인에게 선택을 강요하지 않는 사회에서 우리는 누구와 어떻게 시간을 보낼지 선택할 자유가 있다. 그리고 그런 선택들은 우리의 경제적 성과에 영향을 줄 수 있다. 경제적으로 자립한 사람들은 자신의 선택에 집중하며 돈과 관련된 행동과 활동에 책임을 진다.

어린 시절의 경험이 재무 습관을 바꾼다

일부 전문가들은 금융 문맹financial illiteracy과 서툰 재무 관리를 교육을 통해 바로잡으라고 제안한다. 그러나 재무 행동의 변화는 워크숍이나 6주간의 강좌만으로는 해결되지 않는 복잡한 문제다. 평생의 경제적 성취를 가져다줄 수업이나 특별 안내서, 앱은 없다. 재무 행동의 변화를 위해 필요한 건 일관된 재무 행동 습관이다. 일찍 변화가 시작된다면 성공할 가능성은 더 크다. 일례로 이웃집 백만장자 존 C.의 경우를 살펴보자. 그의 어릴 적 경험은 훗날 그의 성공 기반이 된 행동들과 자녀들의 행동 습관으로 이어졌다.

저는 검소한 부모님 밑에서 컸습니다. 부모님은 거의 50세가 될 때까지 신용카드도 없이 지냈습니다. 여행을 다니기 시작하면서 신용카드 없이는 호텔이나 렌터카 예약을 할 수 없으니 그제야 카드를 발급받았죠. 아버지는 자식 여섯을 앉혀놓고 한 시간에 걸쳐 당신이 카드를 발급받은 이유를 설명하고, 다음 결제일에 카드 대금을 전액 납부할 수 없으면 절대 신용카드를 쓰면 안 된다고 당부했습니다.

저는 6남매 중 넷째입니다. 제가 초등학교 4학년 때 아버지는 자식 모두를 거실로 불러 어떻게 대학을 가야 하는지 설명했습니다. 등록금을 한 푼도 내줄 수 없으니 우리 힘으로 마련해야 한다고 했죠. 자동차는 대학을 졸업할 때까지 살 수 없겠지만 아르바이트를 하러 다닐 수 있게 중고차를 쓰게 해줄 테니 열다섯 살이 되면 일을 하라고 했어요.

저희 6남매 모두는 스스로 학비를 벌어서 대학을 졸업했습니다. 그렇게 해서 6명이 받은 학위가 준학사 학위 셋, 학사 학위 넷, 석사 학위 둘, MBA가 둘입니다.

부모님의 빚은 평생 단 한 가지였습니다. 20년 상환 조건의 주택 융자였죠. 자동차 대출이나 홈 에쿼티 론home equity loan(모기지론, 즉 담보대출을 제외한 주택의 순가치를 담보로 다시 대출받는 것으로서 미국인들은 대개 이를 가계자금 등으로 사용한다—옮긴이 주)을 받은 적도 없었고 신용카드도 쓰면 바로 결제했죠.

저요? 저는 경제금융학 학사 학위와 마케팅 및 재무 전공으로 MBA를 취득했습니다. 저는 신용카드를 쓰고 첫 달에 결제하지 않은 적이 한 번도 없습니다. 대출은 28년 동안 차를 소유하면서 3번 받았죠. 낮은 이자율을 적용받아서 이자로 낸 돈보다 대출한 금액을 투자해서 번 돈이 더 많았어요.

지금 주택담보대출 하나와 자동차 대출을 제외하고 다른 부채는 없습니다. 현재 401k(미국의 적립 퇴직금을 가리키는 용어―옮긴이 주) 같은 경우는 다른 투자액이 401k와 연금저축보다 많습니다. 아내는 20년 동안 아들 둘을 키우며 전업주부로 살았습니다. 2주 전에 큰아들이 대학에 입학했죠. 아이가 성적 장학금을 받았고 나머지 학비와 기숙사비는 제가 저축해두었습니다. 책값은 아들이 내기로 했고요.

큰아들은 아르바이트로 제 부업을 도왔습니다. 우리가 부업으로 하던 일이 있었는데, 아이가 4학년 때 디자인한 게 고객에게 팔렸죠. 저는 아들이 번 돈에서 디자인 제작에 들어간 비용을 제하겠다고 했어요. 제 사업체를 통해 판매됐으니까 그 수입에 대해 제가 납부해야 될 세금도 제하겠다고 했죠. 나머지 금액은 아들이 가져도 되지만 80%는 대학 학자금으로 저금해야 한다고 했고요. 살다 보면 예기치 않게 지출할 일도 생기고, 세탁기를 바꾸거나 차를 고치거나 병원비를 내야 할 돈도 준비해둬야 하므로 10%도 저금해야 한다고 했어요. 남은 10%는 아이가 써도 되지만 엄마와 저의 허락을 받아야 한다고 했습니다.

큰아들은 4학년 때 디자인 판매로 제게 제작비와 세금을 주고도 3,000달러를 벌었습니다. 본인이 원하는 대로 쓸 수 있는 돈이 300달러가 생긴 거죠. 그런데 전부 저축하더군요. 그리고 몇 개월 뒤에 300달러에 훨씬 못 미치는 가격의 아이팟을 사겠다고 했어요.

큰아들은 열다섯 살이 되면서 제 부업의 배송 서류 작업을 해주기 시작했습니다. 제품의 하역과 검수도 하고, 장부 정리도 했습니다. 최저임금을 받으며 했죠. 디자인을 몇 개 더 팔아서 그 수입도 꽤 됐어요. 초등학생 때는 CD(양도성예금증서)에 투자했습니다. 병원에서 자원봉사도 했죠.

그렇게 큰아들은 1만 5,000달러가 든 예금통장을 갖고 대학에 갔습니다. 제가 대학에 진학할 때 갖고 있던 예금액의 3배였죠. 아들은 학교에 다니면서 자기 부업을 시작하더군요.

열여섯 살인 작은아들도 형의 뒤를 잇고 있습니다. 작은아들도 우등생이고, 아직 형만큼 저축하지는 못했지만 앞으로 2년 동안 5,000달러만 더 저축하면 형과 같아지죠.

아들 둘 다 차를 소유한 적도, 신용카드를 발급받은 적도 없고 이제껏 전자제품은 자기 돈으로 샀습니다. 두 아이가 초등학교에 다니면서 최신 게임보이를 사고 싶다고 하기에 우리는 갖고 있던 게임보이를 팔고 돈을 좀 더 보태서 살 거면 사도 된다고 했습니다. 아이들은 물건을 깨끗이 쓰고 포장 박스를 잘 보관해야 한다는 것을 배웠죠. 그래야 이베이에서 더 나은 값을 받고 팔 수 있으니까요. 얼마 후 전자제품은 새것보다 가격이 훨씬 싼 중고를 사도 된다는 걸 깨닫더니, 중고로 샀던 제품을 거의 샀던 가격으로 되팔 때도 많더라고요. 우리 아이들이 나중에 부자가 될까요? 두고 보면 알겠죠. 어쨌든 시작은 좋습니다.

존의 가족과 같은 경우는 앞서 이야기했듯이 천성과 양육의 결합으로 나타난 결과다. 하지만 지금 우리가 통제할 수 있는 것은 양육 측면이다. 요즘 부모들은 존과 그의 형제자매, 자녀들과 같은 성과를 달성하기 위해 다음과 같이 할 용의가 얼마나 있을까?

- 자녀에게 스스로 돈을 저축하라고 격려한다.
- 자녀에게 일할 것을 격려하거나 요구한다.
- 최신 스마트폰을 포함해 전자기기를 자신의 돈으로 사게 한다.
- 소비재를 책임감 있게 사용하고 장난감을 소중히 여기도록 가르친다.
- 부모와 자녀가 함께 자녀의 대학 학자금을 저축한다.

존의 자녀 양육 방식은 돈을 중히 여겨야 한다는 가르침뿐 아니라 소비 위주의 삶, 소셜 미디어로 이웃의 소비가 공유되는 생활을 무시해야 하는 어려운 선택들을 요구한다.

부모의 습관이 아이의 경제적 성공을 좌우한다

자라온 배경이 지금의 재무 결정에 어떤 영향을 미칠 수 있는지 고려해보자. 가정교육과 가족의 영향만큼 돈을 절약하고 지출하는 방식에 영향을 미치는 요인도 없다. 이런 양육의 요소가 부의 원인이라고 확언할 수는 없지만 상관관계는 분명히 존재한다.

제5장에서 좀 더 심도 있게 논의하겠지만, 경제적으로 성공한 사람들은 비슷한 특성을 여럿 공유한다. 그리고 어릴 적 경험도 유사하다.

대개 그들은 안정적인 가정환경에서 훈육을 잘 받았으며 목표 지향적이다. 또 안정적인 아동기와 청소년기를 경험하지 못했더라도 큰 장애물을 작게 쪼개서 극복하는 성향 또한 갖고 있었다. 대부분이 1달러도 아끼고 저축해서 수백만 달러의 순재산을 모았다. 즉 그들의 재산은 한때의 검약이 아니라 장기간 지속된 행동 습관의 결과였다.

물론 사랑이 넘치고 화목한 가정에서 자랐지만 재무 관리에 대해 보거나 듣거나 경험한 적이 전혀 없었을 수 있다. 행복한 어린 시절에 재무 교육이나 모방 학습은 완전히 빠졌을 수도 있다. 사실 미국만 해도 사람들의 금융이해력financial literacy은 부끄러울 정도로 낮다. 미국 교직원퇴직연금기금과 조지워싱턴대학교 국제금융이해력증진센터에서는 개인 금융 영역의 지식을 다각도로 측정하는 개인금융이해력지수TIAA Institute-GFLEC Personal Finance Index 조사를 실시해오고 있다. 최근 조사에서 미국인의 단 16%만 문항의 75% 이상을 정확히 답한 것으로 나타났다. 반대로 5분의 1은 낮은 금융이해도를 보였다.

아동기 및 청소년기 생활 경험에 관한 연구들은 우리의 어린 시절이 성인기의 경력과 소득, 성격에 얼마나 극적인 영향을 미칠 수 있는지 보여준다. 1960년대에 조지아대학교의 윌리엄 오언William Owen 심리학 교수는 일련의 연구를 통해 환경과 청소년기 경험이 성인기 이후의 성과에 상당한 영향을 미친다는 사실을 입증했다. 오언과 제자들은 1960년대 후반부터 1970년대까지 대학 신입생들을 조사하기 시작해서 1990년대에 다시 조사했다. 조사 결과에 따르면 집에서 구독하는 잡지와 신문의 수, 부모의 애정 표현 등을 포함해 생활 경험이 비슷했던 대학 신입생들은 훗날 직업 선택, 성격, 소득 수준이 비슷했다. 물론 이런 경험들의 일부는 사회경제적 지위가 높은 가정에서 발생할 가능성이 더 크다.

2012~2013년에 우리는 대중 부유층과 순재산액이 많은 미국인을 대상으로 몇 차례 조사하면서 재산 형성과 관련된 청소년기의 경험과 행동 유형에 대해서도 조사했다. 그 결과 검소하고 자녀에게 돈 관리를 가르칠 의지가 있는 부모는 소득을 재산으로 전환하는 자녀의 능력에 영향을 미친다는 사실을 발견했다. 부자뿐만 아니라 소득이 중간 정도인 개인까지 연구 대상에 포함했을 때도 부모의 절약이 자녀의 순재산액과 긍정적인 관계가 있는 것으로 나타났다.

다시 말해 부모가 경제적으로 부유해지는 데 도움이 되는 행동을 하면 자녀도 그렇게 행동할 가능성이 크다는 것이다. 부모가 절약하고, 돈과 관련된 문제를 의논하고, 훌륭한 돈 관리 기술을 보여줬다고 보고한 사람들은 이런 양육을 경험하지 못한 사람들에 비해 소득 대비 재산이 많은 사람(PAW)이 될 가능성이 더 컸다.

미네소타대학교에서 수행한 연구는 가족의 생활 방식이 미치는 영향과 재무 영역에서 부모가 자녀에게 미치는 영향에 대해 값진 통찰을 제공한다. 연구자들은 부모들이 자녀에게 재무 관리와 관련해 저축, 돈 관리 방법, 재정적 문제에 대한 논의 방법을 준비시킨다는 것을 알아냈다. 이 연구에 참여한 자녀들 대다수는 가족의 저축과 재무 관리 성향을 대화를 통해서가 아니라 직접 관찰을 통해 배웠다. 즉 돈과 관련해 어떻게 행동해야만 하는지 부모가 들려준 말보다 부모의 행동이 자녀의 기억에 남았다.

이런 연구 결과들에도 불구하고 우리가 조사한 백만장자들은 자신의 성공에 도움을 준 요인으로 부모의 영향보다는 회복탄력성resiliency 과 노력 같은 요인들을 더 중요하게 꼽았다(246페이지 표 22 참고). 백만 장자의 42%가 자녀에 관한 관심과 열의가 있었던 부모가 성공에 도움이 됐다고 밝혔고, 59%는 부모의 지지 덕분에 성공했다고 말했다.

금전적 스트레스가 아이에게 미치는 영향

우리의 경제적 성과에 영향을 미치는 초기 경험에는 또 어떤 것들이 있을까? 훌륭한 돈 관리의 본보기가 되어준 부모와 양육자뿐 아니라 금전적 스트레스 역시 우리의 경제적 앞날에 영향을 줄 수 있다. 사실 연구에 응한 백만장자들 중에는 어린 시절에 경제적 상황이 가족 및 관계에 어떤 영향을 미치는지 직접 목격했던 이들도 있었다. 그리고 이로써 부정적인 경험을 떨치고 나아가는 게 중요하다고 생각하게 된 경우가 많았다.

- 돈이 아무것도 아닌 것처럼 자식에게 던져주는 부모를 둔 동 년배들을 많이 봤어요. 그런 사람들은 아주 형편없는 인간이 되더라고요. 생일에 생애 첫 번째 차로 메르세데스 새 차를 선물받았는데 겨우 일주일 만에 사고를 내고 또 다른 차를 받 았던 여자애가 그랬죠. (순재산 120만 달러를 보유한 뉴저지의 백만장자)
- 제 부모님은 돈 관리를 그렇게 하면 안 된다는 아주 좋은 본

보기였죠. (순재산 190만 달러를 보유한 플로리다주 마이애미의 백만장자)

- 저는 아버지가 돈 관리에 애를 먹는 모습을 지켜봤습니다. 아버지는 화이트칼라이면서도 돈을 얼마를 벌건 돈이 없었어요. 다 써버렸으니까요. (순재산 110만 달러를 보유한 테네시주 내슈빌의 사업자)
- 어릴 적 부모님이 집을 잃게 됐다고 싸우는 소리를 들었죠. 부모님으로부터 신용, 저축, 투자에 대해 배웠더라면 좋았을 텐데 말이에요. (순재산 170만 달러를 보유한 플로리다주 클리어워터의 상무이사)

자녀들은 부모들의 미숙한 돈 관리 때문에 받은 스트레스를 잊지 못한다. 조지아주의 소도시에 사는 예비 이웃집 백만장자(순재산 82만 5,000달러 보유)의 이야기는 이를 잘 보여준다.

고등학생이 된 뒤로 부모님이 매우 열심히 일하는데도 경제적으로 얼마나 스트레스를 받는지 눈에 들어오기 시작했습니다. 돌이켜 생각해보면 아버지는 경제관념이 전혀 없었어요. 5만 달러를 벌면 6만 달러를 쓰는 분이었죠. 늘 절박하게 금전적인 결정들이 내려졌어요. 재정적인 면에서 미성숙하고 무지한 아버지 때문에 어머니가 고생이 많으셨죠. 사업을 하며 수백만 달러가 들어오고 나갔는데도 불구하고 지금 부모님은 사회보장연금으로 살고 있습니다. 아버지 탓이죠. 지금 저는 항상 아버지를 생각하며 경제적 결정을 내려요. 그냥 아버지가 했을 만한 행동과 정반대로 하면 돼요.

저도 저축, 투자, 신용 관리, 재산 축적의 중요성에 대해 배웠으면 좋았을 텐데 싶어요. 부모님께 이런 걸 전혀 못 배웠거든요. 그래도 자식들을 무척 사랑하는 분들이죠. 훌륭한 부모지만 자식들에게 돈에 관해 가르치진 않았어요.

아내가 33세, 제가 31세였을 때 우리 순재산은 마이너스 4만 달러였어요. 각각 50세, 48세가 된 지금 우리의 순재산은 82만 5,000달러죠. 뭐가 바뀌었냐고요? 우리는 403b와 IRA(403b는 교육계, 종교, 비영리단체에 근무하는 사람들에게 제공되는 퇴직연금이며, IRA는 최근 이직이 잦은 세태에 보완책으로 나온 개인 퇴직 계좌다—옮긴이 주)에 최대로 은퇴 자금을 적립해왔습니다. 그리고 채무가 적은 생활을 하려고 노력했죠. 다행히 우리는 돈을 관리하는 법을 알아냈지만, 자칫하면 부모님처럼 돈을 허비해버릴 수도 있었어요.

부모님의 돈 관리에 관해 쓰려니 기분이 좋지는 않지만 저의 통찰이 자녀를 둔 부모들에게 도움이 됐으면 합니다. 자녀에게 일찍부터 돈에 대해 가르쳐야 해요. 우리는 여덟 살짜리 아들에게 돈 관리의 중요성을 철저히 가르치고 있어요. 물론 아들은 가족과 친구가 돈보다 훨씬 중요하다는 것을 압니다. 동시에 돈 관리를 못하면 인생을 망칠 수 있으므로 돈도 중요하다는 걸 알죠.

성장기의 경험에 따라 효율적이거나 비효율적인 습관이 당신의 마음에 새겨졌을 수도 있다. 하지만 앞으로의 경제적 성공을 좌우하는 것은 현재 당신의 행동들이다.

부는 돈을 존중할 때 찾아온다

재산을 모으려면 재무 지식도 매우 중요하지만 저축과 지출에서는 절제력이 더 중요한 역할을 할 때가 많다. 재무 지식과 지출의 자제, 이두 가지는 미래의 경제적 성공을 위한 강력한 조합이 될 수 있다. 금융이해력과 개인의 성실성은 자산(유동 및 비유동 자산) 보유와 긍정적 관계가 있다. 한 연구에 따르면 금융이해력과 절제력은 경제적 성공에 직결되므로 유아기, 청소년기뿐 아니라 성인기에도 자제력 향상을 목표로 교육해야 한다.

부는 돈을 존중하는 사람들을 찾아온다. 돈에 대한 존중은 절제하며 돈을 효과적으로 관리하는 것도 포함된다. 연간 소비 항목에 대해 예산을 세우거나 결산을 하지 않는 사람들은 돈을 중시하는 마음이 부족한 것이다. 그런 가정에서 자란 아이들은 부모처럼 소득명세서상 부자가 되는 경향이 있다. 최근 우리 연구의 표본이었던 백만장자들의 약 70%는 부모가 근검절약했다고 말했다.

스탠리 박사가 인터뷰했던 많은 이웃집 백만장자들도 가계 실현소득 합계가 10만 달러가 넘어본 적이 없지만 예산의 지출 항목마다 얼마를 할당했는지 알고 있었다고 했다. 그들은 예상 수입, 지출 범주에 맞춰 예산을 세우고 투자, 은퇴 자금, 학자금 등의 용도로 따로 저축할 돈을 만들었다. 돈이 중시되는 환경에서 사회화된 아이들이 받을 영향을 상상해보라. 부모의 재무 관리 모습을 지켜보면서 접한 기술들은 그들이 성인이 됐을 때 부를 쌓을 수 있게 해줄 것이다.

당신은 재무 관리와 관련해 어떤 경험을 하며 성장했는가? 돈이 금기시되는 주제였는가? "그건 이번 달 예산에 포함돼 있지 않아."라는 부모 또는 양육자의 말을 들은 적이 없는가? 이웃집 백만장자 크리스티의 어릴 적 경험을 들어보자. 그녀는 자신의 성공이 가정교육에 힘입은 바가 크다고 말했다. 특히 부모님의 근면성과 솔직함 덕분에 돈을 존중하게 되었다고 했다. 아버지는 직업 군인인 육군 부사관이었으며 어머니는 전업주부였다. 가계 예산 수립과 절약은 그녀의 어릴 적 사회화 과정의 일부였다. "우리는 매달 첫 번째 일요일이면 함께 모여 앉았어요. 우리는 돈이 많이 없었죠. 우리는 항상 아버지의 월급명세서를 본 다음에 숙제를 했어요."

그녀의 부모님은 제일 먼저 기부를 약속한 곳으로 보낼 돈부터 챙기고 그다음으로 그달 공과금과 한 달 동안 들어갈 비용을 추정했다. 크리스티는 부모님이 가계소득의 상당 부분을 자녀의 대학 학자금 몫으로 배정하면서 미소 짓던 모습을 기억했다. "우리를 대학에 보내려고 부모님이 얼마나 어렵게 저축하는지 알고 있었어요. 하지만 아버지는 대학 학자금을 따로 떼어놓으면서 '난 학자금을 떼어놓을 때가 정말 좋아. 훗날 너희도 자식을 위해 이렇게 할 수 있을 거야'라면서 미소 지으셨죠."

오늘날 크리스티가 성공을 거둔 이유 중 하나는 그녀의 부모가 제공한 양육 환경이다. 크리스티와 그녀의 형제자매는 가계 계획을 수립하는 가족의 일원으로 존중받았다. 그들은 일찌감치 예산과 계획 수립에 대해 배웠다. 그들은 새 공책이나 신발을 사달라고 할 때 정당한 이유를 대야만 했다. 이런 경험이 크리스티에게 사업주라는 현재 직업을 준비할 수 있게 해주었다.

문항	그렇다/매우 그렇다 응답률(%)		
	1996년	2000년	2016년
부모님이 검소했다(혹은 수입보다 적은 생활비로 살았다)	66	61	70
부모님이 늘 목표를 이루고 우수한 결과를 내도록 격려했다	–	63	73
사랑이 넘치고 화목한 분위기에서 자랐다	–	–	70
부모님은 또래 친구나 동창들보다 잘살았다	–	–	32

물론 극단적인 절약이 부정적 영향을 미칠 수도 있다. 박탈감처럼 느꼈을 때는 더욱 그렇다. 아동기에 그런 경험을 한 사람들은 나중에 가정을 꾸렸을 때 신중함과는 거리가 먼 결정을 내릴 수도 있다. 극도로 절약하는 가정에서 성장한 아이들이 절약하는 생활 방식을 긍정적으로 여길지 아닐지는 시간이 말해줄 것이다. 실제로 절약하는 가정에서 자라 경제적으로 성공한 사람들은 극단적 절약의 장점들만 취해 경제적 이점으로 활용할 수 있었던 이들이다.

변하지 않는 이웃집 백만장자의 습관

◆ ◆ ◆

어릴 적 경험과 재무 영역 멘토의 지속적인 지지는 경제적 성공에 큰 영향을 미칠 수 있다. 이런 경험은 상당한 재산을 증여받은 사람이 과소비의 덫에 빠지지 않게 도와준다. 부모로부터 상당한 재산을 증여받았음에도 불구하고 효율적인 재무 행동을 유지한 이웃집 백만장자의 사례를 살펴보자. 이 글은 스탠리 박사가 2014년에 쓴 것이다.

이웃집 백만장자 중 많은 이들이 화목하고 서로를 존중하며 절제와 절약을 중시하는 환경에서 자랐다. 그중 한 사람의 사례를 살펴보자.

> 제가 아직 고등학생이었을 때 부모님은 오빠와 제게 《백만장자 불변의 법칙》을 읽게 했습니다. 둘 다 책의 주제에 흥미를 느꼈고, 부모님이 가정을 운영하는 방식과 유사한 내용도 많이 발견했죠. 아버지는 주 공무원으로 장기근속하며 일주일에 37.5시간씩 일했습니다. 어머니는 전업주부였는데 중고 물품 파는 곳을 즐겨 다녔죠. 외식은 1년에 겨우 4번뿐이었어요.
>
> 오빠와 저는 일하는 게 재미있어서 아주 어려서부터 일을 했습니다. 부모님은 우리에게 각각 용돈을 주었습니다. 돈이 필요할 때마다 요청하지 않고 돈 관리하는 법을 배울 수 있게 한 거죠. 오빠와 저는 지금 (20대 후반인데) 어려서 배웠던 것들의 결실을 얻었습니다.
>
> 3년 전 어머니가 돌아가시면서 가족에게 상당한 금액

의 돈을 남겼습니다. 아버지 몫이 컸지만 우리에게도 각각 25만 달러를 물려주었죠. 하지만 아버지는 여전히 예전 집에서 살고 2003년형 토요타 아발론을 탑니다. 오빠는 아버지와 같은 동네에 집을 사기로 했죠. 전과 똑같이 일하면서 2005년형 토요타 캠리를 타고 다니고요. 저도 업무량이 많은 회계사로 계속 일하면서 여자들 4명과 함께 한집에 살고 있습니다. 그러는 게 평균보다 훨씬 낮은 월세로 워싱턴 DC 외곽에 살 수도 있고 여러모로 좋아요.

저는 상속받은 돈은 투자 계좌에 넣어두고 계속해서 수입의 20%를 퇴직금으로 열심히 적립하고 있습니다. 물론 우리 가족이 구두쇠는 아닙니다. 약간의 사치도 즐기죠. 저는 여행을, 오빠는 맛있는 음식을 좋아하죠. 하지만 수입 범위 안에서 즐깁니다.

제가 이 이야기를 하는 이유는 오늘날 미국에서 오빠와 제가 이례적인 존재처럼 생각되기 때문이에요. 우리가 상속받았던 나이인 23세, 26세에 그런 큰돈을 받으면 (종종 그보다 적은 돈이 생겨도) 대부분이 일을 그만두고, 비싼 스포츠카를 사고, 흥청망청 쇼핑하고 여행을 다니면서 다 써버리겠죠. 하지만 오빠와 저는 하던 일을 그대로 하고, 차도 바꾸지 않고, 생활 방식도 하나도 바꾸지 않았습니다. 우리는 만족할 줄 알기 때문입니다.

이 이웃집 백만장자의 부모는 자녀가 어릴 때부터 돈에 대해 건전한 시각을 가질 수 있게 준비시켰다. 또한 효과적으로 돈을 관리할 수 있는 도구들을 갖추게 해서 경제적 원조로부터 벗어나게 했다. 이는 좋은 조건에서 일찌감치 경제적 자립을 향해 출발할 수 있게 해준 귀중한 선물이다.

상위 1% 부자가 아니라면 과소비는 금물

미국 남동부 지역에서 고소득자와 고액 자산가를 주로 상대하는 한 자산관리회사의 대표는 그의 고객들이《백만장자 불변의 법칙》에 나온 이야기와 다르다고 말했다. 고객 대부분이 절약을 통해 부유해진 게 아니라 소득이 워낙 높아서 지출이 커도 부자라는 것이다. 물론 절약하지 않아도 엄청난 부를 축적할 수 있는 사람도 있다.

비슷한 맥락에서 스탠리 박사는 '화려한 갑부'glittering rich라고 불리는 부자들을《부자인 척 그만해라》에서 소개했다. 그들은 소득과 순재산이 너무 많아서 가계 예산이란 것이 없다. 그들은 계획을 세우지 않는다. 그럴 필요가 없어 보인다. 어디에 돈을 쓰든 그 금액은 총재산의 아주 일부에 불과하다. 즉 화려한 갑부들조차 수입 이하로 소비하는 것이다. 이들 집단은 별명 그대로 환상적이다. 미국의 상위 1%에 들어가는 자산가다.

높은 수입으로 시작했지만 이들처럼 화려한 갑부가 되지 못한 사람은 다른 경로로 나아갈 수 있다. 항상 절약을 강조하고 금전적 제한을 두는 양육 환경과, 흥청망청 돈을 써대고 아무런 제약 없이 소비하는 양육 환경을 비교해보라. 화려한 갑부라면 그렇게 해도 몇 세대 동안 아무런 지장이 없을 수 있다. 그런데 소득명세서상 부자와 UAW 일부가 화려한 갑부를 따라 자동차, 옷, 액세서리, 여행, 오락에 과시적 소비를 하기도 한다. 자녀와 주변 사람들에게 쓸 돈이 있고 소비에 가치를 둔다고 말한다.

자수성가한 고소득자 부모를 둔 아이들이 고급 승용차를 타고 사립학교에 다니며, 또래들보다 먼저 최신 전자기기를 소유하고 최신 유행을 따른다고 상상해보라. 또 수시로 해외여행을 다니고 발음하기도 힘든 이름의 식당을 드나들면서 어린 시절을 보낸다고 생각해보라. 이 아이들이 독립해서 그런 사치를 포기하고 살 수 있을까? 그들은 부모가 소수만이 가능한 부자이며 어마어마하게 높은 소득이 있었기에 그런 소비가 가능했다는 사실을 이해할까? 이는 열 살짜리가 이해할 수 없는 개념이다. 그들은 성인이 되어서도 경제적 원조가 필요하다.

사실《백만장자 불변의 법칙》독자들에게서 가장 자주 듣는 질문은 "왜 성인인 자식들이 과소비를 할까요?"다. 답은 쉽고 간단하다. 과소비하는 부모들이 키운 자녀들은 과소비하는 경향이 있다. 이 부모들은 자녀를 생산적인 성인으로 키우지 못했다.

당신이 부유하다는 말을 자녀에게 절대로 하지 마라.

설상가상으로 부모가 (소득만 높지) 큰 재산도 없으면서 과소비를 하며 부유하다는 신호를 보내는 경우도 많다.

그러나 소득과 재산이 많음에도 불구하고, 심지어 화려한 갑부의 범주에 들어가는데도 어떤 부모들은 지출을 제한하는 결정을 내린다. 이유가 무엇일까? 그들은 경제적 성공을 보장하는 2가지 이치를 알고 있기 때문이다. 자신이 얼마나 부유한지 자녀에게 알리지 말아야 한다는 것, 절약이 부의 형성에 결정적 요소는 아니더라도 중요한 요소라는 것을 말이다.

거액의 상속 재산이나 신탁 재산이 있는 행운아가 아니라면 재산을 모을 유일한 방법은 버는 것보다 적게 쓰는 것이다. 그러려면 절제와 계산이 필요하다. 제4장에서 더 논의하겠지만 절약은 나이, 소득, 증여, 상속 재산 비중과 관계없이 순재산을 예측하게 해주는 행동이다. 자기 힘으로 부를 쌓은 사람에게 절약은 필요조건이다.

절약은 재산 형성을 위한 초석이다.

당신이 화려한 갑부가 아니라면 지금까지 모은 재산으로 자녀들까지는 돌볼 수 있다. 하지만 자녀들이 절약하지 않는다면 그 재산이 손주 세대까지 이어질 가능성은 적다. 당신이 화려한 갑부가 아니라면 당신의 손주들은 스스로 부를 축적하지 않고는 계획 없이 살 수 있는 사치를 누리지 못한다. 게다가 (나중에 알고 보니) 부모가 부자 행세를 했을 뿐이고 그 때문에 성공을 소비재와 사치품의 과시로 생각하게 됐다면, 그 자녀는 부모만큼 성공할 수 없겠다고 생각할 것이다.

힘든 시절을 극복하고 부자가 된 사람들

부모와 양육자, 가정교육, 어릴 적에 접하는 돈과 관련된 가르침 모두
가 소비, 저축, 투자 행동, 궁극적으로는 경제적 성공에 영향을 미칠
수 있다. 그러나 어릴 적 경험으로 당신이 어떤 길에 서 있든, 행동을
변화시키면 비록 느릴지라도 경로를 바꿀 수 있다.

   지난 20여 년 동안 조사했던 백만장자 중 다수가 어릴 적에 역경을
경험했음에도 불구하고 성공했다는 사실은 주목할 만하다. 승산이 없
었을 때조차 그들은 견뎌내고 성공할 길을 찾아냈다. 과거에 겪은 일,
양육자의 행동 방식이 자신의 경제생활 기조로 굳어지게 놔둘지 말지
는 스스로 선택할 수 있다. 어릴 적 경험을 우리와 공유해준 몇몇 백만
장자들의 사연을 들어보자.

- 부모님은 항상 돈을 펑펑 썼고 제대로 저축해본 적이 없습니
  다. 두 분은 부유해 보였지만 (사실) 아니었죠. 아버지가 61세
  로 돌아가셨을 때 어머니에게 남긴 돈도 얼마 없었습니다. 그
  런 괴로움을 겪으면서 저는 부모님과 정반대 방향으로 가게
  됐죠. (순재산 200~250만 달러를 보유한 사업주)
- 어머니는 늘 돈이 부족하다고 불평했습니다. 아버지는 집세
  를 사치스러운 예술품과 신분 과시용 물건을 사는 데 써버리
  는, 낭비벽이 심한 사람이었죠. 아버지는 집 전화가 울리면
  제게 받으라고 했습니다. 한 달에 몇 번씩 마스터카드나 아
  메리칸 익스프레스 카드사에서 아버지를 찾았어요. 카드 대

금을 독촉하는 전화였는데, 열네 살짜리에게는 충격이었다고만 얘기해두죠. 제가 열여섯 살 때 부모님은 이혼했습니다. 이혼으로 어머니 인생이 구제받았다고 저는 생각합니다. 버는 것보다 많이 쓰는 건 파멸에 이르는 길입니다. (순재산 700만 달러를 보유한 오하이오주의 마케팅 회사 중역)

승산이 낮은데도 불구하고 이를 무시하고 성공한 사람들은 많다. 그들은 앞으로 벌어질 일을 무시할 수 있는 자신감을 보이며 더 나은 앞날에 대한 희망에 집중하는 사람들이다. 신규 사업의 실패율, 조직의 대표가 될 가능성, 성공적인 결혼 생활을 할 확률, 경제적 자립을 달성할 가능성을 생각해보라. 자신의 행동과 선택을 변수로 고려하지 않고 그런 확률에 너무 신경 쓴다면 애초에 시도조차 못 할 수 있다. 곧 이웃집 백만장자가 될 위스콘신 출신 엔지니어의 사례를 살펴보자.

제가 23세였을 때, 막 이혼을 하고 특별한 직무 기술도 없이 최저시급을 받는 일을 하며 두 아이를 부양하느라 애쓰고 있던 때의 일입니다. 조부모님이 제가 사는 곳 근처로 여행을 왔다가 예고 없이 들렀죠. 제 전화가 끊긴 상태라 그전에 전화할 수가 없었거든요. 할아버지는 "이렇게 살고 싶어? 왜?"라고 물었죠. 제가 살면서 들어본 가장 중요한 질문이었어요. 그렇게 살고 싶은 사람은 당연히 없죠. 할아버지는 미국에서는 본인이 선택한 게 아니라면 빈털터리로 살 필요가 없다고 했어요. 할아버지의 설득으로 전 대학에 진학했고 공학 학위를 취득했죠.

조지아주에 살고 있으며 현재 순재산이 100만~150만 달러인 한 회사 중역의 사례를 보자.

몇 년 전 어머니는 정년이 얼마 남지 않은 시점에서 실직했습니다. 그 얼마 전에 비싼 집을 사고 30년 상환 융자금을 갚느라 애쓰고 있었던 아버지는 어머니의 실직으로 더 부담을 느꼈죠. 자라는 동안 부모님이 늘 돈에 쪼들리는 모습을 봤어요. 항상 신용카드로 물건을 사고, 대출을 끼고 새 차를 샀죠. 두 분의 이런 행동과 결정을 지켜보면서 저는 두 분처럼 살지 않겠다고 맹세했습니다. 그래서 크고 근사한 집을 사면서 꽤 많은 담보대출을 받은 것 말고는 차도 현금으로 사고 부채를 만들지 않았죠. 어릴 적 가정환경이 저를 각성시켰거든요. 우리는 외벌이 가정입니다(아내는 전업주부로 아이들을 돌보죠). 저는 최대한 빨리 주택담보대출금을 갚고 가족을 위해 진정한 경제적 자립을 달성할 작정입니다.

위 사례들은 자산 형성에 도움이 되지 않는 양육 환경의 영향을 뒤집은 경우다. 이들은 아마도 어릴 적 경험 탓에 재정적으로 자유로운 삶을 추구했고 그 목표들을 달성해나가면서 경제적으로 성공했을 것이다. 그런 궤도 변경은 그들이 재정적 목표에 대한 태도 및 행동을 자산 형성에 도움이 되는 방향으로 바꿨기에 가능했다.

아메리칸드림에 숨겨진 이야기

지나치게 소비 지향적인 미국 사회에서 우리는 우리가 누리는 위대한 자유, 누군가는 많은 희생을 치르며 얻었을 그 자유를 잊어버리거나 무시한다. 자신의 이야기를 들려준 백만장자들 다수도 그들의 부모나 조부모, 조상들이 미국으로 오기까지 거쳤던 여정을 거의 또는 전혀 기억하지 못했다. 우리는 조상들이 미국에서 살고 일하기 위해 어떤 여정을 거쳤는지, 그 과정에서 어떤 정서적, 심리적, 금전적 대가를 치렀는지 짐작도 하지 못한다.

최근 미국에 이민 와서 새로운 삶을 시작한 사람들의 이야기는 또 다른 유형의 그림을 보여준다. 외동인 H씨는 그녀의 어머니가 미국에 와서 어떻게 수백만 달러의 자산가가 되었는지 다음과 같은 이야기를 들려주었다.

> 저는 1980년대 초반에 미국에 이민 온 싱글맘 밑에서 자랐습니다. 어머니는 영어를 유창하게 말하지도, 잘 쓰지도 못했습니다. 그리고 아마 제가 아는 사람 중에서 가장 검소한 사람이었을 겁니다. 구두쇠 CEO처럼 지출을 줄여 가정을 꾸려나갔죠.

그녀의 검소한 어머니는 저축한 돈은 즉시 가족 사업에 투자했다. 첫 번째 사업은 식당이었다. H씨와 그녀의 형제자매는 초등학생 때부터 가족이 경영하는 식당에서 일했다. 어머니는 아이들 옷뿐 아니라 자신의 옷까지 중고품 할인점, 굿윌스토어(기증받은 물품을 판매한 수익으로 장애인에게 일자리를 제공하는 단체—옮긴이 주), 벼룩시장에서 구입해 돈을 절약했다. 그렇지만 가족 누구도 그들이 불우하다거나 가난하다고 생각하지 않았다. 재산이 모이면서 가정 형편이 보통에서 부유한 쪽으로 바뀌는 중이라고 생각했다. 그래서 중고품 할인점에서 산 옷을 입어도 굴욕감을 느끼지 않았다.

나중에 어머니는 식당이 세들어 있던 건물을 샀다. 그 뒤로도 부동산을 사들여 소득을 창출하더니 쇼핑센터까지 몇 개 인수했다. 은퇴했을 때는 수백만 달러 자산을 소유한 백만장자가 되어 있었다. 현재 어머니는 재정적 자립 상태의 노인들이 그렇듯 여유로운 생활을 즐기고 있다.

굿윌스토어 같은 곳을 이용하는 사람 모두가 경제적으로 어려운 사람이 아니라는 사실을 명심하라. 다음 장에서 살펴보겠지만 그들 중에는 시작 단계의 사업가들과 노련한 소비자들도 있다. 스파르타식으로 생활하면서 사업을 구축하고, 궁극적으로는 부를 쌓으려고 열심인 사람들 말이다. 우리가 지적한 것처럼 이런 종류의 생활 방식이 모두에게 매력적이지는 않다. 하지만 부의 축적으로 가는 믿을 만한 길임은 틀림없다.

H씨가 우리에게 편지를 보낸 이유는 어머니를 비난하기 위해서가 아니라 사랑으로 자식을 잘 키워준 공을 칭찬하기 위해서였다. H씨와 형제자매들은 어머니가 가족을 위해 경제적 자립을 추구한다는 사실을 알았다. 어머니보다 오랜 시간 열심히 일하고 자신에게 쓰는 돈을 아끼는 사람은 없다는 사실 역시 알고 있었다. H씨는 어머니를 통해서 다음과 같은 가르침을 얻었다.

어머니는 돈을 잘 쓰는 사람, 돈을 벌면 달라지는 사람이 아니라 돈을 모으고 타인을 공평하게 대하면서 정말 훌륭한 일을 할 줄 아는 사람이 올바른 인성을 갖춘 사람이라는 것을 가르쳐주었습니다. 정직한 일이라면 부끄러울 게 없다는 것도요.

이 어머니의 자산 형성 방식에서 배울 점은 무엇일까? 분별 있는 지출과 저축은 많은 사람들이 꿈만 꾸는 경제적 기회를 허용한다는 것이다. 마케팅 또는 미디어 산업에 종사하는 사람들이 우리의 지출과 저축, 수입을 좌지우지하려고 어떤 노력을 기울이든 절제하는 삶을 선택해야 한다. 경제적으로 자립한 삶을 살려면 말이다. 경제적 자립의 달성이라는 목표에 정확하게 초점을 맞추도록 하라. 스파르타식 생활 방식은 미국에서 사회경제적으로 성공한 사람이 되는 과정에서 거치는 일시적 단계로 생각하라.

부자는 결국 선택의 결과다

아동심리학자나 자녀교육 전문가도 아니면서 어릴 적 생활 경험을 논하는 이유는 다음과 같다. 첫째, 어릴 적 생활 경험이 나중의 성과에 영향을 미친다는 것을 증명한 연구가 부족하기 때문이다. 둘째, 우리에게 이 부분에 대한 조언을 청한 독자들이 많았기 때문이다. 자기 힘으로 부를 축적한 사람들의 생활 방식과 습관, 심리를 두루 살펴본 우리 연구의 결과는 다음과 같다.

- 부모의 절약과 돈 관리 습관은 자녀의 경제적 성공으로 이어진다. 20년이 넘는 세월 동안 우리가 조사한 이웃집 백만장자 사례들이 이를 입증한다.
- 부모가 어떤 재무 행동을 본보기로 보여주든, 그 행동을 따라 할지 말지는 결국 본인에게 달렸다.

많은 백만장자들이 절약하는 부모와 인생을 시작했다. 하지만 부모가 그들의 고등학교 동창생들보다 잘살았다고 답변한 백만장자는 32%뿐이었다. 부유한 친족을 통해 부자가 된 백만장자는 거의 없었으며, 이는 현재도 마찬가지다. 사실 백만장자의 14%만 유산이나 신탁 재산에서 얻는 소득이 있었다. 그리고 겨우 10%만 친족으로부터 증여받은 현금이나 유동자산에서 얻는 소득이 있었다.

백만장자의 배우자는 어떤 사람인가?

연구에 따르면 우리는 하루에 평균 2.5시간을 배우자와 보낸다. 결혼은 재무와 재산 관련 행동에 큰 영향을 미친다. 우리의 예전 설문 조사들과 최근 조사에 응답한 백만장자들은 결혼 또는 재혼 생활을 지속하고 있었으며, 하나같이 배우자를 경제적 성공의 결정적 요인으로 거론했다.

최근의 설문 조사에서는 백만장자의 93%가 결혼 또는 재혼 상태였다. 이들의 80% 이상은 배우자의 내조(외조)가 경제적 성공을 가져온 핵심 요인 중 하나였다는 데 동의했다. 전미경제연구소National Bureau of Economic Research에서는 65~69세 기혼자의 순재산 중앙값이 동일 연령대의 독신자에 비해 2.5배라는 사실을 발견했다. 애정과 존중이 오가는 부부 관계의 유지는 경제적인 이점도 있다. 오하이오 주립대학교의 연구에 따르면 이혼은 재산을 평균 77% 감소시킨다.

제5장에서 논의하겠지만 가정이 제 기능을 하려면 누군가는 재무관리와 관련된 다양한 과업을 맡아야만 한다. 과업을 나누더라도 배우자 쌍방의 견해가 같다면 수행하기가 더 수월할 것이다. 경제적으로 성공한 부부는 가계를 함께 꾸려가고 경제적 목표와 이를 위한 방법에 대체로 동의하는 경향이 있다. 심지어 예비 부부의 비슷한 신용점수가 장차 부부 금실을 예측해주는 변인이라는 증거도 있다. 퇴직한 백만장자 한 사람은 결혼과 부에 관해 이런 이야기를 들려주었다.

아내를 만나고 제 인생이 바뀌었다고 할 수 있습니다. 아내는 저를 100% 믿어줬습니다. 제가 저를 믿지 못할 때도 아내는 제가 성공할 거라고 믿었습니다. 우리는 인생 목표가 비슷했습니다. 우리는 수입 안에서 생활했고 항상 미래를 생각하며 저축했습니다.

결혼 후 8년 동안은 맞벌이를 했죠. 하지만 아내가 아이들이 학교에 입학할 때까지는 아이들을 돌보며 집에 있고 싶어 한다는 것을 알았기 때문에 집을 살 때 한 사람 월급으로 생활하는 것을 염두에 두고 샀습니다. 엄마가 집에 있는 게 낫다고 판단해서죠. 제가 일하는 내내 아내가 내조를 잘해준 덕분에 사업상 위험을 감수하면서 지금과 같은 경제적 자립의 길을 닦을 수 있었습니다.

가정을 하나의 사업체로 생각해보면 그 가정의 대표들이 자원 관리 차원에서 어떤 역할들을 수행하는지 알 수 있다. 한 이웃집 백만장자의 아내는 이렇게 말했다.

> 남편은 제가 우리 가정의 COO(최고운영책임자)이자 최고조달 책임자라고 농담처럼 이야기합니다. 남편은 CFO(최고재무관리자) 역할을 한다고 볼 수 있죠. 우리는 예산 배분을 어떻게 해야 하는지, 예산을 검토해봐야 하는지, 집행해야 하는지, 그대로 둬야 하는지 등을 놓고 의견 차이가 생기기도 합니다. 돈 문제로 마찰이 있을 때는 다른 것들까지 틀어지는 것 같아요. 그러나 돈에 대해 견해가 다르더라도 대체로 의견 합의를 보려고 노력합니다.

어떤 경우에는 한 배우자가 재무 관리에서 큰 역할을 맡아야만 한다. 다시 말하지만 이는 배우자 한 명이 돈을 헤프게 쓰는 편일 때 특히 이상적인 방법이다. 다음의 이웃집 백만장자 부부가 그랬다.

> 몇 년 전 우리가 은퇴한 후에야 남편은 가정의 재정 상황에 관심을 가졌습니다. 우리는 32년째 결혼 생활을 하고 있는데, 제가 아니었다면 저축해놓은 게 전혀 없었을 겁니다. 우리는 가정의 평화를 위해 결혼 초반부터 개인 지출을 분리해야 했습니다. 남편이 자유롭게 쓸 수 있는 통장을 주고 가계 지출과 저축은 제가 관리했죠.

《백만장자 마인드》에서 거의 모든 백만장자들이 배우자가 정직하고(98%), 책임감이 있으며(95%), 다정하고(95%), 유능하며(95%), 힘이 되어준다고(94%) 답했다. 그들 대부분이 배우자의 이런 자질을 미리 알고서 청혼했다.

수천억 달러의 재산을 보유한 한 기업의 고위임원은 아내가 그의 성공에 얼마나 크게 기여했는지 들려줬다. 결혼한 지 2년이 지났을 때 그는 아내에게 생일 선물로 무엇을 원하는지 물었다. 아내는 그가 대학에 복학해 졸업해준다면 세상 최고의 선물이 될 거라고 답했다. 또 학생 주택으로 옮겨 주거비를 줄이고 자신이 풀타임으로 일하며 가계를 책임지겠다는 제안도 했다. 이 선물은 궁극적으로 그의 경력과 생활수준의 향상이라는 중요한 결실을 안겨줬다.

위의 사례를 떠올리게 해준 것은 한 기업의 영업 이사인 오언의 이메일이었다. 오언은 50세가 되면서 이제 전성기가 지났다는 생각이 들기 시작했다. 그것이 현실이든, 상상일 뿐이든 걱정이 되기 시작했다. 게다가 일자리들이 없어지고 있었다. 그러나 그의 아내는 당치 않은 소리로 여겼다. 그녀는 남편의 진로에 대한 굳건한 믿음으로 자신의 돈 5,000달러를 들여 최고의 헤드헌터에게 의뢰했고, 오언은 취업 제의를 받았다.

현명한 배우자를 선택하는 기준

많은 이들이 스탠리 박사에게 배우자 선택에 관해 질문하곤 했다. 배우자 선택이 미래의 경제적 성공에 큰 영향을 미칠 수 있다는 사실을 알고 있거나 책에서 읽은 게 분명했다. 그러나 우리의 연구가 미래의 배우자를 점쳐주지는 않는다. 스탠리 박사가 그들에게 해줄 수 있었던 말은 백만장자들의 성공적인 결혼 생활에 이바지하는 배우자 자질이 몇 가지 있다는 것이었다.

《백만장자 마인드》에 실린 남성 백만장자 대다수(86%)는 '이기적이지 않은 성품'을 주요 요인으로 꼽았다. 그들 대부분이 아내가 안정적인 환경에서 사랑과 보살핌을 받으며 성장했다고 말했다. 그들의 아내는 과거의 가난을 보상받기 위해 과도한 소비를 하려는 욕구도 많지 않았다. 《백만장자 마인드》의 '백만장자의 배우자'라는 제목의 장에서는 이렇게 기술되어 있다.

전형적인 백만장자 부부는 30년 가까이 함께 살고 있으며 그들의 결혼 관계는 경제적으로 생산적일 뿐 아니라 퇴색되지 않는 경향이 있다. 남편이나 아내에게 가정의 생산성을 설명해주길 요청하면 각자 상대의 공이 크다고 인정한다.

경제적으로 성공하는 데 있어 배우자의 내조(외조)가 중요하지 않다고 말하는 백만장자가 100명이라면, 배우자가 중요하다고 말한 백만장자는 1,317명이었다. 배우자의 공로를 인정하지 않은 100명 중 22명은 결혼한 적이 없었고 23명은 이혼이나 별거 중이었다. 계산해보면 경제적 성공에 배우자가 중요한 역할을 하지 않는다고 믿는 사람은 55명 대 1,317명의 비율(4.2%)이다.

배우자 그리고 상위 1%

• • •

몇 년 전 스탠리 박사가 쓴 글을 보면 어떤 상황에서 특정 집단을 비난하는 행동과 그 집단으로부터 배움을 얻는 행동의 차이를 강조한다.

몇 년 전 니나 이스턴Nina Easton은 《포춘》Fortune에 〈부자를 비난하지 마라: 상위 1%의 항변〉이라는 사설을 실었다. 사실 상위 1%를 끊임없이 비판하는 대신 그들의 습관을 이해하면 자산 축적에 대해 많은 것을 배울 수 있다. 그녀는 이렇게 간결하게 정리해준다. "배부른 자본가와 탐욕스러운 부자에 대해 한탄하는 것은 재미있다. 하지만 빈부격차의 심화를 진지하게 고민한다면 상위 1%가 무엇을 잘하고 있는지 알아내고 그 정보의 일부를 격차를 줄이기 위해 적용해야만 한다."

《백만장자 불변의 법칙》의 원래 제목은 '이것이 그들이 부자인 이유다'였다. 안정적이고 장기적인 결혼 생활이 반드시 부를 예측해주는 변인은 아니지만 백만장자의 지위와 공존하는 경향이 있다. 이혼과 이로 인한 이사, 재산 분할, 자녀에 대한 물질적 보상은 불행하고도 예상에 없던 비용이다. 《백만장자 마인드》에서 기술한 대로 결혼 생활을 유지할 때 훨씬 더 많은 재산이 모인다. 역으로 나이가 들어서도 결혼하지 않고 있는 사람들은 성인기에 모은 재산이 훨씬 적은 경향이 있다.

백만장자와 앞으로 백만장자가 될 가능성이 큰 사람들은 좋은 성품의 짝을 선택할 줄 아는 특별한 능력이 있다. 이들이 자신의 배우자에 대해 첫 번째로 이야기하는 내용은 '건실하다', '이기적이지 않다', '전통적 가치관을 지니고 있다', '내 감정의 중심을 잡아준다', '참을성이 있다', '이해심이 있다' 등이다.

지난번 연구에서 전국적으로 수행한 설문 조사에서는 약 670명의 백만장자 중 68%가 평생 동안 한 배우자와 결혼 생활을 해왔던 반면 25%는 재혼했다고 했다. 또 86%는 그들이 18세가 되기 전에 부모가 이혼이나 별거를 한 적이 없다고 했다. 이는 2005년 《부자인 척 그만해라》에 보고됐던 같은 응답자의 90%보다 약간 낮은 비율이다.

소득이 재산과 높은 상관관계가 있다는 것은 널리 입증된 사실이다. 고소득 가정은 전통적인 배우자 유형이 많다. 소득 수준이 20만 달러 이상인 가정의 약 85%가 소득을 합산해서 신고한다. 반면에 5만 달러 이하의 소득을 신고한 세금신고서의 18%만 합산 신고서였다. 요즘에는 남편과 아내 둘 다 풀타임으로 일하는 고소득 맞벌이 가정이 과거 어느 때보다 많다.

결혼 생활에서 최선의 해결책은 정직이다

만일 결혼을 고민하고 있는데 빚이 많다면 어떻게 할 것인가? 그럴 때는 정직이 최선의 방책이다. 미래의 배우자에게 당신의 재정 상황에 대해 알려야 하며, 빚을 없앨 방법을 제시하면서 의논을 청하는 게 현명하다. 더그라는 백만장자는 바로 그렇게 해서 자신과 배우자의 미래를 바꿨다.

> 제게는 (미래의) 아내와의 만남이 그랬습니다. 그녀가 "빚이 있는 사람과는 결혼하지 않겠다."라고 했거든요. 4만 5,000달러의 빚을 청산하기까지 14개월이 걸렸습니다. 그녀는 제게 데이브 램지Dave Ramsey(미국의 유명 금융 전문가—옮긴이 주)의 책과《백만장자 불변의 법칙》을 소개해줬죠. 두 권 모두 제 인생에 지대한 영향을 끼쳤습니다.

솔직하지 못할 때, 특히 채무와 관련된 일일 때는 순조롭던 연애도 깨질 수 있다. 헨리와 샐리의 경우가 그랬다. 두 사람은 몇 년간의 데이트 끝에 결혼을 결심했다. 하지만 결혼식을 얼마 남겨놓지 않은 시점에서 헨리는 샐리의 채권자 중 한 명에게서 편지를 받았다. 그녀가 대출신청서 몇 장에 보증인으로 그의 이름을 썼기 때문이다. 나중에 헨리는 샐리가 대출 계약을 위반했다는 사실까지 알게 됐다. 체납한 대출금이 2만 달러나 됐고 1만 5,000달러의 빚도 제대로 갚지 않고 있었다. 게다가 대학에 다니면서 받은 학자금 대출금도 거의 상환하지 않은 상태였다.

헨리가 샐리에게 대출 상황을 따져 묻자 그녀가 해결책을 제시했다. 고소득자인 헨리가 그녀의 빚들을 갚아달라는 것이었다! 그녀는 헨리와 결혼식만 올리면 자신의 채무는 큰 문제가 되지 않으리라고 믿었다. 완전히 잘못된 판단이었다. 헨리는 파혼을 선언했다. 솔직하지 않았던 샐리를 더 이상 믿을 수 없어서만은 아니었다. 그녀가 돈 문제에 정말로 무책임한 사람이라는 판단 때문이었다.

비교 게임 그리고 사회적 무관심

사랑이 넘치는 가정에서 자라면서 재무 관리에 대해 어느 정도 교육을 받았든 못 받았든, 배우자나 연인이 재정 문제에 대해 당신과 견해를 같이하든 아니든, 그런 것들과 상관없이 경제적 목표들을 달성하는 능력에 영향을 미치는 중요한 요인이 두 가지 더 있다. 다행히 이 요인들은 우리가 어느 정도 통제할 수 있다.

첫 번째는 비교 게임game of comparison이다. 우리가 소유한 것, 소비하는 것을 주변 사람과 비교하는 행동을 말한다. 소시오메트리sociometry 연구에서는 개인이 어떻게 집단에 적응하는지에 관심을 두며, 주로 주변 사람들과의 관계 속에서의 서열이 행동과 태도에 어떤 영향을 미치는가에 초점을 맞춘다. 이 연구 결과에 따르면 주관적 행복, 즉 자신과 자기 몫의 삶에 대한 전반적인 느낌은 사회경제적 지위가 아닌 소속 집단 내의 지위와 관련이 있다. 바꿔 말하면 자신이 가진 것에 대한 만족도가 반드시 전체 인구의 재산이나 소득과 관계가 있는 게 아니라, 자신이 속한 공동체 내에서의 지위와 밀접한 관련이 있다는 것이다. 여기서 말하는 집단 내 지위는 보통 매일 상호작용하는 친밀한 또래 집단에서 받는 존중과 호감을 가리킨다.

두 번째는 애초에 주변 사람의 소비 습관을 무시하는 것이다. 백만장자뿐 아니라 다른 인구 집단을 대상으로 조사했을 때도 나이와 수입에 상관없이 남들이 무엇을 하든 무시하는 것이(이것은《백만장자 불변의 법칙》의 주요 주제 중 하나이기도 하다) 순재산과 관련이 있다는 결과가 일관되게 나왔다.

예를 들어 우리는 여럿이 함께 쇼핑할 때 소비에 대한 관점, 나아가 쇼핑 빈도에 영향을 받을 수 있다. 이런 결과는 대개 직접적인 쇼핑과 관련이 있다(10대 청소년이 좋은 예다). 검소한 사람이라도 누구와 쇼핑하는가에 따라 절약하는 정도가 달라질 수 있다. 자신을 검소한 사람으로 인식하는 사람도 돈을 잘 쓰는 친구와 있을 때는 돈을 더 쓰는 경향이 있다. 다음 장에서 소비를 중점적으로 다루겠지만 지금은 사회적 지위가 비슷한 이웃에 대해 생각해보자.

네 이웃이 뭘 하든 무슨 상관인가?

다른 사람들은 무슨 차를 타고, 무엇을 먹고, 무슨 옷을 입는지 돌아보지 않는 것을 우리는 '사회적 무관심'social indifference 이라고 부른다. 모든 유형의 소비에 사회적 무관심 수준이 높은 사람들은 재산을 모을 기회가 많다. 다른 사람들이 타는 차, 입는 옷, 사용하는 기기(최신 스마트폰)에 대한 무관심은 장기적으로 재산을 축적하는 능력과 연관이 있다. 사회적 무관심은 특히 과시적 소비 경쟁에 휘말린 삶을 살지 않도록 도와줄 수 있다.

신뢰도가 검증된 측정 방식을 사용했을 때 나이와 소득과 관계없이 주변의 유행에 대한 무관심은 순재산과 관계가 있는 것으로 나타났다. 다른 사람들은 무엇을 사는가에 신경을 곤두세우고 끊임없이 가장 좋은 최신 소비재(전자기기나 액세서리 등)를 갖고 싶어 하는 사람들은 시간이 지나도 재산을 모을 가능성이 낮다. 사회적 무관심 정도는 나이, 소득, 상속 및 증여 재산의 비중과 상관없이 순재산을 예측해준다. 《백만장자 불변의 법칙》에서 이야기했던 PAW와 함께 사회적 무관심을 실천하는 사람들은 재산을 모을 가능성이 더 높다.

자신의 소득으로 재산을 모으는 데 성공한 사람들은 다른 사람이 차고 앞에 무슨 차를 세워뒀든, 어떤 복장으로 출근하든, 소셜 미디어에 무엇을 포스팅하든 무관심한 행동을 일관되게 보인다. 다음 소개하는 오하이오의 백만장자도 그렇다.

사업을 시작하고 10년 동안 아내와 저는 이웃을 따라잡으려고 하지 않았습니다. 친구들은 스포츠와 연주회 시즌 입장권을 사고 근사한 차를 타고 다녔죠. 제가 일이 바쁘기도 해서 우리는 그런 데 가서 친구들과 어울리지 않기로 했습니다. 돌이켜봐도 아쉬운 것도 없고 상처 입은 적도 없어요. 우리는 늘 절약하고 저축에 힘썼지만 인색하지는 않았습니다. 그냥 사업을 키우고 가족을 돌보는 것 외의 일을 하지 않았을 뿐이죠. 그것만으로도 힘들었으니까요. 하지만 이제는 우리가 이룬 것들을 누릴 수 있죠.

당신은 소비 경쟁에서 결코 이길 수 없다. 트렌드, 스타일, 유행은 계속 바뀌기 때문이다. 소득을 재산으로 바꿀 수 있는 사람들은 경제적 자립이라는 목표를 바라보며 과소비 습관, 새로운 기기, 최신 유행의 액세서리를 무시할 수 있다. 소비 경쟁에서 한발 앞서가는 데 집중하는 친구를 둔 C부인의 예를 들어보자.

> 다른 친구들이 말해주기 전까지는 그녀의 행동 패턴을 눈치채지 못했어요. 제가 차를 사면 그녀는 더 크고 비싼 차를 샀어요. 제 아이 성적이 좋다는 이야기가 나오면 자기 아이들이 상 받고 칭찬받은 이야기를 했죠. 제가 새집을 사고 그전에 살았던 집을 세놓았더니, 그녀는 더 크고 비싼 집을 사고 이전 집을 세놓았죠. 아이들의 양육에서부터 교육, 휴가 등 모든 일에서 이런 식이었어요. 그녀는 이런 것들에 돈이 얼마나 들었고, 자신의 가계소득이 얼마인지, 얼마나 가진 게 많은지 장황하게 이야기하곤 했습니다.
>
> 제가 자기를 따라 하게 만들려고 그랬다면 그녀는 정반대의 결과를 얻었죠. 그녀가 더 많이 소비하고 자랑할수록 저는 돈을 덜 쓰려고 했으니까요.

한번은 C부인의 딸이 그녀에게 친구가 부자인지 물었다. C부인은 이렇게 대답했다. "가진 게 많다는 건 그 사람이 얼마나 많은 돈을 썼는지 말해줄 뿐, 얼마나 가치 있는 사람인지 말해주는 건 아니란다." 그런 다음 그녀는 속으로 이렇게 생각했다. '나는 재무 상태가 탄탄하고 은퇴 후에 편히 살 수 있을 만큼 준비를 해가고 있어. 이웃들 말에 따르면 그녀는 은퇴 자금이 돼줄 큰돈이 생기기만 기다린다더군.'

《부자인 척 그만해라》에서는 소비지상주의의 영향과 자녀들이 그 영향을 받지 않도록 어떻게 싸워야 할지 강조하면서 이렇게 질문한다. "자녀가 학교에서 또는 다른 곳에서 값비싼 소비재를 자랑하는 아이들을 접할 때 무슨 일이 생길까? 아이는 왜 같은 제품을 사주지 않느냐고 당신에게 물을 것이다. 그러면 사람의 진정한 자질과 능력을 그가 무엇을 살 수 있느냐로 판단하면 절대 안 된다고 말해주어라. 부자 같은 옷차림에 좋은 차를 모는 사람이 부자가 아닌 경우도 많다는 점을 기억하라고 말하라."

자신에 대한 긍정적 감정은 직접 접촉하는 사회집단 안에서의 지위와 관련이 있다. 어떤 사람들은 다른 이들보다 사회집단의 영향을 많이 받는다. 친구와 보내는 시간이 물론 긍정적인 영향을 미칠 수 있지만, 분수에 넘치는 소비를 끊임없이 하는 사람들과 자신을 비교한다면 부정적인 만남이 될 수도 있다. 당신은 불행한 기분이 들 것이다. 그리고 빈털터리가 될 수도 있다.

성공을 남에게 알리지 마라

♦ ♦ ♦

사회적·경제적으로 상당한 성공을 거두고 드러내지 않는 이웃집 백만장자가 왜 그렇게 많은지 궁금했던 적이 있는가? 그들은 명품과 고가 주택을 사들여 경제적 풍요를 과시하고 싶은 욕구가 강하지 않다. 그들이 중시하는 성공의 증표는 실질적 업적이다. 예컨대 재정적 성공, 특히 경제적 자립은 그 자체로 보상이 된다.

반대로 지출할 능력이 있음을 널리 알리고 싶은 욕구를 끝없이 느끼는 사람들은 결국 소득명세서상 부자가 될 것이다. 정체 모를 군중에게 자신이 고소득자임을 알리는 데는 많은 돈이 들기 때문이다. 일반적으로 이들은 과소비의 쳇바퀴 속에서 생활하고 있다. 비교 게임과 함께 소비 행태를 통해 남들에게 자신의 사회적 지위를 입증해 보이려는 심리도 작용한다.

그러나 이웃을 따라잡는 데 무관심하고, 남들에게 지위를 증명할 필요나 욕구가 없는 사람들은 경제적 성공을 달성하는 데 유리하다. 가령 연예 산업 분야에서 성공한 사람 중 무대 뒤에서 만족하는 사람과 스포트라이트를 즐기는 사람을 생각해보라. 스탠리 박사는 이 원리를 증명한 〈월스트리트저널〉의 한 기사를 특히 좋아했다.

다이앤 워런이 셀린 디온부터 론 스튜어트에 이르기까지 수많은 가수에게 써준 노래는 1,500곡이 넘는다. 그녀의 고객 명단은 사실상 '대중가수 인명사전'과도 같다. 나는 가수 대다수가 과소비를 일삼는 소득명세서상 부자라는 것을 알게 됐다. 그들은 단지 생계를 유지하기 위해서가 아니라 무대에서 청중을 만나고 싶은 욕구를 끊임없이 느낀다. 어찌 보면 이들은 원시인이다. 그들은 팬과 수입을 끊임없이 사냥하고 채집해야 한다.

그러나 다이앤 워런은 정반대다. 그녀는 인류학자들이 '농경인'이라고 부르는 집단의 일원이다. 농경인은 씨를 뿌리고, 작물과 나무를 재배하고, 소를 기르고 노래를 쓴다. 라이브 공연과 달리 노래는 저작권을 등록해놓으면 작곡가에게 평생 또는 사후까지도 저작권 사용료가 나온다.

〈월스트리트저널〉의 기사는 이렇게 전한다. "다이앤 워런은 일반 청취자가 그녀의 곡이라는 걸 모르고 노래를 들어도 신경 쓰지 않는다. 그녀는 이렇게 말한다. '전 청취자들이 믿고 듣는 가수여서 가수의 자작곡인 줄 알아도 상관없어요. 음반과 수표에만 제 이름이 있으면 되죠!'"

차가 됐든, 집이나 경험이 됐든 소비를 통해 성공을 과시하고 싶은 욕구는 재산 축적을 방해하는 주요 요인이다. 당신의 자녀에게 경작의 장점과 반복적인 수렵·채집의 가혹한 현실에 대해 가르치도록 하라.

의사라면 비싼 차를 타야 하는 이유

의사는 미국인 평균 연소득의 4배 이상을 벌 수 있다(그 수치는 21만 170달러 대 4만 9,630달러로, 이는 중앙값이 아니라 평균임에 유의하라). 미국노동통계국 조사에 따르면 미국에는 대략 65만 명의 의사가 있다. 대체로 그들은 고소득층의 고정관념에 빠져 있어서 재산을 모으는 데 어려움을 겪는다(어느 정도는 그럴 만하다). 이는 데이터포인츠의 동향

분석에서 확인된 사실로, 의사 대부분이 절약 지수에서 백분위 33 이하에 속했으며 투자와 재무 관리에 관한 지식과 기술을 측정하는 재무통찰력financial acumen 점수도 낮은 편이었다.

스탠리 박사는 《백만장자 불변의 법칙》 2011년 판 서문에서 높은 소득을 올리면서도 모아놓은 재산은 적은 사람들이 여전히 존재하는 현실에 대해 이렇게 말했다.

> 요즘은 실현소득이 높은 사람들이 재산을 모으기가 20년 전보다 더 나아졌을까? 답은 명확하게 '그렇지 않다'다. 내가 20년 전에 썼던 내용 대부분이 지금도 그대로 적용된다. 오늘날에도 높은 소득을 올리는 의사, 변호사, 기업의 중간관리자들은 소득을 재산으로 전환하는 면에서는 평균 이하다. 그리고 고소득자 부부 대부분이 대차대조표상 부자가 아니라 소득명세서상 부자다.

의사들의 순재산 중앙값은 흔히 마이너스다. 이는 대부분 학자금 대출과 나이 때문이지만 또 다른 요인도 작용한다. 바로 의사라는 지위에 대한 고정관념이다.

특히 힘든 경우는 이웃과 친구, 소셜 미디어로 맺어진 친구의 친구, 직장 동료가 과소비를 일삼는 사람들일 때다. 게다가 당신이 의사, 변호사, 회사 중역 같은 확실한 전문직 종사자라면 더더욱 힘들 수 있다. 의사는 어떤 차를 몰아야 한다든가 어디서 살아야 한다는 등 다수가 받아들이는 고정관념이 있기 때문이다. 최근 전국의 백만장자들을 조사했을 때 그들이 가장 비싸게 구입한 시계의 가격은 300달러였지만 의사들은 700달러였다는 사실만 봐도 알 수 있다.

스탠리 박사는 《백만장자 불변의 법칙》에서 이렇게 말했다. "높은 교육을 받은 사람들의 재산 규모가 낮은 또 다른 이유는 사회가 부여한 지위와 관계가 있다. 의사나 고학력자들은 그 지위에 맞는 역할을 할 것으로 기대되기 때문이다."

재산을 모으려면 의사라 해도 사회적 통념에서 비롯되는 그 기대를 거슬러야 한다. 주변 사람과 동료 의사는 물론 남들이 생각하는 의사의 역할을 따르는 대신 경제적으로 성공하게 해줄 선택을 해야만 한다. 남들 신경 쓰지 말고 높은 소득을 재산으로 바꾸는 데 필요한 선택에 집중해야 부를 쌓을 수 있다. 당신이 의사라면 다른 의사가 타는 차, 사는 곳, 고급 브랜드 시계 따위는 무시하라.

'저는 그 차를 탈 수 없어요'

◆ ◆ ◆

앞서 논의했지만, 주로 소비재 구매와 관련해 경제적 결정이 경시당하는 경우가 많으며 당신도 그런 일을 당할 수 있다. 재정적으로 이로운 결정일 수 있는데도 무시당할 수 있다. 스탠리 박사도 2014년에 이 문제를 다룬 적이 있다.

나는 《부자인 척 그만해라》에서 화려한 갑부가 매우 높은 수입을 올리고, 엄청난 재산을 보유하고 있으며, 그에 걸맞은 명품 자동차와 대저택 등에 돈을 쓰는 사람들이라고 기술했다. 그러나 아무리 소비를 많이 한다 해도 그들의 순재산 총액에 비하면 극히 일부에 불과하다. 그들은 내 친구 존 로빈이 '귀족 단지'blue blood estate라고 부르는 동네에 모여 산다.

어느 날 나는 가장 좋아하는 미국 역사박물관의 리셉션에 한 시간 이상 머문 적이 있었다. 리셉션장에서 《포춘》 선정 100대 경영자 중 한 명인 길리스를 처음으로 만났다. 전시된 유물에 대해 간략히 대화를 나눈 후 우리는 둘 다 고성능 자동차에 관심이 있다는 걸 알게 됐다.

그는 포르쉐와 BMW, 벤츠 V12를 탔었다고 말하면서 "새로 나온 콜벳은 어떤 것 같아요?"라고 물었다. 나는 여러 자동차 잡지에서 극찬을 받은 차라고 대답했다. 그랬더니 그도 정말 사고 싶지만 살 수가 없다며 이렇게 말했다. "귀족 단지 한가운데 살고 있으면 콜벳을 몰 수가 없거든요!" 사실 얼마 전 길리스는 이웃들과 이 문제를 논의해봤지만 다들 동네에 콜벳이 세워진 광경을 보고 싶어 하지 않았다고 했다.

이후 나는 왜 길리스 같은 사람들이 콜벳을 몰지 않는지 그 이유를 사람들에게 설명하곤 했다. 포르쉐를 타는 화려한 갑부들은 그들이 보기에 어중이떠중이 부자인 사람들과 연관되기를 바라지 않는다. 그래서 성능이 좋은 콜벳이 아니라 훨씬 비싼 포르쉐를 산다. 이전 글들에서 나는 부자들에게 소득, 순재산, 주택 시세 중 어느 것이 소비를 가장 잘 예측해주는지 질문했다. 1위는 주택 시세였다. 귀족 단지에 자리한 값비싼 집에 산다면 성능을 포기하고 명품을 선택하라는 사회적 압력이 거셀 것이다.

연결 경제가 가져온 소비 중독

많은 기자와 독자들이 오늘날 백만장자 되기가 1980년대나 1990년대에 비해 더 힘들어졌느냐고 질문한다. 대답은 그럴 수도, 아닐 수도 있다는 것이다. 대다수 심리학자와 사회과학자들의 대답처럼 상황에 따라 다르다고 할 수도 있다.

　의료비와 교육비의 증가 때문에 수백만 달러를 저축할 가망은 없어 보인다. 하지만 경제적 자립과 재정적 성공의 구성 요소는 변함이 없다. 이는 《백만장자 불변의 법칙》 초판 출간 이후 우리가 해온 여러 사례 연구, 인터뷰, 설문 조사에서 모두 입증됐다.

　하지만 기술의 영향과 확산 때문에 이 목표의 달성이 훨씬 더 어려워지기는 했다. 소시오메트리에서 말하는 집단 내 지위에 더해 이제는 기술의 발달로 친구와 가족 구성원, 이전 직장 동료, 지인, 유명 인사들로 관계 범위가 넓어졌다. 이런 관계의 확대와 편재성ubiquity 때문에 우리는 그들이 시간과 돈을 소비하는 수많은 방법을 끊임없이 확인하게 된다. 우리의 관계와 경력, 의사소통 방식은 점점 사람들과의 지속적 연락을 요구하고, 우리는 재정적 측면에서 잠재적 위험성을 차단하는 데 소홀해진다.

오늘날 우리는 다른 사람의 영향력을 주머니와 핸드백에 넣고 다닌다. 통계에 따르면 우리는 매일 소셜 미디어에 평균 2시간, 그중 페이스북에만 50분을 소비한다. 이 2시간을 남들의 소비 생활을 엿보는 데 낭비하지 말고 새로운 기술의 연마나 새로운 사업 아이디어의 연구, 친구나 직원들과의 만남에 쓴다면 어떨지 상상해보라. 최근 우리가 조사한 백만장자 표본 집단은 페이스북 같은 소셜 미디어를 사용하는 시간이 주당 2.5시간이라고 한다.

소셜 네트워크는 수용 가능한 행동의 기준에 영향을 미칠 수 있다. 쇼핑과 소비도 예외가 아니다. 친구들이 구매하고, 입고, 보여주는 것들에 동조 욕구를 느끼고 영향을 받을 수 있다. 소셜 미디어를 사용하는 시간이 길어질수록 제품이나 서비스, 경험 마케팅이 우리의 구매 습관에 미치는 영향은 커질 것이다.

최근의 인터뷰에서 한 백만장자는 이렇게 말했다. "페이스북에 들어가면 볼 수 있죠. 아주 멋진 삶을 사는 듯 보이지만 실상은 그게 아닌 사람들 말이에요." 더 비판적인 백만장자도 있었다. "사람들이 소셜 미디어에서 자신의 이미지를 꾸미는 데 쓰는 시간을 절반만 줄여도 우리 모두에게 좋을 겁니다. 본인은 확실히 더 잘살게 될 거고요. 그건 남는 게 전혀 없는 시간 낭비예요. 덧없는 짓입니다. 어떤 지속적 가치도 없어요. 그렇게 시간을 낭비하면서 중요한 일에는 시간을 들이지 않고 소홀히 하죠."

소셜 미디어의 연결성connectedness에는 비용이 수반된다. 인지와 정서적 주의력뿐 아니라 우리의 재정적 목표를 고려했을 때 돈을 대가로 치르게 된다. 우리는 새로운 것, 반짝이는 것 그리고 즉시성에 익숙해졌다. 기술의 확산으로 우리는 1990년대보다 스키너 상자 안의 쥐와 더 비슷해져서 뉴스나 쓸데없는 말들, 소비재를 먹기 위해 끊임없이 스마트폰을 만진다. 과학자들은 전자기기의 사용 및 만족도와 도파민(쾌락과 행복감과 관련된 감정을 느끼게 해주는 신경전달물질 ― 옮긴이 주)의 관계를 살핀 결과 전자기기 사용이 다른 중독 습관과 똑같다는 사실을 발견했다. 만일 자신이 가까운 사람들(가족, 친구, 이웃) 또는 소셜 미디어에서 보는 사람들(연예인, 정치가, 프로 선수)의 소비 습관에 쉽게 설득당하는 편이라면 그들과의 관계에 제한을 두어야 경제적으로 성공할 수 있다.

'관심 끌기' 마케팅에 속아 넘어가지 마라

가상 및 면대면 네트워크에서 우리를 에워싸고 있는 트렌드를 무시하는 것은 검소한 생활 방식의 시작일 뿐이다. 현재의 기술이 만들어낸 또 다른 강력한 방해 요인, 소셜 마케팅이 있기 때문이다.

2000년대 초반까지 우리 생활 속 마케팅의 범위는 비사회적, 비추적 방식으로 제한됐다. 당신은 보던 잡지의 페이지를 넘겨버리거나, 텔레비전 또는 라디오 채널을 돌리거나, 차를 타고 지나가며 광고판을 보지 않을 수 있었다. 마케터들은 조사를 하고 광고를 만든 다음 다양한 채널을 통해 브랜드를 홍보해야만 했다. 우리는 그들에게 우리의 하루를 방해하라고 허락할 필요가 없었다.

그러나 지금은 이메일 마케팅, 소셜 미디어 피드feed, 웹사이트 추적을 통해 중요한 광고 내용에 인지 자원을 잡아둘 수 있는 선택권을 갖는 경우가 많다. 이를 바탕으로 탄생한 '퍼미션 마케팅'permission marketing(소비자에게 동의를 받아 벌이는 마케팅—옮긴이 주)의 정의를 이 개념의 창시자인 세스 고딘Seth Godin에게서 직접 들어보자. 그는 퍼미션 마케팅을 활용할 때 고객의 의사를 존중할 것을 강조했지만 현재 많은 기업은 이를 무시하고 있다.

퍼미션 마케팅은 개인적이고 적절한 메시지를, 그것을 얻고 싶어 하는 사람들에게 전달하는 (권리가 아닌) 특권이다. 퍼미션 마케팅은 이를 무시할 수 있는 소비자들의 새로운 힘을 인식한다. 그리고 사람들을 존중하는 마음으로 대하는 것이 그들의 관심을 끌 수 있는 가장 좋은 방법임을 알고 있다.

여기서 핵심 구절은 '관심 끌기'다. 퍼미션 마케팅을 하는 사람들은 누군가 관심을 기울여줄 때 그들의 소중한 것을 주고 있다는 점을 이해한다. 만일 그들이 마음을 바꾼다면 그들의 관심을 되돌릴 방법은 없다. 관심은 낭비해서는 안 되는 값지고 중요한 자산이다.

현재 마케터들은 당신의 '온라인 발자국'digital footprint(사람들이 인터넷을 사용하면서 웹상에 남겨놓는 다양할 디지털 기록을 일컫는 말—옮긴이 주)을 따라 당신을 찾아내고 당신의 온라인 행동 패턴에 맞춰 마케팅 콘텐츠와 메시지 및 빈도를 조정한다. 설득력 있는 개인 맞춤형 이미

지와 메시지를 쉽게 믿는 사람들에게 이 새로운 마케팅 전략은 매우 위험하다. 부를 축적하기 위한 소중한 자원인 주의력과 집중력을 빼앗기지 않도록 예방책을 강구해야 한다. 재정적 목표를 향하는 경로에서 벗어나게 하는 요소들에 우리의 자원을 소비하지 않는 것이 바로 우리가 시장에서 가진 힘이다.

다음에 인용된 세계 최대 마케팅 회사 수장의 말을 숙고해보라. 그는 우리가 남긴 데이터(빅데이터)와 인게이지먼트 마케팅의 힘을 이렇게 설명한다.

> 구매자의 행동은 계속 변화하고 그들의 참여 기대 수준도 증가하고 있다. 따라서 광고주들은 대량 마케팅뿐만 아니라 적합하게 타깃팅된 콘텐츠를 기존 방식 및 디지털 방식으로 전달하는 총체적 전략을 채택해야만 한다. 소비자에게 가치를 제공하면서 증가하는 기대치를 충족시키려면 시장에서 생성된 빅데이터의 효과적 분석이 필요하다.

빅데이터 분석과 우리가 온라인에 남긴 디지털 발자국 덕택에 마케터들은 각 제품과 서비스를 우리에게 어떻게 소개해야 할지 고심할 필요가 거의 없어졌다. 그러나 이웃집 백만장자들은 1980, 90년대에도 그랬고 지금도 이런 과대 선전과 소음을 무시한다. 부단히 강화되고 있는 미디어와 기술에 취약한 사람들은 친구들이 게시한 사진들과, 그와 나란히 뜨는 광고들, 기사를 가장한 광고들을 무시하려면 강한 절제력이 필요하다.

요즘 마케팅에 대해 생각해보자. 그리고 다음 글에서 논의된 팬틴 샴푸의 과대광고에 대해 생각해보자.

- 콘텐츠 마케팅 편집자 혹은 기자가 쓴 것처럼 보이지만, 사실은 프록터 앤드 갬블P&G에서 작성한 여성지 기사를 읽도록 유도한다.
- 당신이 인터넷에서 샴푸를 검색하면 이후 웹에서 소셜 미디어 광고가 당신을 계속 따라다닌다. 유료 광고를 포함한 사이트를 방문할 때마다 샴푸 광고가 뜬다.
- 당신은 결국 샴푸를 구매하기로 했다. 이때 당신이 보는 아마존이나 다른 인터넷 쇼핑몰의 인기 상품 순위는 영리한 마케팅 회사가 제품을 제공하고 상품평을 써달라고 한 평가자들이 줄 세운 것이다.

P&G는 우리의 소비에 영향을 미치기 위해 2017년 71억 달러의 광고비를 썼다. 오늘날 부자가 되려면 우리에게 주어지는 정보의 종류와 출처 그리고 그것이 우리의 쇼핑 행동과 자존감에 미치는 영향을 예리하게 인식해야 한다. 효과적인 마케팅 방법과 데이터 마이닝을 하는 회사들을 탓하는 것이 아니다. 그것은 그들의 일이다. 하지만 우리가 타깃이 되고 있다는 사실은 기억해야만 한다. 재산의 형성과 유지에 주력하는 사람들은 뭐든 공짜는 없으며 앞으로도 없으리라는 사실을 기억하는 게 현명할 것이다.

샴푸를 둘러싼 소비자학

◆ ◆ ◆

스탠리 박사는 마케팅 연구를 통해 소비자 심리가 우리의 행동에 미치는 영향과 힘을 너무나 잘 알고 있었다. 2010년 글에서 그는 특정 샴푸의 사용과 자존감을 관련지은 한 기사의 주장이 얼마나 황당한 것인지 그리고 마케팅이 우리의 인식과 잠재적 행복감에 어떤 영향을 미치며 왜 마케팅에 대한 관심을 억제해야 하는지에 대해 썼다.

지난주쯤부터 나는 더 신나고 당당해지고 흥미와 주의력도 높아진 느낌이 들었다. 반대로 적대감, 수치심, 긴장, 초조, 죄책감은 덜 느꼈다. 나는 이 행복감이 내가 쓴 책들의 판매량 증가 또는 우편으로 받은 2010년 신형 토요타 4러너가 소개된 광고 책자와 관련이 있으려니 했다. 하지만 이 고양된 감정의 진정한 근원으로 짐작되는 것을 찾았다. 바로 샴푸를 바꿨기 때문이었다!

2010년 여름 나는 욕실에서 '아름다운 모발을 위한 집중 케어'라는 설명이 붙은 팬틴 샴푸를 발견하고 사용하기 시작했다. 그 후로 머리가 마음에 안 드는 날이 없었다. 그러다 〈월스트리트저널〉에서 통찰력 있는 기사를 읽게 됐다. P&G가 팬틴 제품을 팔기 위해 소비자들을 자극하려고 어떤 노력을 기울였는지 설명한 기사였다. 마케팅 연구에 많은 돈을 쏟아부은 것은 그만한 값어치를 했다. 기사에 따르면 P&G의 팬틴 샴푸 매출액은 30억 달러에 달했다.

P&G는 최근 3,400명 가까운 여성들을 대상으로 설문 조사를 하면서 모발 상태에 따른 20가지 감정의 강도를 평가하게 했다. 그 결과 머리가 마음에 안 들면 적개심, 수치심, 짜증의 감정을 느끼는 것으로 나타났다. P&G는 조사 결과를 분석하기 위해 예일대학교 심리학과 교수를 고용하기까지 했다. 메리앤 라프랜스Marianne LaFrance 교수는 "마음에 들지 않는 머리는 자존감에 부정적 영향을 미치고 사회적 불안을 일으키며, 자신의 부정적 측면에 집중하게 만든다."라고 했다. 그걸 누가 알았겠는가!

P&G는 팬틴 제품이 '일진이 안 좋은 날'bad hair day(이는 만사가 잘 안 풀리는 날을 의미하는 표현이다 ─ 옮긴이 주)을 없애줄 거라는 내용의 광고 문구를 썼을 것이다. 결과적으로 사용자들의 자존감이 향상된다고 암시한 것이다. 하지만 나는 자존감을 높이려면 부를 축적하고 경제적 자립을 달성해야 한다고 생각한다.

나는 《부자인 척 그만해라》에서 나의 멘토이자 저명한 마케팅 교수인 빌 다든Bill Darden 박사가 대학원생들에게 자주 했던 이야기를 언급했다. "정말 재능 있는 사람들과 시장에서 경쟁할 준비를 하세요. 미국에서 정말 명석한 사람들은 국무부에서 일하지 않습니다. 의학 실험실에서 일하지도 않습니다. 정말 똑똑한 사람들은 마케팅 분야에 종사하면서 한 회사의 치질 치료제가 다른 회사의 것보다 약효가 뛰어나고, 어떤 세제가 흰옷을 더 희게 만들어줘서 주부가 가족들에게 사랑받도록 해줄지 우리를 설득시킬 방법들을 고안해냅니다."

그는 아주 진지하게 이 말을 했다. 만일 다른 박사가 아직 우리 곁에 있어서 주류(또는 헤어 케어) 산업의 마케팅을 평가했다면 분명 그는 미국에서 가장 똑똑한 사람들이 샴푸 마케팅을 하고 있다고 말했을 것이다.

절약이 트렌드가 되고 있다

《백만장자 불변의 법칙》을 비판하는 이들 중 일부는 이 책에서 사례로 든 사람들의 검소한 쇼핑 행동에 대해 우월감을 갖고 있는 듯했다. 그런데 2008~2012년의 경기침체로 근검절약이 유행처럼 번지는 흥미로운 일이 벌어졌다. 할인점과 업사이클링(재활용품에 디자인 또는 활용도를 더해 가치를 높인 제품—옮긴이 주)과 리사이클링, 집에서 물건을 만드는 것이 유행하기 시작했다.

절약의 유행을 따르는 사람들은 그런 생활이 편리할 때나 유명 브랜드를 싸게 사는 것 같은 행동으로 자신의 성공을 보여줄 수 있을 때, 가끔씩 수입과 비교하며 검소한 생활을 할 때 절약을 기쁜 마음으로 추앙했다. 이들을 비롯해 우리 대다수는 경기와 유행의 변화에 따라 절약을 실천했다 그만뒀다 하고는 한다.

일례로 미국인의 쿠폰 사용은 다른 영역의 유행처럼 주기적이다.

인마르Inmar는 쿠폰의 유통(회사들이 제공하는 쿠폰의 수)과 현금화(쿠폰을 사용하는 사람의 수)를 추적하는 글로벌 마케팅 연구 회사다. 이 회사는 근검절약의 유행이 시간이 흐르면서 어떻게 됐는지 주목할 만한 조사 결과를 내놓았다. 가령 2011년에는 35억 개의 쿠폰이 현금화된 반면에 2015년에는 25억 개의 쿠폰만 현금화됐다.

쿠폰을 쓰면 백만장자가 될까? 반드시 그런 건 아니다. 쿠폰 사용이 간헐적이며 경제 자립을 위해 쓰는 유일한 방법이라면 확실히 아니다. 재산 형성에 능한 사람들은 더 일관되고 절제된 소비 양식을 보여준다. 따라서 오늘 절약할 수 있는지가 아니라 경제, 유행, 삶의 단계에 상관없이 꾸준히 소비를 절제할 수 있는지 살펴봐야 한다. 잠시 유행을 좇아 이웃들처럼 절약 비슷한 행동을 하는 게 아니라 일관성과 절제력을 갖고 절약하는 것이 무엇보다 중요하다.

절약은 한때의 행동이 아니라 일관된 행동 습관이 되어야 한다. 이 원고를 쓰는 지금 견실한 경제, 완전한 고용, 주식 시장의 활황으로 근검절약이 (다시) 멋있지 않은 행동이 되어버렸기 때문에 특히 이런 인식이 중요하다.

행복해지려면 부자 행세를 그만두어라

◆ ◆ ◆

부 자체를 추구하는 것은 공허한 일이다. 미래의 자유, 일의 노예가 되지 않을 자유에 어떤 영향을 줄지 고려하지 않고 되는대로 지출하고 소비하는 것은 생각이 얕은 행동이다. 스탠리 박사는 돈으로 행복을 살 수 없다고 자주 말했다. 그가 인터뷰한 백만장자들은 투자 성과보다 믿음과 인간관계에서, 숭고한 대의명분에 일조하고 삶의 의미를 만드는 데서 더 만족을 느낀다고 이야기했다. 다음은 스탠리 박사가 돈과 만족과 행복의 관계에 관해 쓴 글이다.

인생의 행복은 어떻게 설명이 될까? 나는 모든 답을 알지는 못한다. 하지만 내 책들과 블로그를 검토해봤을 때 인생의 행복은 착용하는 시계의 브랜드나 가격, 애용하는 상점, 타고 다니는 자동차 브랜드, 마시는 보드카 브랜드와는 거의 관련이 없다. 삶의 전반적인 행복은 와인의 가격, 집의 크기나 시세, 머리를 깎는 비용과도 전혀 상관이 없다.

　이 문제를 좀 더 파헤쳐보기 위해 나는 소득 및 순재산이 많은 전국의 1,574명을 대상으로 삶의 행복과 200가지 이상의 특성, 행동, 태도 간의 관계를 검토하는 설문 조사를 수행한 적이 있었다. 상관관계가 반드시 인과관계를 나타내는 것을 아니라는 점에 유의하기 바란다.

　어떤 사람들이 행복감과 삶에 대한 만족감이 더 높은 이유는 건강, 가족, 직업 외에 무엇이 있을까? 조사 결과 행복도가 높을수록 다음 진술에 동의할 가능성이 통계적으로 유의미한 수준에서 높았다(설명된 편차 순).

1. 나는 재산과 소득 수준이 비슷한 이들보다 부유하다.

2. 나는 이웃 사람들보다 경제적 형편이 낫다.

3. 나는 작년에 소득의 5% 이상을 자선단체에 기부했다.

4. 나는 수입보다 훨씬 검소하게 산다.

5. 나는 사랑이 넘치고 화목한 분위기에서 자랐다.

6. 나는 부모님으로부터 투자와 돈 관리 방법을 배웠다.

7. 나는 정치적으로 진보보다는 보수 성향에 가깝다.

8. 내가 상속받은 재산은 순재산의 1%도 안 된다.

9. 내 배우자는 나보다 검소하다.

10. 나는 작년에 소득의 10% 이상을 투자했다.

순재산과 소득 둘 다 행복과 관련이 있다는 사실에 주목하라. 통계상으로는 순재산이 더 중요하다. 하지만 순재산보다 더 중요한 것은 (1번 항목에서 시사하듯이) 상대적 순재산relative net worth이다. 상대적 순재산은 소득과 나이가 유사한 집단 및 이웃과 비교해서 소득을 재산으로 얼마나 잘 전환하는가를 가리킨다. 쉽게 감당할 수 있는 만큼만 소비하는 사람들은 부자인 척하느라 수입과 지출을 겨우 맞추는 사람들보다 훨씬 행복하다. 소득 또는 나이가 유사한 집단 안에서 부모의 사랑과 보살핌을 받고 자란 사람들은 그렇지 못한 사람들보다 지출이 적고 저축이 많은 경향이 있었다.

부를 축적하는 검증된 방법을 기반으로 선택을 내리는 사람들에게는 경제적으로 성공할 기회가 주어진다. 만일 당신이 재무와 관련해 전부 긍정적인 경험을 하면서 성장했다면 부정적 경험을 했을 때보다 더 쉽게 경제적 자립의 고속도로를 달릴 수 있는 행동 습관이 발달했을 것이다. 성장 과정과 관계없이 자신의 재정적 결정에 대한 책임을 지는 행동 역시 순재산에 영향을 미친다. 그리고 현재와 미래에 우리의 삶을 공유할 사람들의 선택, 적어도 이 나라에서는 자유의지로 할 수 있는 선택 또한 우리의 앞길에 영향을 미친다. 그러니 신중하게 선택하기 바란다.

제 4 장

백만장자들의 돈과
그들만의 소비 방식

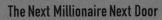

The Next Millionaire Next Door

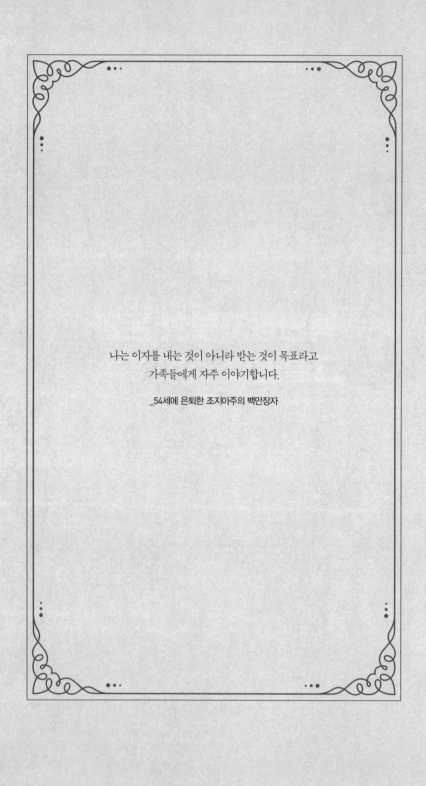

나는 이자를 내는 것이 아니라 받는 것이 목표라고
가족들에게 자주 이야기합니다.

_54세에 은퇴한 조지아주의 백만장자

경제적 성공의 길은 여러 갈래가 있다. 평균 또는 그 이상의 소득을 갖고 있으면서 경제적 성공을 지향하는 사람은 어느 정도 소비를 자제해야만 한다. 그러려면 소득 수준이 높은 가정들을 감염시킨 이른바 '부자병'affluenza을 예방해야 한다.

많지 않거나 평균을 조금 웃도는 수입으로 고도의 소비 수준을 유지하면서 생전에 백만장자가 될 수 있는 사람은 거의 없다. 경제적으로 성공한 사람 대다수가 제1장에 소개된 제이콥슨 가족과 같은 길을 선택했다. 즉 경제적 성공을 위해 노력하는 동안 소비를 절제하고 줄여나갔다. 그리고 많은 경우 백만장자가 된 후에도 이런 생활 방식을 지속했다.

당신이 이상적인 재무 행동을 보여준 부모 밑에서 자랐고 부의 축적을 막는 장애물들을 용케 극복했다고 하자. 그러나 그렇더라도 사회집단이나 미디어의 영향 또는 최신 소비재에 대한 구매 조장으로 과도한 소비의 희생자가 될 수 있다. 시간을 보낼 방법을 선택할 자유와 마찬가지로 소비의 자유에는 대가가 따른다. 그 자유를 최대한 누리겠다면 어떻게든 자금을 대야 한다. 소박한 동네의 소박한 집에서 살고, 비슷한 생활 방식을 가진 사람들과 어울리기로 했다고 해도 소비하기 위해 일하는 생활의 반복을 피하기는 어렵다. 우리는 어려서부터 소비하도록 가르침을 받았고, 이제 세상은 전문적인 소비자에게 많은 것을 제공하고 있기 때문이다.

스탠리 박사는 자신의 전작에서 경제적으로 성공한 사람들의 소비 행동과 습관에 관해 기술했다. 절약하는 마음으로 소비를 절제할 때 그 가정은 수입 내에서 생활할 수 있고 저축할 수 있다. TV 프로그램 〈익스트림 쿠포닝〉Extreme Couponing(소비자들이 쿠폰을 이용해 누가 더 많이 할인받고 적은 가격에 많은 상품을 살 수 있는지 경쟁하는 리얼리티 쇼—옮긴이 주)이 보여주듯 자신이 '절약하는 소비자'라는 것을 명예 훈장처럼 생각하는 사람도 많다. 하지만 어떤 사람들에게는 절약이 경제 상황에 따라 유행했다 시들해지는 생활 방식이다.

이 책과 일반적인 부의 연구에서는 '절약하는 사람'을 소박하고 실속 있는 생활, 수입에 맞춘 생활을 꾸준히 하는 사람으로 정의한다. 절약하는 사람들은 더없이 실속 있고 분수에 맞는 행동 습관을 보여준다. 그리고 이는 우리가 지적한 대로, 다음과 같은 결과를 가져온다.

절약하는 생활 방식은 가정의 소비 수준을 편안히 감당할 수 있게 한다.

지난 20년 동안 백만장자들은 자신이 검소하다고 주장했다. 우리의 연구에서 부자 표본을 소득 대비 재산이 많은 사람(PAW, 상위 25%)과 소득 대비 재산이 적은 사람(UAW, 하위 25%)으로 나눴을 때 두 집단이 절약과 관련된 문항에 동의하는 정도는 달랐다. 대중 부유층과 신흥 부유층 표본에서도 검소한 행동 습관과 순재산 간에는 나이나 소득과 상관없이 분명한 관계가 있었다. 이런 상관관계는 순재산이 많은 집단뿐만 아니라 중위 소득 집단에서도 확인된다.

검소한 생활 또는 적어도 소비를 간소화한 생활 방식은 절제력과 유행에 대한 무관심을 똑같이 요구한다. 그 핵심은 예산 수립, 계획, 목표 설정, 간소한 생활, 절제력이다. 이를 위해서는 지식, 능력, 특정 성격이 필요하지만 무엇보다 모든 사람이 기꺼이 경험할 용의가 없는 검소한 생활 방식과 결부된 행동을 해야 한다.

회사 임원이나 교사로서 수입을 얻든, 고철상으로서 수익을 올리든 경제적 성공과 재정적 자립을 위해 노력하는 사람들에게 절약은 유행을 타는 행동이 아니다. 우리의 연구에서 항상 절약했다고 답한 PAW는 57%였던 반면 UAW는 41%였다. 이는 1996년의 연구 결과와도 일치한다.

소비가 시작되는 곳, 집

재무 결정에 영향을 미치는 또 다른 요인으로 우리가 찾아낸 것은 '집'이다. 거주지의 선택은 일에 대한 태도뿐 아니라 소비에도 영향을 미친다. 우리는 같은 동네와 지역사회의 사람들과 자신을 비교하는 경향이 있다.

《부자인 척 그만해라》에서는 이렇게 말한다. "부의 축적을 가장 방해하는 요인은 우리의 집과 동네 환경이다. 당신이 부유한 동네의 비싼 주택에 살고 있다면 이웃 사람들처럼 행동하고 물건들을 살 것이다. 부유한 동네일수록 사람들은 제품과 서비스에 더 많은 돈을 쓴다. 우리는 이웃들의 소비를 보고 따라 한다. 자수성가한 백만장자 대부분은 가계의 제반 경비가 높아서 재산을 모으기 힘든 가정이나 이웃들 근처에서 산 적이 전혀 없다는 바로 그 이유로 부유해질 수 있었다."

앞 장에서 논의한 대로 우리가 주변 사람들과 자신을 비교하는 것은 우리의 소비 행동에 영향을 미친다. 당신의 이웃은 소득과 소비가 많은 소득명세서상 부자들로 구성되어 있는가? 그렇다면 당신의 소비 행태를 잠시 숙고해보라. 형편에 맞는 소비 행태인가, 아니면 UAW에 가까운 소비 행태인가?

백만장자가 집을 사는 이유

이웃뿐만 아니라 소득 대비 집의 가격도 장기간의 재산 축적에 영향을 미칠 수 있다. 일반적으로 세입자로 살기보다 자기 집을 소유하는 편이 낫지만, 자신이 쉽게 감당할 수 있는 집에 사는 것이 재산 축적의 비결이다. 우리가 조사한 이웃집 백만장자는 대부분 연간 소득의 3배가 넘은 집을 구매한 적이 한 번도 없었다고 보고했다.

우리가 가장 최근에 했던 연구에서는 백만장자의 주택 시가 중앙값이 약 85만 달러(그들의 현재 연소득의 3.4배), 구입 당시 가격의 중앙값은 46만 5,000달러로 조사됐다. 그들 대부분(66%)이 지난 10년 동안

◆ 표 5. 백만장자들의 주택 구매에 가장 큰 영향을 미친 요인

주택 구매 이유	응답률(%)
더 나은 집을 원했다	81.2
새집의 외관이 마음에 들었다	80.2
수준 높은 공립학교를 원했다	71.6
더 좋은 동네에서 살고 싶었다	69.0
이자율이 유리했다	59.9
소득의 증가로 집을 구매했다	59.1
진로 또는 직장의 변화로 이사해야 했다	58.14
이전 자택으로 상당한 자산을 모았다	54.9

◆ 표 6. 백만장자들의 주택 구매에 가장 적은 영향을 미친 요인

주택 구매 이유	응답률(%)
퇴직연금 일부를 인출했다	6.9
사업체 전체(혹은 일부)를 처분했다	6.1
부동산중개인이 나의 경제적 성공을 알고 부동산 구매를 제안했다	3.3
저작권 또는 특허권을 팔았다	1.6

◆ 표 7. 백만장자들의 자택 구매 당시 가격과 현재 시가

가치	각 항목에 속하는 백만장자의 비율(%)	
	구매 가격	현재 가치
40만 달러 미만	41.4	4.7
40만~60만 달러 미만	19.9	19.6
60만~80만 달러 미만	15.2	21.4
80만~100만 달러 미만	7.0	19.0
100만 달러 이상	16.4	35.2

이사를 하지 않았다는 사실에 유의하기 바란다. 미국의 평균 이사 비용이 1만 2,000달러 이상임을 고려할 때, 이사를 하지 않는 게 경제적으로 이익이었을 것이다.

새로운 집을 사게 만드는 요인은 무엇인가? 최근 우리가 설문 조사했던 백만장자들 가운데 집을 팔라고 권유하는 전화나 편지를 받고 이사를 했다는 사람은 아무도 없었으며, 오직 3%만 경제적으로 성공했으니 더 큰 집으로 옮기라는 제안을 부동산업자로부터 받았다고 대답했다. 그보다는 주택의 품질과 외관, 공립학교, 동네가 이들이 새집을 구매하게 만든 요인이었다(표 5 참고).

이 백만장자들의 약 60%는 소득 증가가 동기로 작용했다. 자택 보유와 관련된 전문적·사회적 마케팅(제품 홍보보다는 소비자, 환경, 사회 등 따뜻하고 인간적인 면을 강조함으로써 장기적으로 기업 이미지를 높이는 마케팅 기법—옮긴이 주) 전략은 우리가 조사한 백만장자들에게 거의

영향을 미치지 못했다.

무리한 자택 구매가 부른 인생의 위기

우리가 이야기하는 자택 보유에 대한 사회적 압력은 특정 위치, 지역 사회, 동네에 집을 사라는 동년배 집단이나 가족 등의 광범위한 압력을 의미한다(일례로 "스프링필드에 있는 학교가 최고다.", "햄프턴 하이츠에는 젊은 전문직 종사자들이 많이 산다."와 같은 말들을 한다). 혹은 특정 전문직에 가해지는 압력을 가리키기도 한다. 고액 연봉을 지급하는 로펌의 성벽 안에서 '소속 변호사 유지 정책'의 하나로 고액의 주택담보대출을 소개받는 변호사들이 그런 사례다.

여기서도 분수에 넘치는 생활이 금전적 대가 이상의 영향을 미치는 것을 볼 수 있다. 로펌에 소속된 젊은 변호사들은 무리한 주택 구입 후 대출금과 이웃의 생활 방식에 맞추느라 불가피하게 발생하는 부대 비용을 대기 위해 계속 일하지 않을 수 없다. 이런 무리한 주택 구매는 전반적인 건강 상태에도 영향을 미친다. 건강과 재정 상태를 재고해야 했던 한 백만장자의 사례를 살펴보자.

그때가 2006년 7월이었어요. 제가 40세가 된 지 한 달도 안 됐을 때였죠. 퇴근해서 차를 몰고 집으로 가는 길에 가슴 통증을 느꼈어요. 의사는 그 상태로 두면 곧 심각한 심장병과 당뇨병을 앓게 될 거라고 했죠.

건강을 챙기기 시작하면서 개선이 필요한 다른 삶의 영역도 눈에 들어오더군요. 재정적으로 우리는 몇십만 달러의 소득을 보유한 전형적인 중년 가구였습니다. 10만 달러 이상의 주택담보대출과 약 8만 달러의 가계 부채가 있어서 매달 빠듯했죠. 퇴직연금을 적립하고 있었지만, 동산을 포함한 재산은 우리 연봉보다 조금 많은 정도였습니다. 재무 전문가 몇 명에게서 재무 상황이 괜찮다는 이야기를 들었지만 우리는 괜찮은 것 같지 않았어요.

우리는 각성하고 대책을 세우기 시작했습니다. 먼저 목표를 정했죠. 계획을 수립하고 실행에 옮겼습니다. 우리는 가계 부채부터 청산했습니다. 비상금도 마련하고 주택담보대출금도 상환했죠. 현재 빚은 없고 순재산이 100만 달러가 넘습니다. 우리는 아이들을 홈스쿨링하며 우리가 원하는 삶을 살고 있습니다.

지금까지 길고 힘든 여정이었습니다. 몇 년 더 이렇게 살아야 부자가 될 겁니다(수입이 없어도 되고 돈이 떨어질 일이 절대 없다는 의미에서의 부자 말입니다). 우리는 목표와 계획을 수립해놓고 매일 실행에 힘쓰고 있습니다.

부동산 시장의 거품이 남긴 교훈

2008년 주택 시장의 거품과 경제 붕괴는 연소득의 3배 이상인 집을 구매하는 것은 매우 위험하다는 사실을 알려주었다. 그런 통찰을 통해 우리는 집의 가치와 소득, 부에 대해 무엇을 배울 수 있을까? 2010년 제리라는 남성은 부동산 문제를 걱정하며 스탠리 박사에게 의논해왔다. 제리는 컴퓨터 프로그래머였고 그의 아내는 파트타임으로 근무하는 치과 기공사였다. 부부의 세후 연소득은 약 10만 달러였으며 그들에게는 세 자녀가 있었다.

부동산 시장 붕괴 직전에 부부는 새로 개발된 택지 구역의 새집을 49만 5,000달러에 샀다. 2009~2010년 사이에 그 택지 구역 안에서 제리의 집과 비슷한 새집 3채가 압류당해 30만 달러에 팔렸다. 제리는 '아차' 싶었다. 몇 년 안에 상당한 시세차액을 남기고 집을 되팔겠다는 그의 꿈은 사라졌다. 그러나 30만 달러가 넘는 담보대출 잔액은 사라지지 않았다. 스탠리 박사가 해줄 수 있는 조언은 제리에게 겁먹지 말라고 말해주는 것뿐이었다. 다행히도 그의 집이 전국적인 명성을 지닌 공립학교 학군에 속해 있다는 점 때문에 상황은 호전됐다.

시세차익을 남기겠다는 동기 외에 제리와 아내가 28만 달러짜리 집에서 49만 5,000달러짜리 집으로 옮긴 이유는 무엇이었을까? 그는 3가지 이유를 들었다.

1. 모기지 브로커가 그들이 대출 상환금을 낼 수 있다고 했다. 이는 당신의 닭장 속 암탉 수를 여우에게 세어달라고 부탁하거나 당신의 머리를 깎아야겠는지 이발사에게 물어보는 것과 같다. 당신에게 조언을 해주는 사람이 누구인가? 그들의 조언이 그들이 얻을 이득과 연관이 있는가?

2. 이웃 사람들이 인구통계학적 측면이나 사회경제적 특성에서 제리 부부와 비슷해 보였다. 새로운 이웃은 직업, 관심사, 목표, 소비 욕구가 그들과 비슷했다. 이는 제리 부부가 이웃과 어울리기 위해 그들과 비슷하게 소비할 가능성을 증가시킬

수 있다.

3. 가장 중요한 이유로, 연소득 10만 달러가 있었다. 이는 제리
부부가 20년간의 결혼 생활에서 올린 최대 소득이었다. 10만
달러대의 소득이 생기자 그들은 자기들이 부자라고 여겼다.
제리의 논리에 따르면 부자는 28만 달러짜리 집이나 그런 집
이 있는 동네에 살지 않는다.

제리가 주목해야 할 점이 있다. 부자, 재산가, 자산가, 뭐라 부르건
상관없다. 중요한 것은 순재산이다. 소득은 순재산이 아니며 순재산
은 소득이 아니다. 이 부부의 순재산은 현재 15만 달러가 안 된다. 제
리가 자신의 이야기를 하는 동안 스탠리 박사는 2007년 국세청 상속
세 자료에서 350만 달러 이상의 유산을 남긴 피상속인을 집계한 수치
를 훑어보았다. 그런 피상속인들의 주택 시세 중앙값은 46만 9,021달
러로 그들의 순재산 중앙값의 10%가 안 되는 금액이다. 그리고 그들
자신이 사는 집보다 투자용 부동산에 투자한 재산이 거의 2.5배나 됐
다. 만일 제리가 이 사실을 미리 알았더라면 어땠을까? 그래도 그가
전형적인 백만장자 피상속인보다 높은 가격의 집을 샀을까? 그것은
제리가 부자 행세를 하고 싶은지, 아니면 언젠가 진짜 부자가 되고 싶
은지에 달려 있다.

부유한 동네는 필요조건일까?

경제적으로 생산적인 주택 구매자들은 집을 구할 때 뚜렷한 특징을
보인다. 그들은 살 곳을 정할 때 과시를 위한 요소를 고려하거나 사회

적 지위와 관련된 제한을 두지 않는다. 그들은 제리처럼 '이제 소득이 높아졌으니 부자 동네에 살아야지'라는 사고방식을 갖고 있지 않다. 하지만 여전히 제리 같은 사람들이 많다. 경기하락을 벗어난 뒤로 여러 해가 흘렀기 때문에 더더욱 그렇다.

곧 이웃집 백만장자가 될 뎁은 주택 구입에 관한 생각을 다음과 같이 밝혔다.

> 남편과 저는 집을 샀어요. 주택 시장이 침체 상태였고, 이사 가고 싶은 학군이 따로 있어서 블루칼라들이 주로 사는 지역에서 찾아봤죠. 그러다 새로 개발된 작은 주택 단지의 방이 4개인 식민지 풍 신축 주택을 사게 됐어요. 나중에 직장 동료 한 명도 약혼자와 함께 집을 구하러 다녔는데, 어느 날 출근해서는 좋은 집을 살 형편이 안 된다고 울더군요. "언니네 집 같은 집을 사고 싶었는데."라고 말했지만 사실 그녀는 상류층 동네의 집만 보고 다녔죠. 그래서 저는 블루칼라 동네의 집을 사면 더 좋은 집도 살 수 있다고 말해줬어요. 그런데 그녀는 그 말에 기분이 상해서 저와 일주일 동안 말도 하지 않았어요!

어쩌면 뎁이 너무 정곡을 찌르는 충고를 했는지 모른다. 유명 록 스타 브루스 스프링스틴이 인터뷰에서 이런 말을 했다. "블루칼라 중의 블루칼라만 사는 동네에서부터 비싼 저택이 즐비한 동네까지 모두 살아봤는데 얼간이는 어느 동네나 있더군요." 이 사실을 뎁의 동료가 알았다면 아마 상류층 동네에 대해 더 현실적인 인식을 했을 것이다. 주요 대도시에서 대저택을 취급하는 한 부동산중개업자는 그런 곳에 사는 주민도 블루칼라 지역 주민만큼 시끄럽고, 대지 경계선을 무시하고, 주택 관리를 소홀히 할 수 있다고 말한다.

그런데 경제성을 고려한 주택 선정에 그런 반응을 보이는 것은 뎁의 동료만이 아니다. 앞서 언급했듯이 모두가 근검절약할 수 있는 것은 아니다. 1990년대 후반 경기와 주식 시장이 호황이었을 때《백만장자 불변의 법칙》이 애틀랜타 공항 화장실에 처박혀 있거나 아무 데나 버려진 광경을 봤다. 이런 행동을 한 이유가 여럿 있을 수 있지만 아마 그들은 일관된 절제력에 대한 가르침이 아니라 금방 부자가 될 수 있는 계획을 기대했던 게 분명하다.

그것이 아니라면 연소득 18만 달러로 무리해서 집을 사고, 자녀들을 사립학교에 보내고, 차고에는 고급 SUV가 있지만 예금해둔 돈은 거의 없는 자신에 대한 격려를 기대했는지 모른다. 그들은 데이터가 이런 행동에 박수를 보내지 않을 뿐만 아니라 스스로 자신의 미래를 해치고 있다고 말해서 몹시 실망했을 것이다.

비싼 저택에는 상속 부자들이 산다

최근에 우리가 조사한 바로는 35%가 약간 넘는 백만장자만 시가가 100만 달러 이상인 주택에 살고 있었다. 그들의 수익 창출 방법을 살펴보면 의외의 (혹은 당연한) 통계 자료가 나온다. 첫째, 신탁 재산과 유산이 있는 백만장자(약 14%)와 그런 수입이 없는 백만장자(우리 표본의 86%)의 차이를 검토했을 때 전자가 후자보다 시세가 100만 달러 이상인 주택에 사는 비율이 높았다(즉 신탁과 유산이 있는 백만장자의

◆ 표 8. 유산·신탁 소득 유무에 따른 백만장자의 자택 구입 가격 비교

구매 당시 자택 가격	해당 가격대의 주택에 거주하는 백만장자 비율(%)	
	유산·신탁 소득이 없음	유산·신탁 소득이 있음
40만 달러 미만	42.3	33.3
40만~60만 달러 미만	20.0	23.6
60만~80만 달러 미만	15.5	18.1
80만~100만 달러 미만	6.1	9.7
100만 달러 이상	16.1	15.3

◆ 표 9. 유산·신탁 소득 유무에 따른 백만장자의 현재 자택 가격 비교

현재 자택 가격	해당 가격대의 주택에 거주하는 백만장자 비율(%)	
	유산·신탁 소득이 없음	유산·신탁 소득이 있음
40만 달러 미만	5.6	0.0
40만~60만 달러 미만	21.1	15.1
60만~80만 달러 미만	23.0	17.8
80만~100만 달러 미만	19.6	12.3
100만 달러 이상	30.7	54.8

55%가 가격이 100만 달러 이상인 주택에 살고 있었다).

또한 동네의 평균적인 주택 시세가 높을수록 상속 재산이 있는 주민들의 비율이 높았다. 예를 들어 시가 100만 달러를 초과하는 고급 주택 단지에 사는 사람들 4명 중 1명은 상속받은 부동산이나 신탁 재산이 있었다. 이에 비해 평균 주택 가격이 50만 달러 이하인 동네에 사는 백만장자들은 단 8%만 유산이나 신탁 소득이 있었다.

만일 당신의 목표가 주변 사람들을 모방하고 그들과 어울리는 것이라면 당신은 이기기 힘든 게임을 하고 있는지도 모른다. 100만 달러짜리 집에 살 정도로 수입이 많은 이웃과 보조를 맞추는 것은 어려운 일이다. 게다가 그 이웃이 부유한 친족으로부터 거액의 보조까지 받는다면 더 어려울 것이다.

자택 소유자가 백만장자인 것은 아니다

한 부부가 스탠리 박사에게 자택 소유와 순재산 간의 관계에 대해 질문한 적이 있다. 결혼 후 처음으로 집을 사볼까 고려하고 있던 부부였다. "선생님은 책에서 거의 모든 백만장자가 자기 집을 소유하고 있다고 했죠? 약 95%가요!" 하지만 자택 소유자가 백만장자는 아니다. 또 처음으로 집을 장만했다고 몇백만 달러의 수표를 그냥 건네주는 사람도 없을 것이다. 그러나 자택 소유와 순재산 간에 어느 정도의 상관관계는 존재한다.

정부의 통계에 따르면 세입자의 가계 순재산 중앙값은 지난 20년 동안 4,000~5,500달러 수준에 머물렀다. 동일 기간에 자가 소유자의 순재산 중앙값은 그보다 30~45배 많았다. 2016년 《연방준비제도이

사회 회보》Federal Reserve Bulletin에 따르면 미국 자가 소유자의 순재산 중앙값은 대략 23만 달러였다. 하지만 집값 상승이 당신을 부자로 만들어줄 것이라고 기대하지는 마라.《부자인 척 그만해라》에서 스탠리 박사는 실질 가치로 모든 비용을 제하면 집값은 오른다 해도 아주 조금 오른다고 했다. 다시 말하지만 재산을 모으는 비결 중 하나는 자신이 쉽게 감당할 수 있는 적정 가격의 집에 사는 것이다.

그러면 어느 정도가 적정 가격일까? 몇 년 전 뱅크레이트닷컴bank-rate.com에서 제시한 적정 가격의 집은 월 주거비용(주택융자 원금과 이자, 보험, 세금 포함)이 가계 총소득의 28% 이하인 집이었다. 이는《백만장자 불변의 법칙》에서 권장하는 기준인 연소득의 3배와 비슷하다. 또한 생활비뿐만 아니라 새로운 도시, 새로운 지역사회, 새로운 동네에서 얼마나 행복할지도 구체적으로 따져봐야 한다(표 10 참고).

우리는 여전히 직접 접촉하는 공동체(학군, 이웃, 마을)가 개인적 행복에 더 중요하다고 주장한다. 당신이 시내의 방 2개짜리 허름한 집이 싫어서 근교의 큰 집을 살 생각이라면 너른 공간과 출퇴근 시간을 맞바꾸는 것이다. 당신에겐 무엇이 더 중요한가? 어쩌면《백만장자 불변의 법칙》에서 약간의 지혜를 빌려올 필요가 있을지 모르겠다.

아마도 당신은 고급 주택지에 사는 특권과 현재와 미래 수입을 상당 부분을 맞바꾸는 바람에 당연히 있어야 할 만큼의 재산이 없을지 모른다. 그래서 1년에 10만 달러를 벌고 있다고 해도 부자가 되지 못할 것이다. 아마도 당신은 30만 달러짜리 옆집에 사는 이웃이 부자가 된 후에야 그 집을 샀다는 사실을 모를 수도 있다. 당

◆ 표 10. 미국 도시별 월간 주택 보유 총비용 중앙값 및 만족도 지표(2012년)

도시	주택 보유 총비용(달러)	정서적 행복	행복 지수
샌프란시스코	2,497.68	3	69.20
샌디에이고	1,746.21	8	65.80
워싱턴 DC	1,735.45	13	64.14
시애틀	1,726.50	25	63.16
미니애폴리스	935.63	9	62.59
로스앤젤레스	1,474.75	24	59.91
덴버	1,160.94	53	59.25
보스턴	1,833.73	40	56.93
포틀랜드, 오리건	1,148.11	81	56.11
뉴욕	2,068.96	66	54.66
샌안토니오	938.13	79	54.55
새크라멘토	929.22	64	53.90
애틀랜타	606.92	51	52.97
피닉스	703.71	66	52.67
댈러스	1,013.58	53	52.62
시카고	1,172.46	58	52.57
피츠버그	756.60	109	50.67
마이애미	1,073.52	76	49.78
휴스턴	1,033.51	70	49.77

탬파	840.12	121	46.65
밀워키	1,068.35	105	46.44
볼티모어	1,276.98	113	45.07
세인트루이스	728.92	132	43.06
필라델피아	1,183.43	142	42.77
디트로이트	509.88	150	27.78

참고: 주택 보유 총비용은 다음에서 가져온 것이다. bankrate. (2012b). "Home Values: Price Rise, Fall Equally." http://www.bankrate.com/finance/real-estate/home-value-price-rise-fall-equally.aspx. 행복 지수는 다음에서 가져왔다. Bernado, R. (2017, March 13). "2017's Happiest Place to Live." Wallethub. http://wallethub.com/edu/happiest-place-to-live/32615/.

신은 부자가 되리라는 기대 아래 집을 샀을 것이다. 하지만 그런 날은 절대 오지 않을 수도 있다.

목돈이 들어가는 구매가 재정에 미치는 장기적 영향을 이해하지 못하거나 이해할 용의가 없는 사람들은 여전히 미래의 부를 예상하고 오늘 소비해도 된다는 생각에 빠져 있다. 맨해튼에서 애틀랜타로 이사했던 켄을 기억하는가? 그의 선택은 동료들의 회의적인 시선을 받았지만 결국 20년 이상 생활비를 절감하는 보답을 받았다. 부동산 가격은 상승하고 임금은 정체된 현재 환경에서는 분수에 맞는 집을 구매하는 것이 그 어느 때보다 중요하다.

이웃집 백만장자는 명품 시계를 차지 않는다

많은 사람들이《백만장자 불변의 법칙》을 좋아했던 (그리고 일부는 혐오했던) 이유는 검소한 생활을 집중 조명했기 때문이었다. 출판 이후 세계 각지의 독자들이 검소하기로 한 자신의 선택의 정당성이 마침내 증명되었다는 느낌이 든다고 말했다. 그들은 쿠폰 사용처럼 소소해 보이는 행동에서부터 최근 자동차를 구입한 방법에 이르기까지 그들의 습관을 자세히 설명한 편지를 보냈다. 그러면서《백만장자 불변의 법칙》의 사례들이 그들에게 혼자가 아니라는 사실을 확인시켜 주었다고 했다.

　1996년과 비교했을 때 지금은 소비 트렌드의 주기가 더 빨라졌다. 소셜 네트워크의 확장은 우리의 이웃이 매일 무엇을 하고 무엇을 사는지 끊임없이 정보를 제공하며, 언론 기사처럼 보이는 마케팅도 넘쳐난다. 제2장에서 논의됐던 것처럼 근 20년 사이에 마케팅과 소비에 극적인 변화가 일어났다. 소비자들에게 제시되는 광고의 특성도 변하고 쇼핑도 대단히 쉬워졌다. 그럼에도 불구하고 지난 20년 동안 백만장자들은 여전히 절제하는 삶을 살았다. 여전히 PAW는 UAW보다 자신을 검소한 사람으로 묘사하며 자신이 이웃보다 경제적으로 성공했다고 인정한다. 두 집단은 예산 수립에서는 차이가 별로 없지만 재산과 검소함에서는 차이가 있다.

　요즘은 1980년대나 1990년대보다 지출 부분에서 절제력이 더 필요할까? 소셜 미디어의 등장과 추적 광고의 발달로 이런 요구를 무시하려면 확실히 더 큰 절제력이 필요하게 됐다.

◆ 표 11. **PAW와 UAW의 예산 수립 및 검소함 비교**

문항	그렇다/매우 그렇다 응답자 비율(%)	
	UAW	PAW
나는 언제나 검소했다	40.7	57.0
나는 대다수 이웃보다 많은 재산을 모았다	42.9	72.5
우리 가정은 세심히 계획된 연간 예산에 따라 운영된다	58.0	61.6
나는 가족이 매년 의식주 비용으로 얼마를 쓰는지 알고 있다	69.0	63.2

이제 시간이 흘렀어도 변하지 않은 점을 살펴보도록 하자. 오늘날 백만장자들이 소비재에 지출하는 최고 금액은 1996년과 크게 다르지 않다. 2016년 백만장자들이 정장과 구두, 시계에 지출하는 돈은 1996년과 거의 같다. 정장 구입 가격 중앙값은 1996~2016년 사이에 오히려 약 18% 감소했다. 이는 의류비의 감소 및 간편한 복장을 허용하는 직장이 증가한 때문일 가능성이 크다.

하지만 여기서 중요한 점은 적어도 이런 소비재 범주에서 백만장자들은 이웃집 백만장자 유형이든 아니든 부의 과시를 위해 명품을 소비하지 않는다는 사실이다. 다시 말해 1996년과 마찬가지로 부자들을 닮고자 하는 사람들까지도 고가품을 쇼핑하지 않는다는 것이다. 당신의 소비 행태는 백만장자들과 비슷한가? 아니면 당신이 부자라고 생각한 사람들과 더 비슷한가?

사회적 지위 때문에? 어느 변호사의 명품 시계

네드 데이비스는 성공한 36세의 법정 변호사다. 변호사로서 경력이 얼마 되지 않았는데도 그의 재판 승소율은 이례적으로 높다. 네드는 친절하게도 법정에서 액세서리 착용에 관한 중요한 사실을 우리에게 들려주었다.

저는 시계에 그리 신경 쓰는 사람은 아니지만 얼마 전부터 시곗줄이 가죽인 금장 시계를 하나 사고 싶다는 생각을 했습니다. 약 15년 전에 롤렉스 은색 메탈 시계를 선물 받아서 차고 다니는데, 가끔 금장 시계를 착용했으면 했거든요. 저는 시계를 사본 적이 없으니까 2,000달러쯤 주고 새 시계를 사도 괜찮다고 생각했습니다. 아내가 밸런타인데이 선물로 하나 사주겠다고 이야기하기도 했고요.

하지만《부자인 척 그만해라》를 읽은 다음 화려한 금장 시계를 사는 데 수천 달러를 허비하지 않기로 했습니다. 그러다 우리 동네 거리의 귀퉁이에 있는 골동품 및 중고품 상점에서 타이맥스 시계를 발견했죠. 1970년대 제품이라 빈티지 느낌이 있어서 정장용 시계로 괜찮아 보였어요. 하지만 타이맥스 제품이라 가격이 저렴했죠. 40달러밖에 안 했어요!

그 시계를 산 지 얼마 안 돼서 멋이나 부리는 변호사처럼 보이고 싶지 않을 때 적당한 가격의 시계가 얼마나 유용한지 깨닫게 됐습니다. 요즘은 배심원 앞에 설 때나, 부유하지 않은 의뢰인 또는 증인을 만날 때면 신뢰를 주는 타이맥스를 착용합니다. 옷과 시계

◆ 표 12. **1996년과 2016년 백만장자들이 옷과 액세서리에 쓴 최고 금액(2016년 물가 기준)**

		정장(달러)		신발(달러)		시계(달러)	
중앙값		612	500	215	200	361	300
그 이하를 지출한 비율 (%)	그 이상을 지출한 비율 (%)	1996년	2016년	1996년	2016년	1996년	2016년
10	90	299	200	112	97	72	50
25	75	437	300	152	120	153	100
50	50	612	500	215	200	361	300
75	25	919	1,000	305	300	1,726	2,500
90	10	1,533	1,500	457	500	5,831	8,150
95	5	2,148	2,000	512	600	8,132	12,000
99	1	4,296	4,720	1,023	1,656	23,016	25,260

비고: 1996년에 해당하는 금액은 미국노동통계국에서 측정하는 미국 소비자물가지수(CPI)의 인플레이션 비율을 활용해 2016년 금액으로 환산한 금액이다.

는 좋은 의미든 나쁜 의미든 많은 메시지를 보낸다고 생각합니다. 법정에서는 옷이나 시계, 보석이 두드러지지 않는 게 나은 것 같아요. 저는 증인들에게도 그렇게 이야기해줍니다. 덧붙여 말하자면 저는《부자인 척 그만해라》덕분에 2004년형 볼보를 계속 타려는 마음을 더 굳혔습니다. 7년 된 그 차를 계속 타면 매달 적어도 500~700달러는 절약되겠더라고요.

그의 높은 승소율과 그에 따르는 대우는 진정한 성취의 증표다. 가게에서 살 수 있는 옷과 액세서리는 법정(또는 다른 형태의 경제적) 경쟁에서 거둔 진정한 승리들에 견줄 바가 못 된다. 전국의 전형적인 백만장자는 시계 하나에 많아봐야 300달러(중앙값)를 쓴다는 점에 주목하기 바란다. 4명 중 1명은 100달러 이하의 시계를 산다. 참고로 우리의 설문 조사에서는 전통적인 시계와 (일부 사람들이《백만장자 불변의 법칙》에 등장하는 전통적인 시계들을 대체할 것이라고 주장하는) 스마트워치나 다른 웨어러블 기기를 구분하지 않았다. 그렇지만 시계 구입에 쓴 최고 금액 중앙값은 스마트워치 가격과 비슷했다.

부자들은 고급 청바지를 입을까?

미국 통계분석기관 스테티스틱 브레인Statistic Brain에 따르면 미국 청바지 산업의 규모는 137억 달러에 이른다. 최근 미국면화협회Cotton Incorporated의 연구에서는 미국인들이 평균 7벌의 청바지를 갖고 있다고 보고했다. 평범한 미국인들은 청바지 한 벌에 50달러 미만을 치르지만 우리가 조사한 백만장자들은 그 가격을 약간 넘는 50달러까지 지출했다. 하지만 디자이너 청바지는 그보다 훨씬 비싸다. 아마존에서 청바지를 검색하고 높은 가격순으로 보면 아마도 8,000달러가 넘는 돌체앤가바나 청바지가 나올 것이다.

백만장자의 25%만 청바지 한 벌에 100달러 이상을 지출했다. 우리가 인터뷰했던 백만장자 중에서 가족의 사업을 돕기 위해 로펌을 떠난 한 변호사만 해도 그런 가격과는 거리가 먼 저렴한 청바지를 산다고 했다.

		청바지(달러)	선글라스(달러)	가구(달러)
중앙값		50	150	3,800
그 이하를 지출한 비율(%)	그 이상을 지출한 비율(%)	최대 지출액	최대 지출액	최대 지출액
10	90	30	20	1,200
25	75	40	50	2,000
50	50	50	150	3,800
75	25	100	250	6,000
90	10	195	350	10,000
95	5	200	500	15,000
99	1	300	800	39,000

저는 월마트에서 12달러짜리 랭글러 청바지를 삽니다. 몸에도 아주 잘 맞고 빨리 해지지도 않죠. 그런데 아주 맵시 있는 청바지는 아니다 싶더군요. 그래서 코스트코에서 리바이스 청바지를 할인해 판매할 때 좀 좋은 청바지를 사두려고 3벌을 샀죠. 청바지 5벌이면 10년은 입을 겁니다.

참고로 이 글을 쓸 당시 아마존닷컴에 올라온 랭글러 청바지에 대한 상품평은 4,000건이 넘었으며 평점은 별 4.4~5개였다.

헌 옷을 입는 백만장자 부인

오늘날 사람들은 그 어느 때보다 빨리 옷에 싫증을 낸다. 미국의류신발협회American Apparel&Footwear Association는 2015년 미국의 1인당 의류 소비는 67.9벌, 신발 소비는 7.8켤레로서 불황 이전으로 돌아갔다고 발표했다. 또한 우리는 맹렬한 속도로 의류를 내다 버린다. 미국섬유재활용협회Council for Textile Recycling에 따르면 매년 사람들은 32킬로그램 가량의 옷과 직물을 버린다고 한다.

《백만장자 마인드》를 쓰기 위해 처음 인터뷰했던 포인트 부인과 남편은 텍사스주 오스틴의 가장 좋은 동네에서 방 4개짜리 집에 살고 있다. 그녀는 이렇게 말했다. "저는 그 도시에서 가장 좋은 지역에 살아야 한다고 믿어요. 동네 위치가 제일 중요하죠. 저는 좋은 차 (그리고 다른 사치품들) 없이도 살 수 있지만 집은 최고를 고집합니다."

포인트 부인은 옷의 가치도 이해했다. 하지만 옷에 큰돈을 쓰고 싶은 마음은 결코 없었다. 옷은 너무 빨리 가치가 떨어지고 순재산에 구멍을 내기 때문이다. 하지만 항상 잘 차려입은 것처럼 보이고 싶었다. 그래서 해결책을 찾았다. "저는 (중고) 디자이너 옷을 주니어 리그에서 사서 입어요."(그렇다. 중고품 가게에도 등급이 있다!) 그녀가 구입한 옷 중에는 원래 가격표가 붙어 있는 것들도 많다. 즉, 한 번도 입지 않은 옷인 것이다. 오스틴의 화려한 갑부들이 포인트 부인의 옷값을 보조해주고 있는 셈이다. 이른바 '출세 지향적 계급'aspirationals(엄청난 부자는 아닐 수 있는 고등교육을 받은 문화 엘리트로, 상향 평준화된 과시적 소비 대신 특정 가치와 문화자본으로 대중과의 차별화 및 부의 대물림을 꾀하는 현대의 상류계급—옮긴이 주)은 자신도 모르는 사이에 그녀의 부를 쌓아주고 있다. 그녀와 남편은 몸에 맞지 않는 옷이 있으면 새 옷을 사는 대신 수선을 한다. 이는 백만장자 10명 중 4명이 쓰는 방법이다.

포인트 부인은 그렇게 아낀 돈을 우량주를 사는 데 쓴다. "우리는 의료 기적의 시대에 살고 있습니다. 그래서 의료 관련 주식에 투자하죠. 땅도 좀 사둔 게 있어서 광물과 석유 개발업자에게 임대했고요. 남편과 저는 친구들에게 재산이 얼마인지 이야기하지 않습니다. 그들은 우리만큼 재산이 없거든요." 그녀가 이야기하는 사람들이 혹시 소득명세서상 부자들일까?

소비의 최상위 시험대, 자동차

한 가지 소비 결정이 장기적으로 재산을 축적하게 해주거나 그렇지 못하게 하는 것은 아니다. 장기적인 재산 축적과 유지 가능성을 더 잘 보여주는 지표는 행동 습관이다. 하지만 자동차 구매는 재산에 상당히 장기적 영향을 미칠 수 있는 금전적 결정이다.

2016년 조사에서 백만장자들이 가장 최근에 자동차를 구매하는 데 쓴 중앙값은 3만 5,000달러였다. 지금까지 자동차 구매에 쓴 최대 가격 중앙값은 4만 달러였다. 백만장자 대부분은 고급 승용차를 타지 않으며 토요타나 혼다, 포드를 주로 탄다. 우리 표본에 속한 백만장자 약 3분의 1이 이 세 자동차를 탄다고 보고했다. 1996년 백만장자들이 가장 많이 타는 차로 선택됐던 자동차 회사들 중 일부(올즈모빌, 캐딜락, 링컨, 지프)는 2016년 상위 15개 회사에 들지 않는다는 사실에 유의하라.

제조사	모델	1996년 비율(%)	2016년 비율(%)[순위]
토요타	캠리, 코롤라, 하이랜더, 프리우스	5.1	12.5[1]
혼다	어코드, 시빅, CRV, 오딧세이, 파일럿	1.6	11.4[2]
포드	엣지, 이스케이프, 익스플로러, F-150, 포커스	9.4	9.0[3]
BMW	325, 535, 328, 428, X3	2.2	6.4[4]
쉐보레	이쿼녹스, 실버라도, 타호	5.6	5.9[5]
렉서스	ES 350, RX 350	6.4	5.6[6]
닛산	알티마, 맥시마, 로그	2.9	4.8[7]
스바루	포레스터, 아웃백	–	4.2[8]
닷지	카라반, 그랜드 카라반, RAM	2.2	4.1[9]
메르세데스	C300, E350, S550	6.4	3.9[10]
아우디	A4, Q5, A6, A7	1.8	3.7[11]
폭스바겐	제타, 파사트	1.1	3.0[12]
현대	엘란트라, 산타페	–	2.8[13]
어큐라	MDX, TSX, RDX	1.6	2.7[14]
기아	쏘렌토	–	2.0[15]

시간이 지나도 일반 승용차 제조사들이 '백만장자들의 자동차' 최
상위권을 계속 유지하고 있다. 백만장자들에게 가장 인기 있는 브랜
드는 토요타, 혼다, 포드이며 BMW가 그 뒤를 잇는다. 그러므로 부자

를 따라 하고 싶거나 백만장자임을 보여주고 싶은 사람들은 이 세 브랜드를 고려하기 바란다.

삶에 대한 만족도가 높은 사람들은 남들이 타는 차나 입는 옷, 사는 집이 아니라 상대방의 내면에 집중한다. 자동차를 아무리 좋아하는 사람들이라 하더라도 경제적으로 성공한 사람들은 장기적으로 부를 쌓는 데 도움이 되는 것들에 더 큰 관심을 둔다. 노스캐롤라이나주 윈스턴세일럼 외곽에 사는 한 백만장자에게 상당 수준의 재산을 모으기 위해 포기한 것이 무엇이었는가를 질문했을 때 그는 이렇게 대답했다. "몇 년마다 새 차로 바꾸는 거요. 저는 21년 동안 차 한 대를 정비를 해가며 타고 있어요. 그 결정으로 자동차 할부금을 낼 일이 없으니 25만 달러 정도는 절약했을 거예요. 그래서 제가 경제적 자립을 이룰 수 있었죠."

명품은 가격이 아니라 품질로 말한다

◆ ◆ ◆

자동차 한 대를 20년 이상 타려면 최고 품질의 차여야 할 것이다. 그래서 경제적으로 성공한 사람들은 품질을 기준으로 차를 구입하는 경향이 있다. 여전히 고급 승용차는 소득명세서상 부자의 명함이다. 하지만 앞에서 살펴본 표는 백만장자들이 많이 타는 자동차 순위 1, 2위가 토요타와 혼다임을 보여준다. 다음은 스탠리 박사가 백만장자들이 가장 많이 선택하는 자동차 2위를 차지한 혼다에 관해 쓴 글이다.

2011년 혼다 어코드 광고는 동급 자동차 중에서 중고차 가격이 가장 높다는 사실을 내세운다. 나는 그 광고에 놀라지 않았다. 자동차의 잔존가치(고정자산의 수명이 끝난 후에도 남아 있는 사용가치 — 옮긴이 주)는 몇 가지 요인에 의해 좌우된다. 물론 신뢰성이 중요하지만 다른 요인도 작용한다. 소매 중심인가, 플릿판매fleet sale(자동차를 개인 고객이 아니라 관공서와 기업 등 법인, 렌터카, 중고차 업체 등을 대상으로 한 번에 대량 판매하는 것 — 옮긴이 주) 위주인가도 중요하다.

당신이 사려고 생각하는 차가 수십만 대씩 플릿판매가 됐다면 어떻겠는가? 플릿판매 대상은 주로 렌터카 회사들이며 그들은 자동차회사에 높은 할인율을 요구한다. 그리고 그 차들은 1, 2년 뒤에 중고차 시장에 쏟아져 나온다.

나는 가족의 친구인 리에게서 그녀의 할아버지 차를 팔아 달라는 부탁을 받았을 때 이 사실을 알게 되었다. 새 차를 2만 5,400달러에 사서 3년간 탔던 세단이었다. 2만 2,500킬로미터밖에 안 탔고 상태가 아주 좋은 차였는데도 7,000달러에 팔렸다. 그나마도 운이 좋은 거였다. 왜 그 가격밖에 못 받았을까? 3년 전 렌터카 회사에서 가장 많이 구입한 제조사 및 모델이었기 때문이다.

리의 할아버지는 구입 당시에 할인을 많이 받아서 차를 아주 잘 샀다고 생각했다. 원래 판매가에서 아주 많은 할인을 받았기 때문이다. 하지만 팔 때는 구매 가격의 70% 이상을 잃었으므로 수명주기비용life cycle cost은 비싸게 치렀다. 혼다를 사야 했는지도 모른다. 만일 그랬다면 최소 5,000달러는 더 받았을 것이다.

2011년《오토모티브 뉴스》Automotive News 기사에 따르면 2010년 플릿판매된 차량 210만 대 중에서 혼다 아메리카는 단 1.6%인 3만 3,000대뿐이었다고 한다. 그에 반해 일반 고객에게 판매한 차는 119만 7,500대였다. 플릿판매 차량의 29.2%인 60만 9,000대를 판매한 GM, 29%인 60만 4,900대를 차지한 포드와 큰 대조를 보이는 수치다.

얄궂게도 나는 최근에 혼다 대리점을 크게 운영하는 점주를 우연히 만났다. 대학원 졸업 이후로 만나지 못했던 친구였다. 나는 그에게 훌륭한 대리점을 운영하고 있다며 칭찬했다. 그러자 그가 이렇게 대답했다. "차도 훌륭하고 혼다 회사 사람들도 좋아. 그런데 혼다를 팔면 너무 오래 타. 아니면 가족에게 물려주지. 새 차를 사도 중고차를 가지고 오지를 않아."

리스, 고급 승용차, 야심적 소비자

흔히 우리는 타고 다니는 차를 보고 사람을 판단하기 쉽다. 마케터들은 우리가 고급 승용차 소유주와 운전자를 (다소 부정확한) 특정 시각으로 바라보게 하려고 수십억 달러를 들인다. 하지만 이웃과 친구, 가족이 모는 차를 보고 그 사람의 재산을 판단할 수는 없다. 그리고 고급

◆ 표 15. 백만장자들이 보유한 자동차 모델 연식(1996년/2016년)

최근 소유한 자동차 모델 연식	백만장자 비율(%)	
	1996년	2016년
올해 모델	23.5	15.5
1년 전 모델	22.8	17.8
2년 전 모델	16.1	15.1
3년 전 모델	12.4	10.2
4년 전 모델	6.3	7.6
5년 전 모델	6.6	6.2
6년 이상 전 모델	12.3	27.7

비고: 1996년의 백만장자 표본은 자동차를 구입한 이들이 81%, 리스한 이들이 19%였다. 2016년 표본은 최근 타는 자동차를 구입한 이들이 86%, 리스한 이들이 14%였다.

승용차들은 리스한 것일 때가 많다. 소득명세서상 부자인 소비자들은 호황기에는 특히 차를 리스하는 경향이 있다.

2010년 《오토모티브 뉴스》는 메르세데스-벤츠 파이낸셜 서비스 부사장의 말을 빌려 벤츠 신차 판매의 절반이 리스 차량이라고 보도했다. 게다가 리스 비중은 경기가 좋을 때나 나쁠 때나 변함없이 50% 선을 유지한다고 했다. 벤츠의 리스 비율은 미국에서 판매된 모든 승용차의 리스와 구매 비율과 비교하면 어느 정도일까? 이는 평균보다 훨씬 높은 비율이다. 지난 10년 동안 리스는 승용차 신차 판매량의 약 20%를 차지했다.

부자가 되기를 갈망하고 이미 부자인 듯 소비하며 부자 행세를 하는 출세 지향적 계급 집단은 실제로 재산을 모으기보다 부유해 보이기 위한 소비를 더 잘한다. 만일 이 집단이 소득명세서상 부자가 아니라 진짜 부자를 모방하는 데 관심이 있다면 차를 리스하지 않고 구매하려 할 것이다.

우리의 최근 설문 조사에서는 백만장자의 14%만 차를 리스했으며 리스한 차 가격의 중앙값은 4만 6,000달러였다. 반면에 새 차를 구입한 백만장자들은 중앙값 3만 5,000달러에 차를 산 것으로 집계됐다. 차를 리스한 백만장자들의 경우 25%가 고급 승용차를, 75%는 혼다나 토요타 같은 일반 승용차를 리스했다.

스탠리 박사는《부자인 척 그만해라》에서 출세 지향적 계급 집단을 소개했다. "반짝이는 모든 것이 금은 아니다."라는 셰익스피어의 말은 아마 이들을 가리킨 말이었을 것이다. 그렇지만 많은 사람들이 고급 승용차를 타는지 아닌지로 다른 사람의 부를 판단하는 잘못을 범한다. 이런 식의 판단은 부정확할 때가 많을 뿐 아니라 신중하게 소비하려는 사람들의 결심을 위축시킬 수도 있다. 스탠리 박사는 한 독자로부터 '소비자의 구매 행동과 부'의 문제에 관해 냉소를 표하는 다음과 같은 이메일을 받았다.

어디에 사는지, 어떤 종류의 차를 운전하는지에 따라 태도가 달라지는 사람들을 보면 냉소적이지 않기가 힘듭니다. 우리는 이른바 '부자들의' 교회에 다닙니다. 많은 신도들이 캐딜락, BMW 등 좋은 차를 타고 다니죠. 우리는 그들이 재산이 많은 게 아니라 과도한 지출을 한다고 생각합니다. (우리 아이들은) 교회 부설 학교에 다니는데 다른 아이들이 가진 노스페이스나 아베크롬비, 비싼 신발 등 신분 과시용 물건들이 불필요하다고 말해주기가 참 어렵습니다. 아내는 이들을 보며 비싼 물건들을 그렇게 사들일 돈이 어디서 나는지 궁금해합니다. 어떻게 냉소적이지 않을 수 있겠어요?

스탠리 박사가 그 독자에게 해준 조언은 무엇이었을까? 첫째, 무엇을 살 수 있는가로 사람의 본성을 판단하지 말라고 했다. 둘째, 그 독자가 의심한 대로 부자처럼 옷을 입고 좋은 차를 타는 사람이 부자가 아닐 때가 많다고 했다.

최근 조사에서 우리는 부자 표본 집단의 모든 응답자에게서 가장 가까운 시기에 차량을 구매한 가격과 순재산 사이에 상관관계가 있다는 당연한 결과를 확인했다. 그리고 나이, 소득, 순재산은 구매 가격 차이의 25% 정도만 설명해주는 것으로 나타났다.

실질적으로 차의 가격은 수입과 나이와 재산 이외의 요인들, 즉 태도나 사치품에 영향을 받는 정도, 이웃이 타는 차 등의 요인들과 더 관련이 있다. 다시 말해 사회관계적 요인이나 심리적 요인들이 작용하고 있을 수 있다. 또한 순재산보다 소득이 다음에 살 차의 가격을 더 잘 예측해준다는 사실도 알게 됐다. 리스 차의 경우는 특히 그랬다. 리스 차량의 가격을 예측할 때 순재산은 소득 이상의 예측력을 갖지 못했다.

우리의 냉소적인 독자에게 해줄 답변은 분명하다. 자동차 구매 가격(그가 부자들의 교회에서 보는 고급 차종과 모델)은 재산 또는 소득 이외의 요인들과 더 관계가 있다. 그리고 금전적 측면에서 우리가 지금의 차를 타는 이유를 고려해본다면 재산이 아니라 소득 수준이 자동차 구매에 더 큰 영향을 미친다.

구약성서의 한 구절이 이를 가장 잘 표현해주는 듯하다. "사람들은 겉모양을 보지만 나 여호와는 속마음을 들여다본다."

계획이 있는 사람들은 중고차를 산다

◆ ◆ ◆

최근 우리 연구에 참여한 백만장자들은 약 28%가 적어도 6년 된 차를 몰고 다녔다. 물론 10년 이상 된 차를 타는 백만장자도 많다는 이야기도 들었다. 스탠리 박사는 13년 동안 탔던 토요타를 팔면서 차를 보러 온 사람에게 마치 현장 연구의 일화 증거를 수집하듯 구매 습관을 자세히 물어봤다. 다음 글은 2010년에 쓴 글이다.

나는 가족이 주로 타고 다녔던 1997년형 토요타 4러너를 팔았다. 좋은 친구와도 같았던 그 차는 우리 가족을 실망시킨 적이 없었다. 약 29만 킬로미터를 달린 차였지만 모든 부품이 제대로 작동했다. 페인트 상태도 거의 완벽했다.

인터넷에 차를 올린 지 얼마 안 돼 구매 의사를 밝혀온 사람이 여럿이어서 놀랐다. 그중 2명은 여기서 논의해볼 가치가 있을 듯하다. 첫 구매 희망자는 세 아이를 둔 36세 기혼 남성이었다. 그와 아내는 둘 다 풀타임으로 일했다. 부부는 소유하고 있는 최신 모델 자동차 2대를 처분하려는 중이었다.

왜 이들은 13년이나 된 5,000달러짜리 토요타 중고차를 사려고 했을까? 그들이 심각한 재정적 어려움에 부닥쳤기 때문도, 회사에서 인원 감축이 일어날 수도 있는 암울한 상황이어서도 아니었다. 그와 아내는 보수가 좋은 직장에 다녔지만 2대의 차량 대출금을 포함해 대출금을 갚기 바쁜 상황이었다. 매달 말에 모든 청구서 대금을 내고 나면 투자할 돈이 전혀 또는 거의 남지 않았다. 부부는 재정 자립을 달성하겠다고 결심했다. 우선 차 2대를 팔아서 3만여 달러를 마련해 주식 투자를 하기로 했다. 부부의 말에 따르면 데이브 램지의 강의인 파이낸셜 피스 유니버시티에서 배운 방법에 고무돼 이런 결정을 내렸다고 했다.

두 번째 구매 희망자는 약혼한 26세 남성으로, 그는 얼마 전 최신 모델의 풀옵션 픽업트럭을 팔았다. 그는 트럭을 팔아 생긴 2만여 달러로 주식을 샀고, 다가오는 결혼 생활의 비상금으로 넣어두고자 했다. 그는 연방 정부 공무원이었고 부업도 하고 있었다. 그는 자신이 사는 작은 대학 도시에서는 1997년형 4러너를 2년간 타다 되팔아도 샀던 가격 그대로 또는 대부분을 받을 수 있으리라 생각했다.

이 두 번째 구매 희망자는 내 차를 본 지 5분도 안 돼 사겠다고 했다. 앞서의 구매 희망자가 내 차를 사지 않은 이유는 카풀을 위해 7인승 SUV를 원했기 때문이며 나중에 그런 차를 샀다고 했다.

이들처럼 비싼 차를 싼 차로 바꾸는 사람들 모두가 자존심을 다치는 것은 아니다. 소비를 줄이고 투자를 해서 재산을 모을 계획을 세운 사람들은 새로운 자신감을 갖게 된다. 자기 삶을 통제하고 소비와 지나친 대출에 지배당하지 않는 데서 오는 자신감이다. 수십억 달러가 투입된 광고와 마케팅은 행복과 자존감을 대출과 신용카드로 상점에서 살 수 있다고 설득한다. 여기서 만들어진 믿음은 하루아침에 바뀔 수 없다. 당신을 변화시키고 재정적 자유로 인도할 수 있는 멘토의 존재가 그래서 중요하다.

고급 중고차를 구입하는 방법

만일 고급 승용차를 타고 싶다면 어떻게 해야 할까? 고급 자동차를 구입하기로 마음먹은 사람들에겐 중고차를 선호하는 이웃집 백만장자들이 지침이 될 수 있다. 한 공과대학 교수는 최근에 자동차를 샀던 경험을 스탠리 박사에게 자세히 들려줬다,

현금을 보여주면 크게 영향을 받는 사람들이 있습니다. 그래서 저는 20달러 지폐로 2,000달러를 비상금에서 찾았습니다. 그중 500달러는 오른쪽 바지 주머니에, 나머지 1,500달러는 왼쪽 셔츠 주머니에 담았죠. 차를 보러 가기로 약속을 잡은 후에 예전 해군 동기에게 약속 장소로 데려다달라고 했습니다. 판매자는 승마 코

스가 있는 부자 동네에 살고 있었죠.

차 3대가 들어가는 차고에 새로 뽑은 재규어 세단과 토요타 세단, 캐딜락 에스컬레이드 SUV가 세워져 있더군요. 벤츠는 그의 큰딸이 강의를 들으러 갈 때 타던 차라고 했죠. 그런데 그 딸이 다른 주로 이사 가게 됐고 얼마 전 토요타를 새로 뽑아줬다고 했어요. 그는 "아내와 둘 뿐인데 차가 4대나 필요하지는 않아서요."라고 했죠. 수상한 냄새가 나지는 않았어요. 불량한 차를 남에게 떠넘기려는 인물은 아닌 것 같았죠.

저는 차를 운전해본 후 셔츠 주머니에서 20달러 지폐 다발을 꺼내 벤츠 보닛에 놓고 물었습니다. "현금으로 드릴 테니 1,500달러에 주시죠?" 그가 그러자고 했죠. 그렇게 저는 1980년형 빈티지 벤츠로 (매일) 출퇴근하게 됐습니다. 차도 잘 나가고, 연비도 리터당 10킬로미터 정도 되어 기분 좋게 타고 있죠. 메르세데스 벤츠가 탁월한 제조 기준과 내구성이 뛰어난 설계로 명성을 얻던 시절에 만들어진 차거든요. 제 안의 스무 살짜리 청년은 마침내 소원을 이루고 기뻐했죠. 그걸 이루는 데 38년이 걸렸지만 말입니다.

새 차를 운전하면서 경제적으로 성공한 사람들을 모방하고 있다고 믿는 사람들이 너무나도 많다. 하지만 백만장자의 16%만 그해에 출시된 새 차를 타고 다닌다. 중고차를 타고 다니면 품위가 떨어진다는 생각은 절대 하지 말기 바란다.

재무상담사는 어떤 차를 타야 할까?

재무상담사인 존은 남부 플로리다의 부유한 주거지역으로 전근해 왔다. 그는 어떤 차가 이상적일지 스탠리 박사의 조언을 구했다. 이웃집 백만장자 개념을 가치 있게 여겼기에 스탠리 박사에게 특별 처방을 부탁한 것이다. 그는 고급 승용차가 아닌 일반 차를 타면 예비 고객과 거리가 생길까 봐 걱정하고 있었다.

존과 같이 부자들에게 전문 서비스를 제공하는 많은 사람들이 값비싼 차는 유니폼과 같다며 스탠리 박사를 설득하려 했다. 하지만 스탠리 박사는 이에 설득당하지 않았다. 그는 자동차가 아닌 기대 이상의 수준 높은 핵심 서비스의 제공이 성공의 비결이라고 주장했다. 다시 말해 존이 어떤 차를 탈지 걱정하기보다 화려한 갑부 고객들의 돈을 성공적으로 관리하는 게 더 중요하다는 것이다.

스탠리 박사는 《부자인 척 그만해라》에서 화려한 갑부에 대해 이렇게 말했다. "이들은 모든 형태의 명품과 서비스에 엄청난 지출을 한다. 그렇지만 순재산이 최소 2,000만 달러는 되는 사람들이므로 소득에 비하면 소비가 많은 것도 아니다. 화려한 갑부들은 BMW, 메르세데스, 렉서스 같은 최고급 차종을 소유하고 있다. 대다수가 SUV도 최소한 대는 갖고 있다. 하지만 SUV는 고급 차종이 아닌 경우가 많다. 대형 SUV는 화려한 갑부들 사이에서 대단히 인기가 있다."

스탠리 박사는 존에게 타협안을 제시했다. 대형 SUV가 갑부들 사이에서 인기가 아주 높은 듯하니 중고로 한 대를 사는 것이 어떻겠냐고 말이다. 스탠리 박사는 크고, 편안하고, 안전하며 대형 SUV 중 품질이 최고라고 인정받는 GM SUV를 추천했다. 중고차를 찾기도 어렵지 않을 터였다. 존이 사는 지역 근처에서 나온 대형 GM SUV 중고차 매물을 검색했을 때 무려 93쪽 분량의 결과가 나왔으니 말이다.

백만장자들이 목돈을 지출하는 곳

백만장자들은 소비재와 자동차, 집의 구입 외에 어떻게 소득을 배분할까? 제7장에서 살펴보겠지만, 우리가 설문 조사한 백만장자 대부분은 재무 상담을 받는 데 연간 가계소득의 1%를 지출했으며 3분의 1은 한 푼도 쓰지 않았다. 백만장자 3명 중 1명은 친족에게 주는 상당한 금전적 증여를 의미하는 '경제적 원조'에 가계소득을 전혀 쓰지 않았으며, 3분의 1은 소득의 약 1%를 그런 용도로 썼다. 백만장자의 36%는 소득의 5%를 자선단체에 기부했으며 약 4분의 1은 연간 가계소득의 10% 이상을 자선 활동에 썼다.

부자일수록 기부하는 이유

억만장자 사업가이자 전 뉴욕시 시장이었던 마이클 블룸버그는 단 두 켤레의 정장용 구두를 갖고 있었던 것으로 전해진다. 그리고 정기적으로 그 구두의 밑창을 교체해 더 오랫동안 신을 수 있도록 했다고 한다. 우리의 데이터에 따르면 미국의 상위 1% 부자 중 70%는 규칙적으로 구두 밑창을 갈거나 수선한다. 이는 재산을 잘 모으는 사람들은 소비재에 쓰는 돈을 대단히 아끼는 경향이 있다는 우리의 전체 논지를 뒷받침한다.

◆ 표 16. 백만장자들의 항목별 소득 지출 비율

지출 항목	항목별 소득 지출 비율							
	0%	1%	5%	10%	20%	30%	50%	75% 이상
	백만장자 비율(%)							
소득세	0.8	0.6	1.8	5.8	21.8	50.1	18.0	0.3
신용카드 이자/ 할부 대금	71.7	16.4	8.4	3.1	0.2	0.3	0.0	0.0
현금/현금 등가물 기부	3.1	37.0	36.1	19.8	2.6	1.4	0.0	0.0
재무 상담/관리/ 거래 수수료	32.7	56.3	8.3	2.5	0.2	0.2	0.0	0.0
교육비/등록금	47.6	12.2	16.2	14.8	5.7	2.6	0.6	0.2
친족에게 증여한 현금·주식· 부동산·차량 등	33.6	33.9	23.2	7.3	1.4	0.3	0.2	0.0
연금/연금보험 적립금	35.1	7.2	19.8	24.3	12.0	0.9	0.5	0.2
투자(연금/연금보 험 적립금 제외)	20.3	10.8	27.4	19.2	13.8	5.2	2.2	1.1
대출금 상환	32.6	6.6	14.6	21.8	15.1	8.3	0.9	0.2
클럽 관련 비용	68.1	19.5	9.8	2.1	0.5	0.0	0.0	0.0
차량 관련 비용	14.8	34.3	37.2	11.3	1.7	0.5	0.3	0.0
의류비	1.8	59.7	32.3	5.5	0.5	0.0	0.2	0.0
상업대출 상환금	83.8	5.2	5.5	4.0	0.8	0.6	0.2	0.0
기타	14.2	8.5	19.5	15.9	17.6	12.9	9.2	2.2

◆ 표 17. 유산 규모에 따른 기부금 공제액 비율

국세청 상속세 자료(2016년 신고서)	
유산 규모	기부금 공제액 비율(%)
500만 달러 미만	2.71
500만~1,000만 달러 미만	3.91
1,000만~2,000만 달러 미만	5.84
2,000만~5,000만 달러 미만	9.75
5,000만 달러 이상	15.80

출처: 미국 국세청, 2017

블룸버그는 엄청난 재산을 축적한 대차대조표상 부자 유형이 분명하다. 그러나 그는 더 광범위한 PAW 표본과 마찬가지로 가치 있는 일에 재산을 기부하는 데도 관대한 편이다. 수입은 많지만 모아놓은 재산이 또래보다 한참 적은 사람들은 그와 반대로 행동한다. 이들은 자신에겐 큰돈을 쓰지만 가치 있는 일에 기부하는 돈은 상대적으로 적은 경향이 있다.

2016년 우리가 실시한 설문 조사의 표본에서 연간 가계소득의 5% 이상을 자선 활동을 위해 기부한 사람의 비율이 UAW는 52%인 반면 PAW의 70%였다. 언뜻 보면 이 데이터는 직관에 반하는 것처럼 보일 수 있다(PAW가 남에게 덜 베푸는 게 아닌가 하는 통념에 말이다). 하지만 곰곰이 생각해보면 이해가 된다. 소득명세서상 부자들은 소비가 많은 생활 방식을 뒷받침해줄 돈이 더 필요하므로 기부할 돈이 많지 않다.

반면에 PAW는 고정생활비의 비중이 더 낮아서 나눔에 더 동참할 수 있다. 국세청 재산세 자료 역시 상속세 규모가 클수록 기부금 액수가 급격히 증가한다는 것을 보여준다.

2013년 블룸버그는 모교인 존스홉킨스대학교에 3억 5,000만 달러를 기부했다. 이로써 그가 모교에 기부한 액수는 10억 달러를 넘어섰다. 그의 출근용 구두 한 켤레에 5억 달러씩 기부한 셈이다.

우리의 연구 결과에 따르면 부자들이 가치 있는 일을 지지하는 이유는 사람들의 인정을 받기 위해서가 아니다. 다른 사람을 도움으로써 느끼는 만족감, 특히 미래 세대의 성장과 발전을 위해 도움을 줬다는 만족감 때문이라고 봐야 할 것이다.

이것이 그들이 부자인 이유다!

만일 자신에겐 근검절약이 맞지 않는 것 같고 거리낌 없이 소비하고 싶다면 그래도 부자가 될 수 있을까? 이것은 소득명세서상 부자들이 가장 묻고 싶은 질문일 것이다. 문제는 미국의 평균소득자부터 고소득자까지 대다수가 영구적인 고소득이나 고액의 경제적 원조, 빚이 있어야 가능한 생활을 그들 자신과 가정, 자녀에게 (가장 중요하게는 성인 자녀에게) 기대하게 한다는 것이다.

부자들이 부유한 주요 이유 중 하나는 수입보다 검소하게 살고 가치를 따져 물건을 사기 때문이다. 재산 축적에 성공한 사람들은 지출과 소비를 할 때마다 경제적 독립기념일을 맞이하기 위한 훈련으로 여기며 한결같은 절제력을 발휘한다. 그 덕분에 그들은 경기가 좋을 때나 나쁠 때나 부를 쌓을 수 있다. 그들은 평생 자신의 구매에 대해 연구하고, 평가하고, 면밀히 검토한다.

스탠리 박사가 말했듯이 "백만장자의 아내는 남편이 최근 상장한 회사 주식 800만 달러 상당을 주면 어떻게 반응할까? 아내는 '고마워요, 정말 고마워요.'라고 말한다. 그러고는 식탁에 앉아 계속해서 그 주의 신문에서 25센트, 50센트 식품 할인 쿠폰을 오리며 미소를 짓는다."

유행을 무시하고, 사람들의 견해와 영향력에 무관심하고, 수입보다 검소한 생활을 하는 것이 소득을 재산으로 바꾸는 데 능한 사람들의 특징이다. 이런 생활 방식의 결과로 그들은 더 자유롭게 직장을 바꾸고, 자기 사업을 시작하고, 모험을 할 수 있다. 한결같이 절제하는 소비 습관이 자기 힘으로 부유해질 수 있는 사람들과 현재 부유한 사람들의 기본 표식이다.

제 5 장

백만장자의 DNA,
인내심

The Next Millionaire Next Door

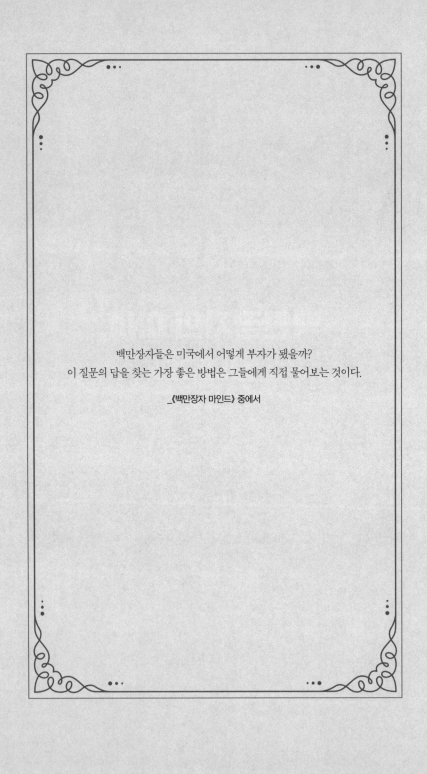

백만장자들은 미국에서 어떻게 부자가 됐을까?
이 질문의 답을 찾는 가장 좋은 방법은 그들에게 직접 물어보는 것이다.

_《백만장자 마인드》 중에서

직장인이 평균보다 높은 수입 없이 재산을 모으기란 쉽지 않다. 소상공인이라고 누구나 성공하는 것도 아니다(미국노동통계국에 따르면 2016년 기준 5년간 소상공인의 실패율은 50%였다). 자기 일에 대한 큰 만족감은 장기적인 수입 창출에 중요하기는 하지만 부를 보장해주진 않는다. 결국 액수를 불문하고 소득을 재산으로 바꾸는 능력은 재정을 효과적으로 관리하고 절약하는 절제력과 근면성에 달려 있다. 여기에는 예산 수립과 청구서 납부 같은 간단한 일에서부터 소득세 신고나 투자 분석 같은 복잡한 일까지 모두 포함된다.

경제적 자립을 달성하려면 가정 내의 누군가는 (오늘날 더 많은 경우는 둘이) 예산 책정, 계획 및 재무와 관련된 모든 업무를 지휘하는 CFO(최고재무관리자)의 역할과 책임을 맡아야만 한다. 시장에서 기회를 잘 공략하는 백만장자처럼, 경제적으로 성공한 가정에는 자신의 강점을 활용해 가계를 관리하는 리더나 팀이 있다. 그들은 가정을 사업체처럼 운영하며 핵심 업무를 각 구성원에게 할당한다.

그렇다면 남들보다 개인 재무 관리personal financial management를 더 잘할 수 있는 역량과 특성은 무엇일까? 부자들의 습관과 특성은 스탠리 박사가 평생 중점적으로 연구해온 주제였다. 정말로 백만장자들은 검소함 때문에 항상 동년배보다 성공할 수 있었는가, 아니면 운이 좋아 성공했는가? 자신감과 절제가 소득을 재산으로 바꾸는 능력에 실제로 영향을 미치는 것인가, 아니면 1996년 책에 소개됐던 백만장자들은 당시 상황과 몇 가지 시의적절한 선택 덕분에 경제적으로 성공했던 것인가?

부자들을 대상으로 한 우리 연구 대부분은 그들이 무엇을 사고, 어디에 살고, 무슨 차를 타고, 시간을 어떻게 쓰는지 등 인구통계학 및 소비자 관련 데이터를 중점적으로 검토한 것이다. 특히 《백만장자 마인드》에서는 부자들의 인생 경험과 특성에 대한 조사도 포함해서 나와 있다. 또한 2010년부터 우리는 재산 축적 정도가 다른 집단, 즉 소득을 재산으로 전환하는 과업에서 평균 이상을 달성한 사람들(PAW)과 평균 이하인 사람들(UAW)의 공통된 행동을 파악하는 것으로 연구의 초점을 넓혀나가기 시작했다. 이런 연구의 검토와 확장 조사를 통해 우리는 재산 축적에 성공한 사람들의 공통분모로 보이는 핵심 행동들을 추론할 수 있었다.

이와 관련해 우리는 2012년에 일련의 조사를 시작했다. 그중 몇 차례는 한 크라우드소싱 사이트에서 선정한 미국 대중 부유층 위주로 표본을 구성했다. 이들은 기본적으로 프리랜서 일이나 부업을 해서 자신이나 가족을 위해 추가 수입을 창출하는 미국인들이었다. 이런 노력은 어떤 면에서는 이전 연구들과는 반대되는 접근법이었다. 과거 우리는 백만장자들의 특징과 습관을 검토하면서 때때로 표본을 나이, 소득, 순재산을 기초로 PAW와 UAW로 나눈 다음 각 집단이 보이는 두드러진 행동들을 찾아냈다. 그러나 최근 몇 년 동안 우리의 주 관심사는 어떤 행동을 통해 PAW가 동년배 집단보다 소득을 영구적 재산으로 잘 바꿀 수 있는지 큰 그림을 파악하는 것이었다. 이 연구에 포함된 구매 결정, 진로와 관련된 행동 특성들은 바로 눈에 보이는 것들은 아니었다.

가계 최고재무관리자의 요건

뜻밖의 횡재와 유산은 잠시 논외로 하고, 점진적 재산 형성에 가장 도움이 되는 특성들을 고려해보자. 나이가 몇이든, 얼마나 많은 돈을 벌든 상관없이 순재산을 예측해주거나 상관관계가 있는 특성들은 무엇일까?

우선 개인의 재무 관리를 책임과 활동이 정해져 있는 직업으로 생각해보자. 가령 당신이 재무 계획이나 투자뿐만 아니라 생활 속의 모든 금융 거래 또는 업무를 처리해줄 전문가를 고용해야 한다고 상상해보라. 청구서 납부에서부터 개인의 자산 관리 일체, 또 배우자나 연인, 가족과 돈 문제를 의논하는 것까지 모두 이 신규 채용자에게 처리하게 하려 한다. 이 일에 가장 적합한 인물을 찾으려면 과학과 상식을 함께 동원해야 할 것이다. 이 일자리의 채용 공고에는 어떤 내용이 담기게 될까?

구인: 가계 최고재무관리자

직무: 가계 최고재무관리자는 궁극적으로 경제 자립을 달성할
수 있도록 가정의 재산 형성을 책임지는 역할을 한다.

가계 최고재무관리자는 가정의 예산 수립과 재무 계획을 감독
한다. 연간 가계 예산을 수립, 관리, 설명, 준수, 협상하고, 해당 예
산과 관련된 지출과 저축을 감시한다. 특히 은퇴 계획, 대학 학자
금 저축 계획 및 가까운 미래의 대규모 지출에 초점을 맞춰 가족의
재정 안정과 존속을 위한 계획을 세워야 한다. 가계 최고재무관리
자는 가계부 결산, 소득세 신고, 기한 내 청구서 납부, 재무 계획 수
립, 부동산 구매 계획 수립, 투자 방법 연구, 투자 수익 검토 및 가
정의 모든 재정 문제 전반을 운영한다. 또한 가정의 지출을 견제하
는 역할을 하므로 가계 최고조달책임자와 구성원들(배우자, 본인
또는 자녀)과 긴밀히 협조해야 한다. 가계 최고재무관리자는 믿을
만한 고문에게 자기 직무의 일부분을 위탁할 수 있다. 따라서 가정
의 이익을 위해 일할 수 있는 양질의 전문가를 찾고 고용하는 능력
도 직무에 포함될 수 있다.

샅샅이 알아봐도 적당한 후보를 찾지 못하면 아마 당신은 후보자의
자격 요건에 상관없이 자신이나 배우자에게 그 역할을 맡길 것이다.
그것이 현실이다. 이 중요한 역할을 맡는 것은 항상 가족의 일원이다.
비록 일부 업무를 위탁하거나 일부만 맡더라도, 효율적이지 않거나
매우 주의해야 하더라도 말이다. 흥미나 능력, 성격이 이 일에 잘 맞든
안 맞든 상관없이, 사실상 하는 일이 없더라도 누군가는 그 역할을 맡

는다. 경제적으로 성공한 사람과 그렇지 못한 사람은 흔히 다음과 같은 차이가 있다.

- 가계 재무 관리를 하는 데 필요한 업무 전반을 알고 있다.
- 자신이 무엇을 잘할 수 있고, 무엇을 개선할 필요가 있으며, 무엇을 외부에 위탁할 필요가 있는지 이해하고 있다.
- 재산의 형성과 유지에 핵심인 영역에서 개선된 모습을 보여 주거나 개선하려고 노력한다.

제3장에서 논의했던 대로 우리는 타고난 능력과 양육 환경이 합쳐져 부를 쌓을 수 있는 강점을 갖게 되거나 반대의 약점을 갖게 된다. 그래서 모든 사람이 자기만의 독특한 경험과 능력, 행동, 태도를 지닌 채 가계 최고재무관리자 직무를 시작한다. 이런 차이에도 불구하고 재정 문제를 전반적으로 살펴봐주거나 대신 해주는 사람이 없다면 스스로 돈을 관리하는 임무를 수행해야만 한다.

지난 몇 년간 우리 연구의 일부는 개인 재무 관리에 필요한 업무 분석에 중점을 뒀다. 그 연구들은 산업심리학자들의 직업 연구와 같은 방식으로 수행됐다. 가계 최고재무관리자의 직무를 맡은 사람에게 요구되는 조건은 무엇인가? 그가 재정 관리를 위해 하는 일은 무엇인가? 일단 직무 요건을 알아야 이를 성공적으로 수행하기 위해 무엇이 필요한지 검토할 수 있다. 가계 최고재무관리자의 업무에는 지출, 예산 책정, 행정 관련 업무뿐만 아니라 투자 관련 결정과 다른 사람들과의 협조도 포함된다(특히 부부 또는 자녀가 있을 경우 더욱 그렇다).

가정 운영에서 가장 중요한 이 업무를 가족 중 누군가가 완수한다면, 가정의 그 누구도 정면으로 반기를 들지 않는다면 아마 그 가정은 경제적으로 성공할 것이다. 이 업무에는 여러 기술이 어느 정도 요구되지만 다행히 그 기술들은 중복되는 부분이 있다. 다음은 과거에 재무 관리를 해본 적이 없거나 현재 혼자 재무 관리를 해야 하는 사람에게 필요한 체크리스트다.

가계 재무 관리의 주요 업무

일반 업무

- 행동 방침을 결정하기 위해 미리 행동의 결과를 고려한다.
- 가계 예산과 계획, 장기적 목표를 바탕으로 재정적 결정을 내린다.
- 빚을 없애는 데 재무 관리 노력을 집중한다.

지출

- 수입(소득/순재산) 이하로 지출하고 생활한다.
- 일정 기간 가계의 총수입보다 적게 지출한다.

예산 책정

- 비상금을 조성한다.
- 식비 같은 기본욕구 충족을 위한 예산을 충분히 책정한 후에 오락 같은 선택적 구매 예산을 책정한다.

- 예산을 수립할 때 의식주 같은 가계의 중요한 요구부터 고려한다.
- 목표에 영향을 미칠 수 있는 중대한 삶의 변화(이직, 출산, 이사 등)를 고려할 때 예산 및 경제적 목표를 분석한다.

행정 업무
- 기한 내에 청구서를 납부해 연체료나 이자가 붙지 않게 한다.
- 기한 내에 소득신고서를 직접 또는 도움을 받아 작성하고 제출한다.
- 카드 대금을 기한 내에 납부해 이자가 발생하지 않도록 한다.
- 매달 신용카드 사용액을 전액 납부한다.

다른 사람과의 협력
- 계획하지 않았거나 예상하지 못했던 구매를 해야 할 때는 배우자(연인)과 상의한 후에 한다.
- 가계 재정 문제를 관리할 때는 배우자(연인)과 협력해 처리한다.

투자
- 투자의 성격, 위험 및 수익률을 이해한다.
- 퇴직연금제도가 있는 직장에서는 퇴직연금에 투자한다.
- 자신의 투자 포트폴리오에서 수용할 수 있는 적정 위험 수준을 이해한다.

가정이 효과적으로 운영되려면 가족의 누군가는 이런 업무를 수행해야만 한다. 설령 업무 일부를 외부에 위탁한다고 하더라도 그런 노력의 성공 여부는 신뢰할 수 있는 자문가를 고용하는가에 달려 있다. 그리고 여기에 열거된 업무들은 빙산의 일각일 뿐이다. 우리는 가계 최고재무관리자의 업무로 총 240가지 이상을 발견했으며, 그중 일부는 다른 업무들보다 훨씬 중요하며 빈번하게 수행된다.

책임감과 리더십은 지능과 상관없다

◆ ◆ ◆

가정의 경제적 성공 또는 실패가 자신의 책임이라는 생각은 경제적 성공과 관련이 있다. 즉 자신이 재무 관리에 영향을 미칠 수 있고 책임질 수 있다고 보는 사람들은 정부나 금융 시장 같은 다른 요인들이 경제적 성공에 더 큰 역할을 한다고 믿는 사람들보다 순재산이 많다. 이는 '통제소재'locus of control라는 심리학 개념과 유사하다. 통제력이 외부에 있다고 믿는 사람들은 자기 삶에서 벌어지는 일들을 통제하거나 영향을 줄 수 없다고 생각하는 반면에, 통제력이 내부에 있다고 믿는 사람들은 성공과 실패의 궁극적인 원천은 자신이라고 생각한다.

전적으로 내적 통제성을 믿거나 외적 통제성을 믿는 것은 둘 다 부정적인 측면이 있을 수 있다. 그러나 재정적 결과에 책임을 지고 그에 따라 행동하는 것은 부에 긍정적인 영향을 미치며 이는 삶의 다른 측면에서도 마찬가지다. 스탠리 박사는 그가 쓴 한 에세이에서 책임감과 리더십의 역할을 강조했다.

론 처노Ron Chernow의 《워싱턴의 일생》Washington: A Life은 비평가 대다수로부터 호평을 받은 책이다. 2012년 〈월스트리트저널〉 인터뷰에서 처노는 워싱턴 대통령에 대해 이렇게 말했다. "가장 똑똑하거나 독창적인 사람이 될 필요는 없습니다. 워싱턴의 일생은 스스로 최종 목표를 계속 추구한다면 얼마나 많은 것을 달성할 수 있는지 명확한 비전과 끈기 있는 성격과 목적의식의 중요성을 보여줍니다."

《백만장자 마인드》에서 나는 지능과 인간의 실행 능력 간의 관계를 연구한 프레드 피들러Fred Fiedler와 토머스 링크Thomas Link의 연구 결과를 인용했다. 그들의 결론은 다음과 같다. "인지 능력 검사(표준화 지능검사)는 리더십의 발휘를 예측해주지 못하는 것으로 악명 높은 변수다. 지능과 리더십, 경영 성과의 관계는 분산의 10%도 설명해주지 못한다. 이렇게 낮은 상관관계조차도 세 변수 간의 진짜 연관성을 과대평가한 것이기 쉽다. 어떤 조건에서는 리더의 지능이 경영 성과와 부정적 상관관계가 있다."

유감스럽게도 진로상담사들은 학생들에게 리더십 차이의 90%가 표준화 지능검사로는 설명되지 않는다는 이야기를 좀처럼 해주지 않는다. 학교 성적이 좋지 않거나 대학수능시험 등급이 낮아서 일찌감치 포기한 아이들이 얼마나 많은가? 상담사는 그들에게 이런 이야기를 들려줘야만 했다. "아직 기회가 있어. 더 열심히 해야 할지 모르지만 다른 사람들을 이끌 수 있는 능력도 있을 거야."

내가 인터뷰했던 백만장자 중 가장 흥미로웠던 사람은 학교나 어떤 표준화 시험에서도 뛰어난 성적을 받은 적이 없었다. 그가 고등학교에 다닐 때 좌절감에 빠진 그의 부모는 경험 많은 진로상담사에게 상담을 요청했다. 그리고 이런 답변을 들었다. "아드님 걱정은 하지 마세요. 아드님은 타고난 리더입니다. 다만 그 능력을 측정할 수 없는 것일 뿐입니다." 그 진로상담사의 평가는 옳았다. 훗날 그는 대단히 성공한 인물이 되었다.

대부분의 성공한 사람들처럼 워싱턴은 이른 나이에 지도자의 책임을 짊어졌다. 젊은이들에게 남들을 추종할 게 아니라 그들을 이끌고 갈 기회를 찾아보라고 격려해야 한다.

부를 쌓아주는 6가지 행동

가계 최고재무관리자의 직무를 고려한 다음 당신이 그 직무를 얼마나 즐기는지, 그것들을 수행할 지식과 기술, 능력을 지니고 있는지 생각해보라. 지금 우리는 재무 관리에 수반되는 업무가 아니라 이를 어떻게 완수하는지 그 특성을 논의하려 한다.

아마도 재산을 형성하고 축적해가는 과정을 크게 나눠본다면 자신이 어떤 삶을 살고 싶은지 깨닫고, 자신의 가치관과 관심사를 검토하고, 목표를 세우고 달성하는 단계로 구성될 것이다. 우리 모두는 다양한 역량을 지니고 있다. 개인적 특성에 따라 꼼꼼하고 조직적일 수도 있고 세세한 기록과 정리는 다른 사람에게 맡겨야 할 수도 있다. 예술 활동에서부터 목록의 작성과 일상의 기록 같은 평범한 일까지 관심사도 다양하다. 매우 개인주의적인 가치에서 집단적이고 팀에 기반한 가치까지 가치관도 다양하다.

우리는 직무 수행 능력을 예측하려는 산업심리학 분야의 오랜 연구를 통해 성공 요인들의 일부는 미래의 업무 능력뿐만 아니라 경제적 성공도 예측해준다는 것을 알고 있다. 거의 모든 직업에서 직무 수행 능력을 가장 잘 예측해주는 성격 변인에 속하는 성실성은 경제적 성공과도 상관관계가 있다. 특히 자기통제self-control는 비유동성 자산과 유동성 자산의 보유뿐만 아니라 순재산과 긍정적인 상관관계를 보이는 경향이 있다.

물론 많은 재무 관리 업무가 세세한 사항에 신경을 써야 하므로 행정 또는 사무 기술을 가진 사람들은 지출과 저축, 기타 세부 사항들을 더 잘 기억할 것이다. 경제적으로 생산적인 가정에는 그런 세부 사항을 효과적으로 파악할 수 있는 사람이 가정의 대표인 경우가 많다. 꼼꼼함 또는 성실함은 개인의 장기적인 경제적 성공과 관련이 있다.

우리는 광범위한 표본에서 순재산을 가장 잘 예측해주는 특성을 파악하기 위해, 나이와 소득이 일정하다고 가정했을 때 장기적으로 재산을 축적할 수 있는 능력과 상관관계나 인과관계가 있는 광범위한 행동 범주를 밝혀줄 비교 연구를 했다. 10만~100만 달러의 순재산 보유자, 고액 또는 초고액의 순재산 보유자를 망라한 표본 2개를 사용했다. 그 결과 나이나 소득 수준과 관계없이 소득을 재산으로 전환하는 능력에 영향을 미치는 주요 행동 영역을 발견했다.

그런 행동과 경험들은 통계적으로나 실질적으로나 6가지 범주로 분류됐다. 구체적으로 말하면 절제력, 성실성과 관련된 역량(근검절약이나 사회적 무관심, 유행에 영향을 받지 않는 특성을 포함한다)은 순재산과 긍정적인 관계가 있는 것으로 나타났다. 산만해지지 않고 집중하는 능력 또한 순재산에 영향을 미치는 것으로 확인됐다. 재정적 의사결정에 대한 자신감과 재정적 성공에 대한 책임감 또한 모든 나이와 소득 수준에서 순재산과 관계가 있었다.

은퇴한 한 백만장자의 다음 이야기에서 알 수 있듯이 배우기에 너무 늦은 나이란 없다.

제가 실직했을 때가, 1982년이었습니다. 그러면서 가족과 재정적 행복은 전적으로 제 책임이라는 것을 깨닫게 됐죠. 그때부터 일리노이주 근로자에게 제공되는 457플랜(세금우대 퇴직연금)에 관심을 두었고 뮤추얼펀드에 투자하고 사고 보유하는 법을 배우게 됐어요. 우리는 대단히 열심히 저축했고 시간이 지나면서 100만 달러의 순재산을 갖게 됐죠.

종합해보면 이들 성공 요인은 나이나 소득과 상관없이 순재산과 관련이 있다. 우리의 연구에서는 표본을 재산 축적 가능성을 기준으로 상중하 집단으로 나누고 집단별로 관련 자료를 수집했다. 아마도 이 세 집단 간 가장 중요한 차이는 각 집단의 저축률(소비하는 대신 저축

범주	정의	예문
자신감	재무 관리, 투자, 가정 내 리더십에 대한 자신감과 협력의 시연	얼마나 편안하게 가정의 중요한 재정적 결정을 내리는가?
절약	꾸준한 저축, 지출을 줄이기 위한 노력의 경주, 예산 준수와 관련된 재무 행동	친구와 가족들은 나를 검소한 사람이라고 말할 것이다
책임감	행동, 능력, 경험이 재정적 결과에 미치는 영향 수용. 행운은 성공에 별다른 역할을 하지 않는다는 믿음	나는 가정의 재정적 결과에 책임을 진다
사회적 무관심	최신 소비재나 사치품, 의류, 자동차를 구매하라는 사회적 압력에 대한 면역성을 보여주는 소비 및 저축 행위	얼마나 자주 이웃이나 친구들처럼 쇼핑하고 소비하라는 압력을 무시하는가?
집중력	산만해지지 않고 업무를 완수함으로써 세부 업무에 집중할 수 있는 능력 증명	나는 산만해지지 않고 일을 끝낸다
계획 수립	목표 설정, 계획, 미래의 요구 예측과 관련된 행동들	나는 명확한 일일, 주간, 월간, 연간, 평생 목표를 갖고 있다

할 수 있었던 월소득 및 연소득) 중앙값이었을 것이다. 재산 축적 가능성이 높은 집단의 저축률은 재산 축적 가능성이 낮은 집단의 2.5배 가까이 됐다. 다시 말해서 재산 축적 가능성이 높은 집단은 낮은 집단보다 매월, 매년 143% 더 저축했다. 이 차이가 30년을 일하는 동안 어떤 결과를 가져올지 생각해보라. 월스트리트의 자산관리사들이 시장보다 1~2% 높은 수익률만 내도 자금 관리자들이 막대한 부를 벌어들인다는 사실을 고려해보라.

그런데 나이와 소득이 일정하다고 가정한다는 말은 무슨 뜻일까? 나이와 소득이 경제적 성과에 영향을 미치지 않는다고 말하는 걸까? 물론 그건 아니다. 나이와 소득은 재무 상태와 순재산에 큰 영향을 미친다. 이는 우리의 조사가 나이와 소득을 일정하게 두고 두 변수로 설명되는 변량 이상의 차이를 가져오는 통계적으로 유의미한 행동 변수가 있는지 찾아봤다는 뜻이다. 예를 들어 1년에 100만 달러를 버는 65세의 외과 의사가 23세 건설 노동자보다 순재산이 많을 거란 사실은 누구나 안다. 하지만 우리의 연구에서는 나이가 소득에 미치는 유의미한 영향 이상으로 그들의 경제적 성과에 기여한 행동의 차이를 찾으려 했다.

왜 엔지니어들은 재산을 잘 모을까?

경제적으로 성공한 사람들은 재무 관리, 수익 창출, 투자 등과 관련된 자신의 장점과 단점을 알고 있는 경우가 많다. 또 그들은 자신이 재무 관리를 할 수 있는 기술과 능력을 갖추고 있더라도 복잡하거나 시간이 오래 걸리는 일은 전문가들에게 위탁할 필요가 있음을 안다. 자신이 선택한 직업에서 탁월한 성과를 내는 사람들도 마찬가지다. 그들은 자신의 장점과 단점, 관심사, 태도, 가치관을 알고 있고 그에 어울리는 적절한 직업을 찾는 경향이 있다.

소득을 재산으로 바꾸는 능력과 관련이 있는 직업 중 하나는 엔지니어다. 많은 이웃집 백만장자가 이 계통의 일을 한다. 《부자인 척 그만해라》에도 엔지니어들의 근검절약에 대해 이렇게 설명하고 있다.

부유한 엔지니어들의 절약 성향은 소득으로 부를 창출하는 뛰어난 능력으로 분명하게 나타난다. 엔지니어들은 일반 백만장자들보다 평균 22%가량 더 높은 실현소득을 창출한다. 그들은 수입·나이 코호트cohort(통계상의 동일한 특색이나 행동 습관을 공유하는 집단—옮긴이 주)의 평균 이상으로 재산을 축적하는 성향을 보인다. 그들은 지위를 상징하는 비싼 제품과 브랜드를 선호할 가능성이 다른 사람들보다 낮다.

엔지니어들이 소득을 재산으로 바꾸는 데 뛰어난 이유는 무엇일까? 그들의 태도일까? 그 답은 엔지니어가 되는 데 있어 결정적인 기술에 있다. 예를 들어 해운 기술자에게 필요한 핵심 업무 역량이 무엇일지 생각해보라. 신뢰성, 꼼꼼함, 분석적 사고, 독립성, 정직성일 것이다. 이와 같거나 유사한 능력은 점진적으로 재산을 모으고 유지하는 능력에 상당 부분 영향을 미친다.

우리가 이런 직무 관련 행동의 렌즈로 자신의 재무 능력을 검토할 때 얻을 수 있는 결과는 다음과 같다.

- 한 번 또는 몇 번의 선택을 잘한다고 백만장자가 되는 것이 아님을 인식하게 된다.
- 부족하거나 개선할 필요가 있는 부분이 어디인지 찾아낼 수 있다.

- 서서히 변화하고 개선할 수 있다.

이런 부의 축적 요인들, 즉 순재산과 관련이 있는 행동 특성들은 개선될 수 있다. 당신은 시간이 지나면서 더 검소해질 수 있다. 경제적 자립의 길을 따라가면서 지식을 쌓고 작은 성공을 경험함으로써 재정 문제에 대한 자신감을 키울 수도 있다. 그런 성공을 통해 자신의 행동이 어떤 결과를 가져오는지 보게 될 것이다. 서서히 저축률이 올라가고, 예산을 고수하며, 월말에 더 많은 돈이 남을 것이다.

요즘 이웃집 백만장자는 무엇을 하는가?

이런 행동 습관의 채택이 얼마나 가치가 있는지 실제 이웃집 백만장자에게서 확인해보자. 마이크와 홀리 웰스 부부는 조지아주 애틀랜타의 중상류층 거주지역에 살고 있다. 그들은 거주지역 선택, 직업, 육아, 교육, 생활에서 절제력을 발휘한 덕분에 40대 초반에 이웃집 백만장자가 되는 영예를 안았다.

부부는 구형 자동차 2대를 소유하고 있고 훌륭한 공립학교 학군에 있는 소박한 집에 살고 있으며 유행에 휩쓸리지 않고 자기들만의 방식대로 생활하고 있다. 그들은 데이브 램지의 여러 가르침을 적용해 재산을 모았다고 이야기했다. 재무 목표를 세우고, 지출을 파악하고, 채무 통제에 주력함으로써 주변의 소비 지향적인 분위기 속에서도 경제적으로 성공할 수 있었다.

홀리는 느리고 꾸준한 방식으로도 경제적인 성공이 가능하다는 데에 놀랐다고 털어놓았다. "저는 이런 식으로 백만장자가 될 수 있을 줄 몰랐어요. 상속받은 재산이 있거나, 연예인이 되거나, CEO라야 가능하다고 생각했죠. 정말 놀라운 일이었어요." 홀리는 백만장자가 되기 위해 높은 소득이 필수는 아니라는 것을 직접 경험했다.

가족의 재정적 목표를 계획하고 이에 집중했던 마이크는 인기 있는 학군 안에 있으면서도 그들이 감당할 수 있는 집을 찾아냄으로써 차근차근 재산을 모을 수 있었다. 또한 마이크는 근교 거주자들이 빠지기 쉬운 함정도 피할 수 있었다. 그는 부동산중개인을 통해 집을 찾는 추세를 무시하고 스스로 주택 구매에 나섰다. "우리는 HOA(자택소유자협회. 계획된 주택단지 또는 아파트 관할 구역 내의 부동산에 대한 규칙을 만들고 집행하는 조직으로 회비를 거둬 공동 구역을 관리한다—옮긴이 주)가 없고 골프장 근처도 아닌 동네로 이사했습니다. 컨트리클럽에 가입하라고 유혹당하고 싶지 않았거든요. 그래서 부동산중개인과 함께 집을 찾는 것도 거부했죠."

그들의 목표 중 하나는 자녀들이 인생의 출발점에서 동등한 기회를 얻게 해주는 데 있었다. 즉 세 자녀 모두 학자금 대출의 부담 없이 대학을 가게 해주고자 했다. 그러기 위해 그들은 빈틈없이 계획을 세워야 했다. 그들과 달리 그 동네의 주민들은 자녀들이 대출을 받아 학교에 다니겠거니 생각하거나 그 문제에 대해 전혀 생각하지 않았다. 물론 학자금 및 은퇴 준비는 철저한 계획과 그에 상응하는 검소한 생활방식을 요구한다.

절제는 그들의 일상생활이다. 홀리는 반드시 예산에 맞춰 생활하

표 19. **UAW와 PAW의 절제력 비교**

문항	그렇다/매우 그렇다 응답자 비율(%)	
	UAWs	PAWs
우리 가정은 심사숙고해서 세운 연간 예산에 따라 운영된다	58.0	61.6
나는 일일, 주간, 연간, 평생 목표가 명확하다	55.0	59.0
나는 미래의 재무 계획에 많은 시간을 쓴다	49.0	64.3
나는 언제나 검소하다	40.7	57.0
나는 일을 할 때 산만해지는 경우가 드물다	48.5	51.0

고 검소한 생활 방식을 유지하기 위해 유행하는 제품이 아니라 재정 목표에 맞는 소비를 하는 데 주력한다. "저는 할인 품목이나 재고 정리 상품이 아니면 사지 않아요. 원래 판매 가격에 사는 걸 정말 싫어하죠. 할인 판매 기간까지 기꺼이 기다릴 수 있어요. 우리는 아들이 둘이고 딸이 하나라서 주로 검정이나 중성적 색상의 옷과 물건들을 사서 셋 다 물려 쓰게 합니다. 스포츠용품은 중고 제품을 사고요. 새것이어야 할 필요가 없죠. 우리는 남들과 비교하지 않아요. 남들을 앞지르려고 하지도 않지만 (아이들이) 요구하는 원하는 것과 필요한 것들은 적절히 균형을 맞춰줘야 하죠."

많은 X세대 코호트와 마찬가지로 웰스 부부는 자녀와 함께 국제적인 행사에 참여하는 등 다양한 경험을 해보기 위해 저축하고 지출한다. 웰스 가족은 미래의 재정적 성공을 기대하거나 수입 증가를 상정하고 소비하기보다는 그들이 통제할 수 없는 시장의 기복을 예상하며 소비한다. 그들은 경기침체 때만 절약하지 않고 늘 검소한 행동을 실천하고 유지한다.

절제된 가계 재무 관리 방식 덕택에 그들은 40대 초반에 백만장자가 되었을 뿐 아니라 주변 환경이 이상적이지 않을 때도 여유를 가질 수 있었다. "2010년에 (주택) 시장이 붕괴됐을 때 우리도 바로 손실을 봤지만, 계획대로 밀고 나갔습니다. 그때는 항상 대차대조표를 점검했죠. 지금은 확인하고 또 확인하지는 않습니다. 저는 좀 더 자유를 누리고 일과 삶의 균형을 얻기 위해 2013년에 직장을 옮겼습니다. 재정 상태가 괜찮으니까 (그런 변화가) 가능했죠."

웰스 부부는 소득명세서상 부자에서 대차대조표상 부자로 변화를 꾀하고 있는 사람들에게 조언해달라는 부탁에 재산을 모으려면 절제가 필요하다는 요지의 답변을 해줬다.

- 당신의 생활 방식이 재정적 목표를 결정짓게 하지 마라. 백만 장자가 되고 싶은 사람들은 그 반대로 해야 한다.
- '적당한 수준의' 소비를 추구하는 사고방식을 가져야 한다.
- 현재의 경제 상황과 관계없이 항상 면밀한 계획이 있어야 한다.
- 남들과 달리 생활하는 법을 배울 마음을 갖고 있어야 한다. 주변 사람들의 소비 수준이 높을 때는 특히 그렇다.
- 원하는 것과 필요한 것에 대해 터놓고 이야기해야 한다.

웰스 부부는 절제력에서 상위 1%에 속한다. 그들은 목표를 설정하고 달성하기 위해 지속적인 노력을 기울이고, 힘든 선택을 하고, 절제에 힘쓰는 본보기를 보여준다. 그들은 주변 사람들처럼 과도한 정도가 아니라 가족이 필요로 하는 것과 원하는 것 중 일부를 충족시키는 정도의 생활 방식을 유지하려고 노력한다. 그들은 70만 달러짜리 주택에 살지도 않고 최신형 SUV를 몰고 다니지도 않는다. 아마 이웃과 직장 동료, 친구들이 그들의 대차대조표를 본다면 그들은 경기가 나빠져도 각고의 노력으로 얻어낸 생활을 바꾸거나 독립을 포기하지 않아도 될 정도로 경제적 여유가 있다는 사실에 놀랄지도 모른다.

경제적 자립을 향한 마라톤

◆ ◆ ◆

재산을 모으거나 다른 일에서 성공을 거두려면 명석함 이상이 요구된다. 다음은 스탠리 박사가 2011년에 쓴 글이다.

나는 《백만장자 마인드》에서 재산을 모으는 과정은 마라톤과 같다고 말했다. 이 경주에서 얼마나 좋은 성적을 내는가는 학교 성적 외의 많은 것들과 관련이 있다. 표준화 시험(SAT, GRE 등)이 경주 참여를 대체해주지는 못한다. 그렇지 않다면 우리 정부는 매년 IQ가 높은 사람들에게 부를 몰아주는 식으로 재분배해도 될 것이다. 어차피 그들이 부를 차지할 거라면 그 과정을 가속화한들 어떻겠는가?

표준화 시험이 경력 전체의 성취를 예측해주는 지표로 한계가 있다고 지적한 기사를 읽고서 나는 이 점을 생각하게 됐다. 그 기사의 저자는 "SAT부터 NFL(프로 미식축구 리그)의 스카우트 콤바인(신인 드래프트 참가 선수 대상 체력 측정 행사 — 옮긴이 주)에 이르기까지 단기적 시험은 문제가 있다."라고 지적한다. "성공한 인생을 살기 위해 가장 중요한 요인 중 다수는 그릿grit(앤절라 더크워스가 제시한 말로, '열정적인 끈기의 힘'을 의미한다 — 옮긴이 주)과 자기통제력 같은 성격 특성으로 밝혀졌으며 이것들은 단번에 측정될 수 없다. 그릿은 장기적 목표에 대한 헌신을 나타낸다."

《백만장자 마인드》에서 논의한 것처럼 지능과 성취 연구로 유명한 하버드대학교의 데이비드 맥클리랜드David C. McClelland 교수 역시 전통적인 지능의 척도로는 인생의 성취와 성공의 편차를 상당 부분 설명하지 못한다는 사실을 발견했다.

우등생도 아니었고 성취도 학력 검사에서 높은 점수를 받지도 못했던 수백만 달러 자산가들을 연구하며 내가 알아낸 사실들은 무엇일까? 그들은 '학문적 가능성 지표'가 자신의 인생을 결정짓도록 내버려두지 않았다. 그들은 자신의 창의성, 노력, 절제력 및 리더십을 포함한 사회적 기술이 SAT 점수보다 중요하다는 사실을 인식했다. 전형적인 백만장자는 5만 9,800시간(중앙값)을 일한 후에야 백만 달러 재산의 문턱을 넘었다. 그것은 SAT를 치르기까지 걸리는 시간보다 훨씬 긴 시간이다.

지능이 우리의 전부는 아니다

재무 관리에서 절제력이 중요하다는 이야기는 많이 하지만, 이를 뒷받침해줄 연구 결과까지 제시해주는 경우는 별로 없다. 자기 힘으로 경제적 성공을 이룬 백만장자들에 대한 40년 이상의 연구 결과들은 절제(근검절약), 노력, 끈기가 경제적 성공의 요인이라고 주장한다.

고액 및 초고액의 순재산 보유자를 대상으로 했던《백만장자 마인드》의 연구에서부터 대중 부유층을 대상으로 했던 데이터포인츠의 연구에 이르기까지, 우리는 부자들의 사업 운영 방식이나 가계 재무 관리 방식에서 '성실성'을 확인할 수 있었다. 성실성은 백만장자들의 가장 중요한 성공 요인으로 나이나 소득과 관계없이 순재산에 중요한 영향을 미쳤다.

직무 수행 능력에 관한 논문을 읽는다면 분명 직업적 성공을 예측해주는 변인 또는 지표의 하나로 인지 능력을 발견할 것이다. 다시 말해 대부분의 연구에서 똑똑할수록 업무 능력이 높다는 결과를 내놓는다. 가계 재무 관리의 경우도 그럴까?

《백만장자 마인드》에 소개된 백만장자들의 조사에서 나온 더 흥미로운 결과 중 하나는 부와 지능(응답자의 SAT 점수로 측정)의 관계를 뒷받침하는 증거가 부족하다는 것이었다.《백만장자 마인드》에 나오는 백만장자들의 대학 평점은 평균 2.92였으며 SAT 점수는 평균 1,190점이었다. 이것이 우연이었을까?

몇몇 연구자들은《백만장자 마인드》에서 조사한 부자들보다 인구통계학적으로 더 다양한 표본을 사용해 지능과 부의 관계를 조사하기 시작했다. 먼저 발표 당시 상당한 언론의 주목을 받았던 제이 자고르스키Jay Zagorsky 박사의 연구가 있다. 1979년 자고르스키 박사는 '지능이 순재산과 연관이 있는가?'라는 질문에 답하기 위해 전국 청소년 종단연구National Longitudinal Survey of Youth를 검토했다. 33~41세까지 약 7,500명을 검토한 그는 지능과 부 사이에 연관성이 있다는 증거를 발견하지 못했다.

어쩌면 인지 능력 대신 금융이해력이나 개인 재무 관리에 대한 지식 및 활용 능력을 고려해야 할지도 모른다. 하지만 조사에 따르면 미국인의 57%만 금융이해력을 갖추고 있어서 이들만이 간단한 금융이해력 질문에 정확히 답변한다. 조지워싱턴대학교 경제학 교수인 애나마리아 루사르디Annamaria Lusardi와 동료들의 연구는 미국뿐 아니라 세계적으로 재무 지식과 교육이 한심한 수준임을 보여준다. 이들은 몇 가지 질문으로 금융이해력을 측정했는데, 개인 금융의 기본으로 간주할 수 있는 질문에도 미국인의 절반을 약간 넘는 수만 옳은 답을 할 수 있었다.

금융이해력은 다수의 재정적 성공과 관계가 있으며 투자, 부채, 지출과 관련된 다양한 문제에 더 나은 의사결정을 하게 해준다. 하지만 부를 일구려면 금융이해력만으로 충분하지 않다. 똑똑하지만 출근 시간을 지키지 못하거나(않거나), 직장에서 적절한 행동의 선을 자꾸 넘거나, 자주 마감일을 어기는 동료와 일했던 때를 생각해보라. 직장에서의 성공에 작용하는 다른 뭔가가 있다. 바로 성실성이다. 성실성은 성격 5요인Big Five 모델의 성격 특성 중 하나로 다음과 같은 하위 특성들을 포함한다.

- 근면(열심히 일함, 자신감)
- 덕행(도덕적 또는 사회적으로 옳은 일을 행함)
- 자기통제(신중함, 만족 지연)
- 체계적(꼼꼼함)
- 책임감(타인과 공동체에 옳은 일을 행함)
- 전통주의(권위와 규칙을 고수하고 변화를 싫어함)

성실성은 다양한 직업과 조직에서의 직무 수행 및 근속과 연관성이 있는 것으로 계속 보고됐다. 만일 당신이 누군가를 고용하는 위치에 있고 한 가지 성격 특성만 측정할 수 있다면 성실성을 택하고 싶을 것이다(예술 분야를 제외하고는 필수다).

이는 재무 관리에서도 마찬가지다. 나이 또는 소득 수준에 상관없이 순재산에 영향을 미치는 많은 행동 요소, 즉 절약, 계획 수립, 책임감 등은 성실성과 연관이 있다. 그러므로 장기적인 부의 창출과 유지에 성실성이 왜 그렇게 중요한지 이해가 될 것이다.

제이 자고르스키 박사의 전국 청소년 종단연구를 검토한 또 다른 연구에서는 성실성, 구체적으로는 자기통제 성향이 유동 및 비유동 자산의 유지뿐만 아니라 순재산의 증가와 연관이 있다는 것을 발견했다. 이 연구에 따르면 금융이해력이 순재산을 늘리는 데 어느 정도 영향을 미쳤지만 성실성의 핵심 요소인 자기통제와 함께 작용할 때만 영향력이 있었다. "금융이해력 자체의 영향은 유의미하지 않지만, 성실성이 좀 떨어지는 사람들의 경우 금융이해력과 성실성을 함께 높일 때 순재산 증가에 도움이 되는 듯하다."

따라서 금융 산업 전반 및 조기 경제 교육에서 금융이해력 교육뿐만 아니라 자기통제 훈련도 이뤄져야 한다. "아마도 경제 교육의 개념이 좀 더 넓게 해석되어야 할 것이다. 성실성과 자기통제 능력을 높이기 위한 교육은 경제 교육에 대한 보다 혁신적인 접근법이 될 수 있다."

한편 이 연구는 금융 전문가들이 사람들의 절제 능력을 높이는 데 노력을 집중해야 한다며 이렇게 주장했다. "재무설계사와 교육자들은 소비자들이 자기통제 능력의 부족을 깨닫게 해주고 재정적 행복 증진에 도움이 되는 요령과 습관을 알려줌으로써 그들에게 봉사할 수 있다." 이는 다른 사람에게 재정적 자문을 제공하는 사람뿐 아니라 부를 쌓으려는 모든 사람에게 매우 중요한 조언이다.

수량적 지표의 한계

◆ ◆ ◆

학교, 회사, 정부 기관 같은 큰 조직에서 채용이나 배치, 입학 결정을 내릴 때 편리하고 비용 효율적인 판단을 내리기 위한 측정 기준이 필요하다. 성공할 사람은 누구인가? 다음에 그만둘 사람은 누구인가? 낙오할 사람은 누구인가? 많은 수의 사람을 판단하고 결정해야 하는 조직의 경우 표준화 시험과 평점 같은 지표들은 타당하고 필요한 기준이다. 하지만 미래의 성공에 중요한 모든 요소가 표준화 시험으로 파악되는 것은 아니다.

그리고 보통 이런 시험들이 응시자들에게 유용한 것도 아니다. 이는 우리가 탁월함을 추구하도록 해주는 게 아니라 조직의 편의를 위해 쓰인다. 그렇지만 우리는 높은 평점이 한 사람의 인생을 알려줄 것처럼, 학업에서의 성공 이외의 것까지 보여주는 지표인 것처럼 여기면서 이런 수치에 지나치게 의존한다. 스탠리 박사가 쓴 다음 글은 리더십에는 평점 외에도 얼마나 많은 요소가 필요한지 강조한다.

전형적인 이웃집 백만장자는 경제적으로 성공한 자영업자다. 다시 말해서 피고용인이 아니라 고용주다. 그들은 본질적으로 리더다. 이 사실은 백만장자 사업주의 중요한 특성에 대한 이해와도 관계가 있다. 연구에 따르면 인지 능력 검사 점수와 입증된 리더십 성과 사이에는 상관관계가 거의 없거나 매우 낮다. 나는 흔히 평가 척도로 사용되는 SAT, ACT, GMAT, GRE 등이 인지 능력에 국한된 필수 척도라고 생각한다.

그래서 《백만장자 마인드》에는 저명한 학자들인 프레드 퍼들러와 토머스 링크의 연구 결과가 다음과 같이 인용되어 있다.

> 인지 능력 검사는 리더십 성과에 대한 예측력이 매우 낮은 것으로 악명이 높다. 이는 리더십의 차이를 10%도 설명해주지 못한다.

데이브의 사례를 생각해보자. 현재 그는 재산이 1,000만 달러가 넘는 부자다. 《백만장자 마인드》를 읽었던 그는 내게 다음과 같은 질문을 했다. "제 사무실 건물에 있는 대학 졸업자 중에서 학점이 가장 낮았던 사람이 누구일 것 같아요?"

당신 짐작이 맞다! 대학 시절 가장 낮은 학점을 받은 사람은 데이브였다. 데이브는 자체 건물까지 있는 매우 성공적인 투자관리 회사를 운영하고 있다. 그리고 그가 고용한 직원들은 모두 일류 대학 출신인 데 반해 그는 전국 대학 순위에서 하위 20%에 속하는 대학을 졸업했다. 게다가 SAT(개정 전) 총점이 900점을 넘은 적이 없다.

데이브는 "파이 베타 카파Phi Beta Kappa(전 미국 대학 최우등 학생들의 클럽—옮긴이 주) 회원, 최우수 졸업생들, 명문 대학의 총명한 젊은이들이 저와 일하고 싶다고 보내온 이력서들이 쌓여 있습니다."라고 말한다. 그는 자신의 부족한 학력을 절제력, 진실성, 진취성, 모험심, 사람을 판단하는 능력, 비전, 끈기, 공감 능력, 인내심, 사회성으로 보충한다. 다시 말해 그는 학력과 관계없이 훌륭한 리더십 기술을 가지고 있다.

데이브가 고용한 파이 베타 카파 회원들은 데이브의 대학 학점을 어떻게 생각할까? 평점 C 학점을 받았던 사람을 위해 일하는 것이 탐탁지 않거나 걱정되지는 않을까? 그러나 데이브의 성적증명서를 보여달라는 직원은 지금껏 아무도 없었다. 데이브가 직원들에게 후한 보수를 지급하고 뛰어난 근무 환경을 제공하는 한 그것은 아무 상관이 없다.

성적보다는 자신에 대한 믿음을 높여라

《백만장자 마인드》의 토대가 됐던 전국 설문 조사는 미국의 상위 1% 자산가의 일부를 대변할 뿐이다. 이들이 올 A 학생이었고, SAT에서 최고점을 받았으며, 일류 사립대학에 다녔을 거라는 생각은 잘못된 통념 중 일부다. 이 표본의 SAT 점수는 평균 1,190점이었다. 그들이 고등학교 및 대학교에서 가장 자주 받은 성적은 B였으며 대학 평점은 2.9였다. 그들은 대체로 일류 대학 입학 자격 요건에 미치지 못했다. 많은 백만장자들이 거부당한 경험을 통해 성공하고 말겠다는 마음을 먹었다고 이야기했다.

　일류 대학에 입학한다고 해서 성공이 보장되는 것은 아니다. 천만장자 10명당 1명 정도만(11%) '일류 대학 재학'을 자신의 사회경제적 성공을 설명해주는 매우 중요한 요인으로 평가했다. 총 30가지 성공 요인 중에서 '일류 대학 졸업'은 29위로서, 30위인 '수석 또는 우등 졸업' 다음으로 중요도가 떨어졌다. 한 저명한 학자의 말처럼 "대학 학위로 첫 직장은 잡겠지만 3년이 지나면 아무도 어느 학교에 다녔는지 신경 쓰지 않는다." 미국에서도 모든 기회가 똑같이 분배되는 것은 아니다. 그런 현실을 인식하고, 대처하고, 극복하도록 하라.

　직업과 관련된 목표에 도달하는 데 있어 지능과 자신감은 각각 어떤 영향을 미칠까? 겉으로 보기에 비슷하게 유복한 가정의 두 아이가 있다. 그들은 비슷하게 번듯한 직장을 가진 부모, 비슷한 가족 구조, 높은 SAT 점수, 똑같은 학점에 관심사와 진로 계획까지 비슷하다. 그런데 왜 한 사람은 다른 사람보다 훨씬 높은 수입을 올리는 걸까?

이는 자기개념self-concept, 더 구체적으로 말하면 핵심자기평가Core Self-Evaluations, CSEs 때문일 수 있다. 핵심자기평가란 자신의 가치에 대한 믿음과 새로운 상황에서의 전반적인 효능감, 자신의 결정과 그에 따른 결과를 통제할 수 있다는 믿음, 낮은 수준의 스트레스와 불안을 포함하는 일련의 심리적 특성을 말한다.

전국 청소년 종단 연구의 데이터를 검토한 티모시 저지Timothy Judge 박사와 찰리스 허스트Charlice Hurst 박사는 유복한 어린 시절과 소득의 관계가 단순하지 않다는 사실을 입증했다. 예상대로 더 유복한 집안의 아이들은 소득 수준이 더 높았다. 하지만 긍정적인 자기개념을 가진 부유한 집안의 아이들은 역시 부유한 집안 출신이지만 자기개념이 긍정적이지 않은 또래와는 소득이 아주 다르다는(훨씬 높다는) 사실도 발견됐다.

저지와 허스트는 "이런 자원들(유리한 가정환경, 높은 SAT 점수)은 핵심자기평가가 낮은 개인에게 거의 영향을 주지 않는 것으로 보인다. 어떤 것(SAT 점수)은 사실 약간 부정적인 영향을 주는 듯하다."라고 말했다. "평균 이상의 소득 수준을 달성하기 위해서는 유리한 가정환경과 함께 긍정적인 핵심자기평가가 필요하다."

소득 대신 순재산을 고려해도 마찬가지다. 재무 문제에 대한 자신의 능력을 어떻게 생각하느냐는 나이, 수입, 상속 재산에 상관없이 순재산에도 영향을 미친다. 일반적으로 자기개념은 안정적이고 변하지 않는 특성이지만 이를 이해하고 재무 관련 행동을 변화시키면 장기적으로 소득과 순재산에 긍정적인 영향을 미친다.

성적이 리더를 만들어주지는 않는다

◆ ◆ ◆

우리가 자라는 동안 그리고 아마도 지금까지, 취지는 좋았겠지만 대체로 쓸모없는 조직의 업적 평가에서 받은 점수들은 우리에게 각자 다른 영향을 미칠 수 있다. 일부는 등급이든 점수든 무시할 것이다. 어떤 이들은 미래의 성공이 그 평가로 강화되거나 방해받은 듯 느낄지 모른다. 또 어떤 이들은 부정적인 평가를 무시하지 않고 최선을 다하도록 자신을 밀어붙이는 수단으로 활용한다. 2012년 스탠리 박사가 열거한 것처럼 백만장자들, 특히 사업주들은 흔히 마지막 반응을 보였다.

《백만장자 마인드》에서 나는 이렇게 말했다. "백만장자들은 대개 표준화 시험 결과에서 '보통' 또는 '열등한' 학생으로 분류됐다. 하지만 이 연구 결과가 지적해주듯이 어떤 사람들은 그런 평가로 인해 더 끈기를 갖게 된다. 몇몇 백만장자들은 그런 평가를 딛고 일어나 성공했다고 내게 분명하게 밝혔다. 그런 결의는 어디서 생기는 걸까? 그것은 부정적인 판단이 빗나가게 만든 이전 경험의 직접적인 결과였다."

랄프 데 라 베가Ralph de la Vega는 연간 매출이 630억 달러에 이르며 직원이 거의 5만 명인 AT&T 모바일 CEO였다. 2012년 3월 10일 일간지 〈애틀랜타 저널 컨스티튜션〉Atlanta Journal-Constitution 기사에 따르면 데 라 베가는 열 살 때 쿠바에서 미국으로 이민 왔다. 당시 카스트로 정권은 그의 가족의 출국을 허락하지 않았다. 그래서 그는 가족이 이민 허가를 받아 합류하기까지 5년 동안 미국에서 혼자 살았다.

영어 과목에서 고전하고 있던 고등학교 재학 시절 그는 진로상담사에게 장차 엔지니어가 되고 싶다고 말했다. 진로상담사는 그가 성적도 나쁘고 가족의 형편도 어려우니 단념하라고 말렸다. 데 라 베가는 "그 자리에서 그는 제 꿈을 죽였습니다."라고 당시를 회상했다. 그는 인문계 고등학교를 중퇴하고 정비 학교에 들어갔다.

얼마 후 미국에 도착해 함께 살게 된 할머니가 그에게 이렇게 말해주었다. "랄프, 다른 사람의 말 때문에 네가 할 수 있는 것에 제한을 두지 마라. 네가 엔지니어가 되고 싶다면 될 수 있는 거야." 데 라 베가의 꿈은 다시 살아났다. 그는 성공했고, 이제 젊은이들에게 자신이 할머니에게 들었던 조언을 전해주고 있다.

일류 대학은 부의 지름길이 아니다

미국 청년들이 스스로 부자가 되는 능력에 교육비가 어떤 영향을 미치는지 알고 싶어서 우리에게 연락해온 기자가 있었다. 교육비가 높은 요즘도 이웃집 백만장자가 나올 수 있을까?

1996년 이후로 교육비는 거의 400% 증가했다. 청년들은 학자금 대출로 성인기의 출발부터 경제적으로 뒤처지고 있다. 자녀의 뒷바라지를 위해 열심히 계획을 세웠던 부모조차 대학 학비를 전부 대주지 못하는 경우가 많다. 한 연구에 따르면 부모들의 43%가 자녀의 대학 학비를 전액 지원해주고 싶어 하지만 실제로 그렇게 해준 부모는 29%에 지나지 않는다고 한다.

교육의 가치는 여전히 유효하다. 대체로 대학 교육은 재산 형성에서 이점으로 작용한다. 대학 졸업자의 급여 수준이 더 높다는 측면에서 그렇다. 연방준비제도이사회에 따르면 대학 졸업자의 순재산 중앙값(약 29만 2,100달러)은 고등학교 졸업자의 순재산 중앙값(5만 4,000달러)의 4배가 넘는다. 현재 우리 연구에서도 대학 또는 대학원 졸업자들은 대학 중퇴자나 고등학교 졸업자들보다 소득 수준과 순재산이 높았다(순재산의 차이는 유의미한 수준은 아니다). 물론 절약하지 않는다면 소득 수준은 중요하지 않지만, 교육 수준과 소득의 관계는 여전하다.

1996년과 2016년의 조사 모두에서 백만장자의 75% 이상이 대학 또는 대학원 졸업자였다. 어떤 면에서 교육은 부의 축적을 위한 기본 요건이지만 부를 보장해주지는 않는 '최소한의 자격 요건'으로 볼 수 있다. 대학 졸업장은 보수가 좋은 첫 직장을 얻게 해주긴 하지만 부의 축적 요인 중 하나일 뿐이다. 그래서 일류 대학에 다닌 것이 성공에 중요한 역할을 했다고 말한 백만장자는 겨우 20%였다.

미국교육통계센터National Center for Education Statistics에 따르면 2016년 주립대학에 다니는 학부생은 약 78%, 사립대학 학생은 22%였다. 그러면 백만장자 집단은 그 비율이 어떻게 될까? 최근 우리가 조사한 바에 따르면 백만장자의 55%가량이 주립대학을, 15%는 주립대학과 사

◆ 표 20. **백만장자들의 교육 수준(1996년/2016년)**

교육 수준	1996년(%)	20016년(%)
무학	1	0
고등학교 졸업	6	4
전문대학 졸업/대학 중퇴	16	2
대학 졸업	38	36
대학원 졸업	38	58

◆ 표 21. **백만장자들이 다닌 대학 유형**

대학 유형	백만장자 비율(%)
사립대학	30
주립대학	55
둘 다	15

립대학 둘 다를, 30%는 사립대학을 다녔다.

　모든 대학의 학비가 인상되면서 학비를 부담해야 하는 학생들의 부채도 증가하고 있다. 자녀를 대학에 보내고 싶지만 정보가 부족한 부모들은 대학 교육을 위한 부채를 예상하면서도 어느 정도 수용할 수 있다고 생각한다. 그러나 불행히도 자녀에게 교육의 최소 요건을 갖춰주려는 이런 노력이 자녀를 순재산 척도에서 크게 뒤처지게 한다. 왜 부모들은 많은 대출을 떠안게 만드는 전통적인 4년제 대학의 대안을 찾아보라는 이야기를 자녀에게 해주지 않을까? 왜 수십만 달러의 학자금 대출을 받아가며 대학 졸업장을 받으라고 압박을 가할까?

어쩌면 사회관계와 이웃을 의식하는 마음 때문에 자기도 모르게 자녀를 압박하고 있는 것은 아닌지 돌아봐야 할 것이다. 일부 학부모와 학생에게 대학은 '인스타그램에 올릴 만한 수준'이어야 한다. 소득명세서상 부자 가족 중에는 이웃은 어떻게 하는지, 이웃집 자녀는 어느 대학에 가는지 의식하며 자녀를 유명 대학에 보내야 한다는 부담을 느끼는 이들이 많다. 하지만 그 대학 진학으로 5년에서 10년, 20년 혹은 그 이상 빚을 진다면 남들에게 보이기 위해 감당할 수 없는 대학에 가는 것은 매우 위험한 일이다. 이런 가족 중 상당수가 자신은 검소하며 옷과 식료품, 생활용품도 할인 기간에만 산다고 이야기할 것이다. 하지만 그들은 유명 대학 진학을 고집함으로써 자녀들에게 높은 부채를 지우고 경제적으로 뒤처지게 만든다.

이런 비용 부담을 피하려면 사고방식의 변화가 필요하다. 당신에게 좋은 대학은 소형 BMW처럼 동경의 대상인가? 학비가 비싼 이런 대학 중에 그만한 가치가 있는 데가 있을까? 출발선에서 뒤처져도 될 만큼 가치가 있을까? 학위가 성인기 초기 내내 짊어질 부채보다 가치가 있을까?

유명 대학에서 4~5년간 공부하는 것이 그만한 비용을 들일 가치가 있다고 가정하기 전에 다른 대안을 고려해보라. 백만장자들은 어떤 식으로 교육을 받았는지 다양한 경험을 우리에게 들려줬다. 경제적으로 성공한 미국인들이 내리는 다른 많은 재정적 선택처럼, 대학 선택에서도 시류를 거슬러야만 부채 없이 교육을 받을 수 있다.

오늘의 나를 만든 전문대학

◆ ◆ ◆

4년제 대학을 선택해 4년의 시간을 들이는 대신 처음 2년 정도는 전문대학에 다니는 것도 한 가지 대안이 될 수 있다. 스탠리 박사는 다음 논평에서 세계적으로 유명한 미국인의 사례를 들어 그가 어떻게 교육을 받았는지 조명했다.

미국 헐리우드 배우 톰 행크스의 영화들은 전 세계에서 80억 달러 이상의 수익을 올렸다. 〈뉴욕타임스〉에 행크스가 쓴 칼럼 '오늘의 나를 만든 전문대학'I Owe It All to Community College을 읽어보면 왜 그가 '이웃집 백만장자 명예 회원'으로 추대되었는지 이해할 수 있을 것이다.

　　나는 성적도 나쁘고 SAT 점수도 형편없었다. 어차피 대
　학 등록금을 낼 형편도 안 됐다. 그래서 지원한 곳이 전
　문대학인 '채벗'Chabot이었다. 이 대학은 어떤 학생이든 입
　학이 가능했고 등록금도 무료였으므로 그곳이 내 모교
　가 됐다.

행크스는 그곳에서 훌륭한 교육을 받을 수 있었다며 이렇게 말했다.

노력과 중고 교재비용 외에는 전부 무료였다. 그곳이 지금의 나를 만들어줬다.

행크스는 SAT에서 최고 점수를 받지 못했을지 몰라도 매우 창의적인 식견으로 채벗의 자원을 활용해 자신이 선택한 직업을 완벽히 준비했다. 나는《백만장자 불변의 법칙》에서 경제적으로 성공한 사람들은 적합한 직업, 즉 자신이 사랑하는 동시에 금전적인 보상도 충분한 직업을 선택하는 능력이 뛰어나다고 말한 바 있다.

행크스도 그가 선택한 직업을 고려해 학과와 교수를 선택했다는 점에서 절제력이 뛰어났음이 분명하다. 자신의 절제력을 보여주는 증거로, 행크스는 칼럼 독자들에게 채벗 도서관에 간다면 유진 오닐의 작품《얼음 장수 오다》The Iceman Cometh의 독백들을 제이슨 로바즈가 녹음한 테이프의 대출증을 살펴보라고 말한다. 그는 이 녹음 자료를 적어도 20번은 들었다고 했다. "채벗에서 들었던 수업들은 훗날 내 일에까지 영향을 미쳤다."

또한 행크스는 HBO 미니시리즈〈존 애덤스〉를 제작했을 때 작품의 개요를 잡아주었다며 채벗의 역사학과 교수에게 공을 돌렸다. 행크스처럼 전문대학에서 이용할 수 있는 자원들을 활용한다면 얼마든지 훌륭한 교육을 받을 수 있다.

이웃집 백만장자들의 성공 요인

우리의 설문 조사 및 다른 연구들에서 (직무로 간주할 수 있는) 재산 축적 능력들을 분류했을 때, 이런 능력과 전통적인 직장에서 성공할 수 있는 정도 간에는 유사성이 있었다. 자신의 능력을 인식할 때 자신에게 적합한 직업을 추구할 수 있을 뿐만 아니라 가계 관리에도 그 강점을 활용할 수 있다(또는 그럴 형편이 된다면 믿을 만한 자문가를 고용할 수 있다).

《백만장자 불변의 법칙》은 시장 가능성의 포착과 올바른 직업 선택에 초점을 두었던 반면《백만장자 마인드》는 고액 및 초고액 순재산 보유자들의 사고방식이나 심리에 초점을 뒀다. 그리고 재산 축적 능력이라고 부를 수 있는 성공 요인들을 7가지 범주로 나눠 설명했다.

1998년에 분석한 백만장자들의 순재산 중앙값은 430만 달러였다(지금의 630만 달러에 해당한다). 이 책을 위해 조사했던 백만장자들의 순재산 중앙값은 350만 달러였다. 순재산 중앙값의 차이에도 불구하고 시대를 초월해 경제적 자립을 추구한다는 유사점이 있는 듯했다. 이 백만장자들은 재산 축적이라는 분야의 전문가다.

1998년에 그랬듯이 지금의 백만장자들도 절제력, 원만한 인간관계, 진실성, 노력을 성공의 결정적 요인으로 평가했다. 회복탄력성, 인내심도 중요한 성공 요인으로 꼽았다. 아마도 이들이 회사에서 승진하거나, 자기 사업을 키우거나, 인생 주기에 따라 가정사를 관리하면서 겪은 경험 때문일 것으로 짐작된다.

◆ 표 22. 성공 요인에 긍정적으로 응답한 백만장자의 비율(1998년/2016년)

성공 요인(1998년 문항)	백만장자 비율(%)	
	1998년	2016년
절제력이 강하다	95	91
회복탄력성/인내심이 강하다	–	88
모든 사람에게 정직하다	90	86
사람들과 잘 어울린다	94	83
배우자가 내조/외조를 잘해준다	81	81
누구보다 열심히 일한다	88	80
매우 체계적이다	85	74
내 직업이나 사업을 좋아한다	86	70
리더십이 강하다	84	68
경쟁심이 강한 성격이다	81	63
수입에 비해 검소한 생활을 한다	43	61
미래에 대한 명확한 비전을 갖고 있다	–	61
부모님의 지지를 받는다	–	59
특별한 시장 가능성을 포착한다(남들이 못 보는 기회를 알아본다)	72	58
지적 능력/IQ가 높다	67	53
훌륭한 선생님/멘토가 있다	73	53
독창적인 아이디어가 있다	–	50
비방을 일삼는 사람의 말을 무시한다	51	45

늘 관심을 보여주는 부모님이 있다	–	42
상장회사 주식에 투자하고 있다	42	37
신앙심이 강하다	33	32
좋은 투자자문가를 두고 있다	39	29
대학 재학 중 또는 졸업 직후에 인턴 경험이 있다	–	22
수석 또는 그에 가까운 성적으로 졸업했다	33	21
일류 대학에 다녔다	48	20
사립대학에 다녔다	–	8

비고: '–'는 1998년 조사에 포함되지 않은 문항이다.

절제하는 사람은 옆길로 새지 않는다

일과 인생에서의 성공은 절제력이든, 계획의 수립과 달성 또는 꼼꼼함이든 이전 조사와 마찬가지로 성실성과 연관이 있었다. 앞서 논의했듯이 심리학 분야의 연구 결과들은 이 성격 특성이 업무 수행 능력과 관계가 있음을 보여준다. 지난 수십 년간 순재산이 많은 부자를 대상으로 했던 연구들 역시 왜 그들이 대차대조표상 부자인지에 대한 통찰을 제공한다. 그들은 장기적 안목과 절제하는 태도를 갖고 저축, 소비, 투자한다. 이들은 이웃이 하는 일에 정신을 팔지 않는다.

미국의 상위 5% 자산가 10명 중 9명 이상이 강한 절제력을 그들의 사회경제적 성공을 설명해주는 매우 중요한 요인으로 보고했다. 이런 결과는 시간이 흘러도 변함이 없었다. 《백만장자 마인드》에서도 이렇게 이야기했다. "절제하는 사람은 높은 목표를 세우고 그 목표에 도달할 수 있는 생산적인 방법을 생각해낸다. 절제하는 사람들은 쉽게 옆길로 새지 않는다. 그들은 프랑스 제과점에서 살아도 살이 찌지 않을 수 있으며, 수백 가지 경제적 기회와 마주쳐도 자신의 강점과 시장의 요구에 가장 적합한 한두 가지를 고를 수 있다."

절제력이 가장 중요한 경제적 성공 요인 중 하나로 꼽힌 것은 전혀 놀랄 일이 아니다. 돈과 관련된 목표를 반드시 이루도록 생활을 관리하려면 높은 수준의 절제력, 일상 습관, 성실성이 필요하다.

부의 축적을 위한 절제력은 자신만의 목표를 설정한다는 의미이기도 하다. 대학원 교육을 예로 들어보자. 대학원 과정은 자기 주도 학습과 대규모 프로젝트의 독자적 관리를 요구하는 시련의 시간이다. 애석하게도 대학원생의 절반은 박사 학위를 취득하기 전에 중도 하차한다. 어떻게 이런 일이 가능할까? 지적 능력이 부족해서가 아니다. 20년이상 교수 생활을 했던 스탠리 박사는 학생들이 박사 과정을 그만두는 이유에 대해 나름의 견해를 갖고 있었다. 저마다 이유가 있겠지만 박사는 자제력의 부족을 가장 중요한 이유로 꼽았다.

학부생 시절에는 구체적으로 무엇을 할지, 무엇을 공부할지, 어떤 시험을 치를지 지시를 받는다. 전부 강의계획서에 나와 있다. 나중에 대학원에 와서도 강의만 들을 때까지는 모두 잘 해낸다. 하지만 논문을 구상하고 완성해야 하는 단계가 되면 많은 대학원생들이 스스로 연구 계획을 수립하고 외부의 도움 없이 계획을 실행해야 하는 그 일을 해낼 능력도, 의지도 없다는 것이다. 논문을 완성하는 과정은 자영업을 하는 것과 비슷하다. 두 경우 모두 가장 생산적으로 시간과 에너지를 배분해야 하는 사람은 본인이다. 고용주가 제시하는 직무 설명서나 교육과정은 없다.

우리가 인터뷰했던 이웃집 백만장자 대부분은 박사 과정 입학 허가를 받지 못했을 것이다. 그들은 학부생 시절에 A 학점을 많이 받지도, 표준화 시험에서 높은 점수를 받지도 못했기 때문이다. 그렇지만 그들은 정직함과 더불어 경제적 성공을 이루는 데 가장 중요한 자제력이 강했다.

노력하는 자만이 성공하는 법칙

◆ ◆ ◆

연구 중심 대학의 교수들은 꾸준히 논문을 쓰고 동료 학자들의 심사를 거쳐 논문을 학회지에 실어야만 한다. 그래서 '논문을 내든, 도태되든'이라는 말까지 생겼다. 스탠리 박사는 처음에 이런 환경에서 경력을 쌓았기 때문에 그 문화의 특성과 압박감을 잘 알았다. 2013년 그는 한 전직 교수에게서 편지를 받은 후에 이 글을 썼다.

한 유명한 학자가 내게 이런 말을 한 적이 있다. "논문을 게재하지 못하면 좋은 학교에서 정년을 보장받지 못할 수 있습니다. 하지만 친구를 많이 얻게 되죠. 논문을 많이 게재하면 동료들 사이에서 인기가 별로 없고요."

한 전직 대학교수는 이런 이메일을 보내왔다. 지금부터 그를 F.

O. 박사라고 부르기로 하자. 그의 이메일 내용은 다음과 같았다. "몇 년 전 종합대학의 정교수직을 사임하고 제 사업을 시작했습니다. 51세의 나이로 사업을 시작하자 거의 모든 동료들이 안정된 정교수직을 그만두다니 정신 나갔다고 생각했지만, 여태 제가 한 일 중 가장 잘한 일이었어요."

그는 자기 사업을 시작한 지 9년 만에 1,000만 달러에 가까운 재산을 모았다. 이제는 은퇴해서 시간 여유가 생긴 그는 《백만장자 마인드》를 다시 읽고 자신의 이야기를 들려주고 싶었던 듯했다. "책에 나오는 많은 내용이 제 경험을 묘사하고 있더군요. 자기 수입보다 검소하게 생활하기부터(저는 사업을 시작하기 전에도 재산이 100만 달러가 넘었습니다) 경제적인 모험하기, 직장 생활에서 오는 좌절감(대학 행정관과 정년을 보장받은 동료 교수들), 42년간 지원군이 되어준 아내, 신앙, 자신에 대한 믿음, 틈새시장의 발견까지…"

그의 몇몇 친구들은 F. O. 박사가 운이 좋았을 뿐이라고 말했다. 그는 그들의 말에 심한 모욕을 느꼈다고 했다. 《백만장자 마인드》의 토대가 됐던 설문 조사에서 수백만 달러의 자산가 733명은 성공에 가장 중요한 요인으로 강한 절제력과 진실성을, 가장 중요하지 않은 요인으로 운을 꼽았다. 절제력과 진실성은 우리가 최근에 했던 설문 조사에서도 여전히 결정적 성공 요인 중 1위로 꼽혔다. F. O. 박사는 그가 성공에 이른 길을 이렇게 설명했다.

저는 대학 순위에서 가장 하위권 대학 출신이어서 시작은 초라했습니다. 일류 대학에는 채용되지 못했지만 저는 동료 교수 누구보다도 많은 논문을 게재했습니다. 그런데도 운이 좋았다고 생각한다면 제가 이제껏 쏟아부은 노력을 깎아내리는 거죠. 그들(동료들) 다수가 일류 대학 출신이었지만 수년간 저만큼 열심히, 활발히 연구한 사람도 없었습니다. 기회가 찾아와도 저처럼 덥석 잡는 사람도 아무도 없었고요. 사실 그들은 그런 기회를 찾은 적이 없었어요.

전 여러모로 축복받은 사람이지만 제 성공은 행운과는 무관합니다. 제가 박사님의 연구 결과를 얼마나 믿는지 알아줬으면 좋겠습니다. 전 50대에 이만큼 돈을 벌었습니다. 올바른 태도와 믿음, 노력만 있으면 미국에서는 여전히 가능한 일이죠. 유감스럽게도 우리 사회는 젊은 이들에게 이런 메시지를 보내지 않습니다.

사업을 한 지 9년 만에 저는 꿈꿨던 이상으로 많은 돈을 벌었고, 제 사업을 경영해보는 좋은 경험도 했습니다. 은퇴 후 넉넉한 생활을 하게 되어 더 좋고요. 몇 년 전 은퇴한 뒤에는 대학에 재직했던 때와 사업을 시작했던 때를 되돌아볼 여유가 생겼습니다. 지난 며칠 동안은 《백만장자 마인드》를 다시 읽었죠. 예전보다 더 공감이 가더군요.

저는 빚 없이 15년을 지냈고 현재 순재산은 800만~ 900만 달러 정도 됩니다. 이 금액은 처음으로 공개하는 겁니다. 친구 중 누구도 제게 이렇게 많은 돈이 있는 줄 모르죠. 지난 몇 년 사이 해외여행을 꽤 자주 다녀온 것 외에는 생활이 예전과 눈에 띄게 달라진 점은 없으니까요. 저와 아내는 여전히 코스트코와 월마트를 애용하죠.

F. O. 박사는 학교에 있는 동안 열심히 투고했던 많은 논문을 활용해 자기 사업을 시작했다. 재산 형성과 마찬가지로 학계의 논문 게재나 창업에도 성공의 기준과 지향점이 되는 척도가 있다. 어떤 일이든 열심히 했던 그는 경제적 성공의 결승선을 통과했다.

성공하려면 비난을 감수하라

경제적으로 성공한 사람들이 한결같이 거론하는 또 다른 성공 요소는 회복탄력성이다. 재산을 모으고, 자기 사업을 키우고, 언론과 이웃을 무시하려면 거부당하고 고통스러워도 목표를 계속 추구하겠다는 각오가 있어야만 한다.

자영업을 하거나, 회사에서 고위직까지 승진하겠다는 결심을 했거나, 일찍 경제적 자립을 달성한 삶을 살려고 노력하는 백만장자들은 부단히 노력함으로써 그 목표를 이룬다. 심약한 사람들은 할 수 없는 일이다. 우리는 조기 퇴직과 경제적 자립의 길을 추구하는 사람들(앞에서 언급했던 파이어족을 떠올려보라)에게서 이런 회복탄력성을 엿봤다. 경제적 자유를 향해 가고 있는 이들이 매일 만나는 장애물 중에는 이웃과 온·오프라인 공동체 외에도 그들의 경제 및 인지 자원을 노리는 기업도 있다.

앨런 드마커스는 냉매 회수 회사를 세워 성공적으로 운영하다가 회사를 팔아서 백만장자가 됐다. 현재 그의 순재산은 800만~1,000만 달러에 이른다. 열네 살 때부터 삼촌의 HVAC(냉난방 및 환풍) 회사에서 일했던 앨런은 그 분야의 지식뿐 아니라 열심히 일해야 한다는 것을 배웠다. 그는 대학에 진학하고 다시 삼촌의 회사에 와서 영업을 맡았고, 결국 2년 반 만에 대학을 그만뒀다. 그 시점부터 그가 성공하기까지는 예상치 못했던 우여곡절들이 있었다.

2년간 영업을 했는데 삼촌이 회사를 상장회사에 팔았습니다. 차후 정산 조건으로 팔았죠. 회사에 남으라는 제안을 받았지만 전 그만뒀습니다. 그런데 2000년 초반 그 회사가 파산하는 바람에 삼촌은 전 재산을 잃었습니다. 저는 제 사업을 해보자고 결심했고 돈을 끌어모아 삼촌과 동업을 시작했습니다. 친구와 가족에게서 18만 달러를 빌렸습니다. 빌린 돈은 반드시 갚겠다고 약속했죠. 하지만 속으로는 걱정이 가득했어요.

회사는 서류상으로는 급성장했지만 실제로는 늘 자금이 부족했습니다. 그래도 자산 가치는 높은 회사였습니다. 당시 저와 아내는 샌프란시스코의 비싼 아파트에 살고 있었는데 아내의 연 수입은 2만 6,000달러, 제 수입은 0달러였죠. 회사는 거의 맨주먹으로 시작한 셈이라 사업이 빠르게 성장하면서 자금이 바닥날 때가 많았습니다.

우리는 믿음을 가져야만 했습니다. 요즘은 신앙인의 자세로 사업을 하죠. 사업을 시작했을 때는 자만심에 차 있었지만, 어려운 시기를 견디기 위해 기도에 의지할 수밖에 없었어요. 제가 소유한 모든 것이 내일 사라질 수도 있다는 생각을 자주 하곤 합니다. 사업체가 있지만 현금이 없으면 개인 돈을 쏟아붓게 되죠. 우리는 개인 비상금을 털어서 회사 자금으로 쓰고 직원들 월급을 주곤 했습니다.

비즈니스 세계가 붕괴됐던 2008~2009년 업계 전체가 흔들렸지만, 앨런은 신중한 대처로 결국 성공할 수 있었다.

2008년 HVAC 산업 전체가 65% 감소했습니다. 우리 회사의 총수입도 18% 감소했죠. 상당액의 자금을 빌려야 했지만 우리 회사에는 법률 고문과 회계사를 포함해 훌륭한 고문들이 있었죠. 지금은 43개 거래처에 165명의 직원이 있습니다.

이런 그의 끈기와 성공은 아내의 덕이 크다. 앨런은 앞서 언급한 백만장자들처럼 배우자가 부의 축적에 큰 영향을 미쳤다고 말했다.

아내와 저는 한 팀입니다. 아내가 없었다면 절대 해내지 못했을 거예요. 그녀는 제가 분별력을 잃지 않게 해주고 에너지를 주죠. 우리 가정은 견고합니다. 저는 가정이 불안하면 일도 불안해진다고 믿습니다. 우리는 버는 돈보다 적게 씁니다. 쭉 그랬어요. 하지만 현금 흐름이 늘 좋을 수는 없죠. 그래서 개인 비상금으로 사업 자금을 대고는 했습니다. 처음에 집어넣은 돈은 15만 달러였어요. 회사의 현금 흐름에 문제가 생기면 우리 문제가 되고는 했죠. 우리는 자산을 처분해야 했던 적은 없었지만 주기적으로 저축해둔 돈을 몽땅 찾아야만 했죠.

2년 반 만에 대학을 그만뒀지만 현명한 CEO가 된 앨런의 교육관과 피드백은 재산 축적과 리더십의 중요성에 대해 흥미로운 관점을 제공한다.

우리 사회는 교육을 대단히 강조합니다. 하지만 사람들은 학교를 졸업해도 입학했을 때와 마찬가지로 방향을 잡지 못하는데, 그 사이 빚은 어마어마하게 불어나죠. 만일 미국 회사에서 일하고 싶다면 그래도 괜찮습니다. 대학 졸업이 전제 조건이니까요. 하지만 사업에 필요한 건 더 많은 배움과 지식입니다. 많은 것들을 시도해보는 게 시장의 좋은 기회를 발견하는 데 도움이 됩니다. 굳이 학위를 딸 필요는 없는데 주변에서는 학위를 너무 강조하죠. 여기에 굴하지 말고 그냥 여러 가지를 시도해보면 됩니다.

돈이 있는 사람들은 당신의 학위에 신경 쓰지 않습니다. 투자자들은 학위에 신경 쓰지 않아요. 당신이 성공할 수 있는지만 보죠. 고급 승용차를 몰고 다니지만 엄청난 빚을 지고 있는 하버드 MBA 출신을 저는 너무 많이 알고 있습니다.

앨런은 차근차근 현금을 모으고 사람들이 꼭 해야 한다고 생각하는 것들을 따르지 않음으로써 사업에서 수익을 창출했다. 그는 결정을 내릴 때마다 평정심을 유지하려고 애썼다. 앨런과 같은 과정을 겪고 있다면 다음 문장을 기억하라.

경제적으로 성공할수록 비판자들은 늘어난다.

원하고, 집중하고, 기다려라

◆ ◆ ◆

다음은 스탠리 박사가 2012년 스팽스Spanks의 창업자 세라 블레이클리Sara Blakely에 관한 클레어 오코너Clare O'Connor의 《포브스》 온라인 판 기사에 대한 회답으로 쓴 글이다. 오코너는 이 기사에서 "세라 블레이클리는 예금해둔 5,000달러로 시작해 보정 속옷이라는 새로운 소매 업종을 개척하며 자수성가해서 올해 최연소 여성으로 억만장자가 됐다."라고 썼다.

기사에 따르면 블레이클리는 한때 로스쿨에 갈 마음을 먹었지만 로스쿨 입학시험인 LSAT에서 낮은 점수를 받았다고 한다. 그녀가 분석적 사고력이 부족했다고 한들 어떤가? 조사에 따르면 남녀를 막론하고 천만장자 중 수학능력시험 결과에 따라 경력을 선택했다는 이들은 9%뿐이었다. 성공할 운명인 사람들처럼 그녀는 다른 길을 택했다. 블레이클리는 자기 사업을 시작하기 전 7년 동안 팩스기 영업사원으로 뛰며 거래처를 뚫었다. "너무 성가시게 권유한다고 면전에서 명함이 찢기는 일도 다반사였죠."

내 데이터베이스에 따르면 영업직은 자수성가한 백만장자들의 첫 번째 직업으로 가장 자주 언급된다(14%). 영업은 자제력과 끈기를 높이는 동시에 자신의 의지를 시험하기 좋은 일이다.

블레이클리는 영업사원이란 자신의 직업에서 용모가 매우 중요하다는 사실을 이해했다. 그래서 항상 최고의 모습을 보이고 싶었다. 그러나 시장에 나와 있는 여성 속옷들은 스타일도, 기능도 떨어졌다. 많은 시행착오 끝에 그녀는 몸매가 날씬해 보이는 보정 속옷 스팽스를 개발했다. 이 제품은 그녀의 높은 창의력과 엄청난 추진력으로 대히트했고 그녀는 억만장자가 되었다.

기사 전문을 읽은 후에 나는 블레이클리와 성공한 사람들의 유사점에 주목하게 됐다. 《이웃집 여자 백만장자》를 위한 연구의 일부로 나는 자기 사업체를 성공적으로 운영 중인 전국의 여성 313명에게 에세이를 써달라고 부탁했다. 이 에세이의 제목은 '어떻게 하면 젊은이들이 성공한 성인이 될 수 있는지에 대한 제언'

이었다.

그러나 그들이 써준 에세이 내용은 대부분이 '내가 어떻게 성공적인 사업주가 되었는가'였다. 나는 철저한 내용 분석을 통해 이 에세이들의 핵심 주제와 구성 요소를 가려냈다. 그리고 인내심이 가장 자주 언급된 성공 요인(51%)이라고 결론 내린 후 책에는 이렇게 썼다. "응답자 대부분이 초반의 실패와 가족과 친구들의 강한 만류를 경험한 후에야 성공할 수 있었다고 보고했다. 그들은 장애물을 극복하고 싶은 마음, 사람들이 틀렸다는 것을 증명하고 싶은 투지로 넘쳤다. 이들 대부분은 인내심의 핵심 하위 구성 요소로 강한 염원, 승진과 명예에 대한 강한 야망을 들었다. 응답자들은 오랜 기간 계속해서 원하는 결과에 집중하는 것이(인내심) 성공의 열쇠라고 강조했다."

당신의 꿈을 파괴하려는 사람은 누구인가?

◆ ◆ ◆

열성과 아이디어가 넘쳐도 이를 현실로 바꾸려면 회복탄력성과 자신감이 필요하다. 사업을 시작할 때 불가피하게 직면하는 어려움 앞에서 회복탄력성과 자신감이 얼마나 필요한지 스탠리 박사의 다음 글을 살펴보자.

로이는 직장인에서 자영업자로의 전환을 고려하고 있다. 그는 사업으로 성공하려면 필요한 조건들을 대부분 갖추고 있다. 그는 자기 분야에 매우 박식하고 절제력도 강하며, 훌륭한 업무 습관을 갖고 있고 신용 등급도 아주 높다. 그와 그의 가족은 수입보다 훨씬 검소하게 생활한다. 그렇지만 그의 사업 계획은 순조롭게 진행되지 못했다.

사업 자금 대출 신청이 세 차례 거부된 후 그의 열정은 한풀 꺾였다. 그는 자신의 사업 제안서를 비판하는 사람들을 불편해했다. 대출 담당자들이 너무 잘난 척하고 냉담하며 심지어 그에게 모욕을 준다고 했다. 심지어 장인, 장모도 돈을 빌려줄 마음이 없었다. 그들은 돈을 빌려주기가 너무 위험하고 그가 사업에 맞지 않다고 말했다.

나는 로이에게 《백만장자 마인드》에서 '비판자들에게 대처하는 법'을 다룬 부분을 다시 읽어보라고 제안했다. 다음은 그가 읽고서 위안을 받기를 바라는 내용이다.

야망을 품은 사람들을 비판하고 꿈을 파괴하려는 사람들은 무수히 많다. 하지만 그들은 미국의 사회체제에 필요한 일부분이다. 비판을 수용하는 동시에 그런 비판에도 불구하고 성공할 수 있는 용기와 결의가 부족한 사람들을 걸러주기 때문이다.

강철도 망치질 없이는 단단해질 수 없듯이 사람도 마찬가지다. 자수성가한 백만장자들은 누군가가 자신을 낮잡아 평가하고 논평한 사건이 결국에는 그들이 성공을 거두도록 일조했다고 말했다. 비판의 망치질이 항체가 되어 비판을 무시하고 결의를 담금질할 수 있었다는 것이다.

인생은 한 번의 단거리 경주가 아니라 마라톤의 연속이다. 낙인은 찍혔다가 사라진다. 만일 당신이 실패할 거라고 깎아내리는 말들에도 불구하고 성공할 수 있다고 스스로 믿는다면 대부분의 마라톤에서 우승할 가능성이 높다. 이는 백만장자들 사이에서 흔한 경험이다.

로이는 성공을 거둘수록 비판자들이 늘어나리라는 사실도 이해할 필요가 있다.

우리의 마음과 시간을 빼앗는 것들

가장 귀중하고 재생 불가능한 자원 중 하나인 시간을 어떻게 쓰는가에 따라 재정 목표를 달성할 수도 있고, 목표에서 멀어질 수도 있다. 백만장자들은 어떤 활동을 하며 시간을 보낼까? 소득 대비 순재산이 많은 사람(PAW)과 소득 대비 순재산이 적은 사람(UAW)은 그 활동에 차이가 있을까?

수입을 재산으로 바꾸는 데 능한 PAW는 비즈니스 잡지나 다른 독서에 UAW보다 훨씬 많은 시간을 쓴다. 어쩌면 이는 UAW들이 PAW들보다 일하는 시간이 길기 때문일 수도 있다. 우리 연구에 따르면 UAW는 소비에 치중하는 생활 방식을 유지하기 위해 계속 수입을 올려야 하므로 투자를 계획하고, 읽고, 생각할 시간이 거의 없다. 우리는 최근 연구에서 UAW의 소셜 미디어 사이트 이용 시간(약 14시간)이 PAW보다(약 9시간) 길다는 사실도 확인했다. 그 5시간을 앞으로의 재정 계획 수립 같은 데 쓸 수는 없을까?

오늘날 우리를 산만하게 만드는 요인들이 얼마나 많은지 생각해보라. 소셜 미디어에서 문자메시지, 게임까지 하루에 몇 시간씩 휴대전화를 사용하는가? 산만함은 사람들이 재정적 자립 또는 다른 목표를 달성하는 데 어려움을 겪게 되는 중요한 이유다. 산만해지지 않고 집중할수록 장기적으로 부를 더 쌓을 수 있다.

요즘 백만장자들은 '하루의 낙'인 활동에 얼마나 많은 시간을 소비할까? 우리가 최근 조사했던 백만장자 대부분은 소셜 미디어를 이용하는 시간이 일주일에 2.5시간에 불과하다고 보고했다. 반면 평균적인 미국인은 그 시간이 거의 6배(주당 14시간)에 이른다.

당신은 가장 최근의 대통령 선거와 결과에 대해 생각한 시간이 얼마나 되는가? 백만장자 대부분은 선거에 대해 한 시간도 생각하지 않았으며, 약 10%는 전혀 생각하지 않았다. 당신도 그 시간을 자신의 재정적, 직업적 목표 달성과 관련된 문제를 걱정하는 데 쓰는 편이 나을

◆ 표 23. **UAW와 PAW가 한 달간 특정 활동에 할애한 시간**(1996년/2016년)

활동	1996년		2016년	
	UAW	PAW	UAW	PAW
미래 투자 결정을 위한 공부·계획	5.5	10	8.7	11.3
현재 투자 관리	4.2	8.1	8.6	11.3
운동	16.7	30	19.5	25.0

◆ 표 24. **UAW와 PAW가 한 달간 특정 활동에 할애한 시간**

활동	UAW	PAW
업계 잡지 읽기	10.7	10.5
업계 잡지 외 비즈니스 기사 읽기	10.8	16.5
취미로 하는 독서	17.0	22.8
일	184.6	140.9
소셜 미디어 사이트 이용(업무와 무관)	14.2	9.3
의류, 액세서리 쇼핑(직접 상점 방문)	3.7	3.6
스마트폰이나 기타 기기로 게임하기	3.2	2.5

것이다.

정치, 스포츠, 리얼리티 쇼, 심지어 사교 행사에서 사람들이 경쟁하는 모습을 지켜보노라면 우리의 관심은 분쟁, 도전, 고통 등의 감정으로 옮겨가기 쉽다. 남들이 경쟁하는 모습에 몰입하다 보면 자신의 사

◆ 표 25. 백만장자와 일반 대중이 일주일 동안 특정 활동에 할애한 시간

활동	백만장자(주당 시간)	미국인 평균(주당 시간)
일	38.4	32.1
취미로 하는 독서	5.5	2.0
소셜 미디어 사용	2.5	14.0
운동	5.8	2.5
가족 돌보기	8.5	3.6
비디오게임	0.8	1.7
잠자기	53.6	61.5

비고: 미국인 평균 수치(소셜 미디어 사용을 제외한 모든 데이터)는 미국노동통계국 2016년 발표 자료를 참고했다.

업, 교육, 그 외 다른 생산적인 활동에 쏟을 시간과 감정 에너지를 빼앗길 수밖에 없다. 그런 경쟁이 TV에서 생생히 펼쳐진다면 미국인들의 평균 TV 시청 시간인 2시간을 훌쩍 넘길 수 있다.

성공한 사람들은 정서, 인지 자원을 포함해 자신의 자원을 어떻게 쓰는지 아주 잘 알고 있다. '가끔' 하던 기분 전환의 간격이 점점 짧아지고 기분 전환 활동이 늘어날수록 우리가 달성할 수 있는 의미 있는 일들은 줄어들 것이다. 기분 전환이 습관이 되면 산만함을 피하기가 더욱 어려워진다. 행동이 바뀌려면 결심했다는 말로는 부족하다. 유니버시티 칼리지 런던University College of London, UCL의 2009년 연구에 따르면 새로운 습관 형성에는 약 66일이 걸릴 수 있으며 뇌의 재설계도 필요하다.

◆ 표 26. 백만장자들이 일주일 동안 특정 활동에 할애한 시간

활동	해당 백만장자의 비율(%)		
	0시간	1시간 이하	1시간 이상
음악 감상	13.0	42.9	44.1
스포츠 관전	32.2	24.5	43.0
스포츠 활동	52.2	8.2	37.6
TV 정치 프로그램 시청	42.8	32.6	24.5
라디오 정치 프로그램 청취	52.9	29.8	17.3
비디오게임	77.4	16.4	9.3
온라인 쇼핑	30.2	60.9	8.9
라디오 스포츠 방송 청취	68.4	22.9	8.7
TV 스포츠 토크쇼 시청	72.7	23.6	3.8

◆ 표 27. 백만장자들이 특정 주제에 대해 생각한 시간

주제	해당 백만장자의 비율(%)				
	0시간	몇 분	몇 시간	며칠	몇 주, 몇 개월, 몇 년
좋아하는 후보의 주 선거 또는 지방 선거 패배	17.9	56.6	13.7	6.8	5.0
좋아하는 후보의 전국 선거 패배	9.4	35.5	25.3	12	17.7
좋아하는 스포츠 팀의 패배	22.7	46.8	18.6	8.2	3.6

결심이 효과가 있으려면 행동이 변화해야 한다. 그리고 행동이 변화하려면 사고가 변해야 한다. 다른 말로 하면 뇌를 재설계해야 한다. 기본 사고 양식을 바꿔보려고 그렇게 생각하지 않으려 노력해도 더 강화될 뿐이다. 새로운 사고의 신경 경로가 만들어져야만 사고 양식이 바뀐다.

나이와 소득에 상관없이 목표에 대한 집중력은 부의 축적과 관계가 있다. 하지만 우리 모두는 걱정거리들이 있고, 그것들이 시간과 인지 자원을 차지할 수 있다. 우리는 PAW와 UAW의 걱정거리에 차이가 있다는 것을 확인했다. 좀 더 구체적으로 이야기하자면 UAW는 다음 사항들을 걱정하는 경향이 있었다.

- 낮은 매출 이익
- 일자리가 없어질 우려
- 경제적 자립 달성의 실패
- 비자발적 은퇴
- 경제적으로 자립할 계획이 거의 없어 보이는 자녀
- 은퇴 후 안락한 생활을 즐길 만한 재산의 부족

우리가 내린 결정, 특히 시간, 에너지, 돈의 분배와 관련된 결정은 경제적 자립을 이루는 능력에 영향을 미친다. 겉으로 드러나는 행동 습관은 인지 자원을 차지하고 있는 문제들과 결부되어 있다. 소득을 재산으로 바꾸는 데 능한 사람들은 재산 축적에 도움이 되는 방식으로 인지 자원을 사용한다. 관심 활동과 주제가 트위터나 인스타그램

◆ 표 28. **지난주에 PAW와 UAW가 걱정한 문제들**

두려움/걱정거리	지난주에 잠시라도 해당 문제를 걱정했던 사람의 비율(%)	
	UAW	PAW
세일 기간에 쇼핑할 시간의 부족	23.5	11.8
자신의 재산을 둘러싼 가족 간 분쟁	22.0	15.3
직장/직위 상실	36.6	17.7
오존층의 파괴	29.5	24.1
경제적 자립의 실패	55.7	27.0
비생산적인 배우자나 연인이 있는 자녀	25.8	28.6
절제하지 못하는 성인 자녀	37.9	28.8
비자발적 은퇴	61.1	33.9
특정 야생동물의 멸종	44.5	35.7
자신 또는 고용주 사업체의 낮은 수익	58.3	37.8
은퇴 후 안락한 생활을 보장해줄 재산 부족	78.6	41.1
수입보다 지출이 많은 성인 자녀	43.2	43.4
경제적으로 자립할 계획이 거의 없어 보이는 자녀	60.6	44.6
부의 편중 심화	52.3	51.4
시력 또는 청력의 문제	58.8	57.3
지구의 이상기후 현상 증가	62.8	58.0
타국에서 전파된 질병의 확산	50.4	58.4
기억력 감퇴	56.8	60.2

암 또는 심장질환	62.0	61.8
시민권에 대한 정부의 통제 증가	56.1	68.1
연방 정부의 규모와 범위 확대	61.5	70.5
신체 건강 수준의 전반적 하락	71.2	76.1
기업/산업에 대한 정부 규제 증가	64.9	76.6
정부 지출 증가/연방 적자	70.5	77.7
연방소득세 납부액 인상	80.9	80.5
미국의 경제 상황	93.2	92.0

피드로 올릴 거리는 아니더라도, 시간이 지나면서 그런 행동들이 당신이 원하는 방식대로 인생을 살 수 있는 자유를 줄 것이다.

The Next Millionaire Next Door

제 6 장

안정보다는 모험을 택하는
부자들의 직업관

The Next Millionaire Next Door

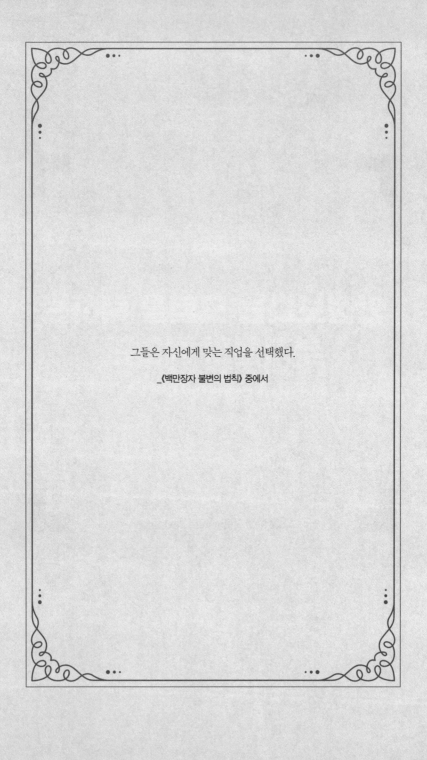

그들은 자신에게 맞는 직업을 선택했다.

_《백만장자 불변의 법칙》 중에서

그 일을 즐기든 즐기지 않든 어떤 직업에 종사하며 보내는 시간은 돈과 달리 재생 불가능한 귀중한 자원이다. 직장 생활이나 자기 사업으로 수익을 창출하는 데 사용한 시간은 회수할 수도, 다른 일에 쓸 수도 없다. 따라서 일과 직업에 대한 논의는 경제적으로 성공하고 싶은 사람에게는 매우 중요하며, 경제적 자립을 원하는 사람에게는 더욱더 중요하다.

스스로 투자 관리를 할 수 있게 해준 기술의 발전처럼, 일의 세계에서도 《백만장자 불변의 법칙》이 출간된 이후 많은 변화가 있었다. 앞서 언급했던 파이어족을 생각해보라. 1990년대라면 괴짜라고 무시했을지 모르지만 지금은 그들의 경제적 자립에 찬사를 보낸다. 게다가 이제는 대기업에 근무한다고 해서 연금과 장기적인 재정 지원이 보장되는 것이 아니므로 경제적 자립은 더욱 의미 있는 개념이 됐다.

많은 사람들이 직장 생활을 건너뛰고 흥미진진한 투자의 세계로 바로 가고 싶어 한다(투자에 대해서는 다음 장에서 다룰 것이다). 실제로 구글에 '투자 요령'을 검색하면 주식 매수와 매도의 세계에 대한 약 6억 5,600만 개의 사이트가 뜰 것이다. 반면에 '구직 요령'을 검색하면 겨우 7분의 1에 해당하는 8,770만 개의 검색 결과만 나온다.

주식 시장이나 돈 관리, 행동재무학 논의와 비교하면 '일', '경력', '직업'은 엄청나게 따분해 보인다. 증권가를 소재로 한 영화 〈월스트리트〉나 〈빅쇼트〉는 있지만 경력 개발과 탐색을 다룬 영화는 없다. 〈포레스트 검프〉 정도를 떠올릴 수 있겠지만 주인공의 직업 경험과 훗날의 사업 성공은 현실보다는 부자에 관한 신화에 가깝다.

2013년 스탠리 박사는 다음과 같은 글을 썼다.

'부자가 될 수 있는 가장 좋은 방법은 주식'이라는 제목의 신문 기사를 본 적이 있다. 주식이나 다른 투자를 통해 재산을 모으는 일은 나무를 기르는 것과 비슷하다. 도토리를 살 돈이 없다면 참나무를 기를 수 없다. 그러므로 주식 투자가 부를 가져다준다는 주장은 본말이 전도된 것이다. 절약의 문제만도 아니다. 절약에는 한계가 있다.

그런데 《백만장자 불변의 법칙》의 내용을 잘못 해석하는 사람들이 있다. 그 책에서 나는 대부분의 미국인이 부자가 아니라고 했다. 수입이 높은 또는 아주 높은 범주에 드는 사람 모두가 부자인 건 아니라는 사실은 흥미롭다. 이들 중 상당수가 그달 그달 빠듯하게 살아간다. 이 책의 덕을 가장 크게 볼 수 있는 사람은 바로 이들이다. 즉 《백만장자 불변의 법칙》은 기본적으로 평균보다 나은 생활을 하는 사람들에게 도움을 주기 위해 쓰인 책이다.

횡재한 적도 부자 삼촌도 없다면, 복권에 당첨되거나 자동판매기 거스름돈에서 희귀 동전을 발견한 적도 없다면 우리는 모두 일해서 수입을 얻어야 한다. 그리고 이 돈을 생활비로도 쓰고 저축도 해서 거기서 추가 수익이 나오도록 해야만 한다. 의도적인 조기 퇴직을 선택한 사람들도 경제생활의 초기 단계에서는 소득을 창출해야만 한다.

지출과 소비의 철저한 관리, 안정적 환경, 행복했던 어린 시절이 소득 창출에 미치는 영향에는 한계가 있다. 자신의 강점을 인식하고 목표를 수립하는 것은 시작에 불과하다. 그 강점을 활용해 소득을 올려야만 부의 씨앗을 심을 수 있다. 경제적으로 성공한 사람들은 이런 일을 어떻게 할까?

《백만장자 불변의 법칙》,《백만장자 마인드》의 독자와 비평가들의 이야기를 듣다 보면 부와 경제적 자립에 이르는 길에 대해 약간 오해하고 있다는 느낌을 자주 받는다. 많은 사람이 부자가 되는 길은 절약하며 꾸준히 재산을 모으는 길, 사회적 지위와 소득이 높은 사람들의 길, 위험을 감수하고 자기 사업에 투자하는 자영업의 길, 오직 이 세 가지뿐이라고 추정한다. 사실 그 어떤 길도 그리 간단하지 않다. 모든 길이 쉽지 않으며 엄격한 절제를 요구한다.

경제적으로 성공한 사람들은 만족감과 함께 충분한 수입을 제공하는 '적합한' 직업을 선택하는 경향이 있다. 요즘은 직장 생활 초반부터 열심히 저축해 직업 세계에서 비교적 빨리 은퇴하는 방식이 추가됐다. 10~15년 정도만 일하면서 검소한 생활 방식으로 높은 저축률을 유지하며 투자를 통해 수익을 창출하는 것도 적합한 진로가 될 수 있다. 통념과 상반되지만 파이어족의 선택도 가능한 길이다.

제5장에서 논의했던 대로, 요즘 시대엔 경제적으로 성공하는 데 특별히 높은 지적 능력이 요구되지는 않는다. 절제력이 뛰어나고 창의력을 발휘한다면 충분히 성공할 수 있다. 이웃집 백만장자의 프로필 중 2가지는 창의성과 관련이 있다. 바로 직업과 관련된 특성으로서, 시장의 기회를 노리는 데 능숙하다는 점과 자신에게 적합한 직업을 선택한다는 점이다.

경제적으로 성공한 사람들은 올바른 태도로 소득과 일에 접근한다. 그들은 일찌감치 '일'을 체험해봄으로써 재산 형성에 도움이 되는 진로와 사업을 발견하고 선택한다. 그들은 일찍 일을 시작해 그 일이 평생 부를 축적할 수 있는 일인지 빠른 판단을 내린다. 뿐만 아니라 전통적인 직업에 얽매이지 않고 부를 차츰 늘려갈 방법들을 찾는다. 그들은 자신의 재능을 최대한 살릴 사업을 벌인다.

《백만장자 불변의 법칙》에 소개된 일부 백만장자들은 특이한 사람들처럼 보였다. 중장비 임대 회사 같은 평범한 업종의 소기업주거나 교육자 또는 회계사로 일하며 서서히 재산을 모은 경우가 많았기 때문이다. 의사, 변호사 같은 전문직 종사자도 있었다. 그들은 평범한 직업에 부유해 보이지도 않았지만 실제로는 부유했다. 그들은 간소한 생활 방식 덕택에 가계소득(대개 전국 평균 이상의 수준)을 재산으로 바꿀 수 있었다. 진실은 간단했다.

직함은 재산보다는 소득을 알려주는 지표다.

가장 최근에 조사한 백만장자들도 20년 전과 마찬가지로 다양한

건축가	부동산 감정평가사	장교
경영 컨설턴트	부동산 개발업자	재무분석가
경제학자	부동산중개인	제조업체 대표
공무원	부장	조종사
공인회계사	비즈니스 애널리스트	중역
과학자	비즈니스 컨설턴트	지역 영업 담당 이사
교사	사장(부사장)	최고기술경영자(CTO)
교육 컨설턴트	섬유·가스 탐사가	최고재무관리자(CFO)
국방 컨설턴트	소기업주	컨설턴트
그래픽 아티스트	소프트웨어 엔지니어	컴퓨터 엔지니어
금융 자문가	수의사	투자자문가
로비스트	시스템 컨설턴트	트레이너
리스크 관리 컨설턴트	식당 경영자	판매원
마취과 간호사	엔지니어	프로덕트 매니저
마케팅 연구 컨설턴트	연방 요원	항공기 조종사
물리학자	영양사	회계사
변호사	영업사원	CEO
병원장	은행원	IT컨설턴트
보안 컨설턴트	의료 컨설턴트	IT회사 대표
보험중개인	의사	

산업과 직업에 종사하고 있었다(표 29 참고). 요즘 백만장자들은 (이들의 평균 순재산은 350만 달러다) 20년 전의 이웃집 백만장자들보다 전문직 종사자들에 좀 더 집중되어 있었지만 예상 외의 직업도 있었다. 이번 백만장자 표본의 직업으로는 공무원, 소기업주, 부장과 부사장, 회계사, IT회사 대표 등이 있었다. 여러 사업체를 소유하고 있다고 보고한 백만장자도 몇 명 있었고, 컨설턴트들도 있었다.

지난 20년간의 부자 연구는 아마 평균보다 소득이 높은 사람들에게 가장 유용했을 것이다. 하지만 제5장에서 살펴봤듯이 소득을 재산으로 전환하게 해주는 행동들은 소득 수준과 관계없이 유용하다.

일정한 수입원이 없다면 투자할 돈이 없다. 그리고 일정하거나 비교적 안정된 수입을 얻으려면 자신의 기술과 지식, 능력을 사용할 수 있는 직업을 찾아야 한다. 또 꾸준히 저축하면 전통적 일의 세계를 일찍 떠날 수 있을 정도로 충분한 보수를 제공하는 직업을 찾아야 한다. 자신의 역량을 최대로 발휘할 수 있는 직업의 발견은 종종 그 자체로 보상이 된다. 그리고 경제적 독립의 달성은 더 큰 보상이 될 수 있다.

그렇지만 오늘날 많은 백만장자는 60대가 되어서까지 일을 계속한다. 그들은 평균 일주일에 38시간(퇴직자를 제외하면 일주일에 45시간) 정도 일한다. 1996년에 조사했던 백만장자들은 약 3분의 2가 주당 45~55시간 일했다. 두 표본 모두 은퇴하지 않은 백만장자들은 총소득의 75% 이상을 봉급으로 벌어들였다.

1996년 부유한 가정의 20%는 가장이 퇴직자였다. 현재 백만장자 가정도 그 비율에서 크게 벗어나지 않은 19%가 가장이 퇴직한 상태다. 나머지 81% 중에서 42%가 약간 넘는 백만장자들은 자영업자다.

1996년에는 가장이 은퇴하지 않은 백만장자 가정의 3분의 2가 자영업자였다. 1996년의 66%와 2016년의 42% 간 차이는 전체 인구에서 자영업자 비중의 변화와 비슷하다. 1996년 미국 가구의 18%가량은 가장이 자영업자였다. 미국노동통계국에 따르면 2015년에는 그 비율이 10%로 자영업자의 비율이 감소했음을 알 수 있다. 이는 부분적으로 농업 부문 자영업자가 감소했기 때문이다.

앞서 말했듯이 자영업은 경제적 성공의 길 중 하나일 뿐이다. 직장이 마음에 들고, 당신이 원하는 생활 방식과 자유를 제공한다면 일이 고되지 않을 것이다. 그러나 이런 사례에 해당하지 않는다면 당신보다 앞서간, 현재의 백만장자들이 제시해주는 대안들이 있다.

일도, 실패도 해봐야 안다

직업의(그리고 경력 개발 분야의) 애로 사항은 완벽한 직업을 선택하는 데 필요한 것들을 전부 알지 못한 채 일을 시작한다는 것이다. 그러나 백만장자들은 부모에 의해 일찌감치, 빈번하게 직업 세계의 현실을 미리 맛본 경우가 많았다. 경제적으로 성공한 사람들이 진로 탐색을 강조하는 부모를 두었다는 사실은《백만장자 불변의 법칙》초판이 출간된 이후로도 변화가 없었다. 자수성가한 사람들은 일찍 일을 경험해봄으로써 기회를 포착하고 자신에게 적합한 진로와 직업을 찾아내는 능력을 연마할 수 있었다.

예를 들어 당신이 학창 시절 어느 여름방학에 광물 개발 회사에서 일할 기회가 생겨 사람들과 함께 현장에 나가 일하게 되었다고 상상해보자. 당신은 일주일에 60시간 흙먼지를 뒤집어쓰며 열심히 일했다. 여름방학이 끝나고 당신은 그 분야에 흥미가 있는지, 일반적인 광물공학자들의 근무 환경을 견딜 수 있을지, 그 일이 전반적으로 마음에 드는지 판단할 수 있을 것이다.

이런 조기 경험은 앞으로 무슨 일을 해서 돈을 벌어야 할지 사려 깊은 결정을 내리게 해준다. 많은 백만장자들이 일찍 일을 경험해봤고 그 경험의 영향을 받았다. 특히 영업 경험이 그들에게 많은 영향을 주었는데, 이에 대해서는 잠시 후 다시 살펴보도록 할 것이다.

그들은 일찌감치 일을 경험함으로써 자신이 좋아하는 일과 싫어하는 일뿐만 아니라 관심이 있는 일과 능력이 되는 일을 결정하는 데 도움을 받았다. 미국 대중 부유층 표본 집단에게 어떤 직업 체험을 해봤는지, 그와 관련된 기대가 있었는지(어떤 경험을 했다면 더 성공할 수 있었을지) 질문했을 때 다음과 같은 답변을 들었다.

- 저는 직업 체험을 통해 열심히 일해야 하며 천한 일은 없다는 교훈을 얻었습니다. 사업을 시작하려고 경력 단절을 감수하며 막노동으로 생활비를 벌고 있는 지금은 특히 그 가르침이 큰 도움이 되고 있습니다.
- 저는 소화전 교체 및 수리를 도왔습니다. 그 일을 하며 근면성, 팀워크 그리고 맡은 일을 잘 해내야 한다는 것을 배웠죠. 사무직이나 판매직 같은 따분한 일보다 즐겁기도 했고요.
- 저는 정해진 용돈을 받다가 나중에는 일을 했습니다. 부모님

은 제가 원하는 게 아니라 제게 필요한 것만 금전적으로 지원
해주었거든요. 제가 원하는 것을 가지려면 계획을 세워야만
했어요. 친구들과 스키를 타러 가려고 돈을 모을 방법을 궁리
하기도 했었죠.

- 저는 여러 가지 아르바이트를 했고, 부모님으로부터 저축과
투자를 하라는 요구를 받았습니다. 고등학교 때 뮤추얼펀드
같은 것들을 배웠고, 어디에 돈을 넣어둘지 선택해야 했죠.

- 아버지는 아르바이트를 금지했어요. 그래서 저는 일의 경험
이나 금전적 문제 등 여러 면에서 또래들에게 뒤처졌죠. 저도
또래들처럼 일을 해봤으면 좋았을 거라는 생각이 듭니다.

- 고등학교 때 했던 아르바이트는 보수가 적었지만 부모님은
제게 여러 가지 비용을 직접 부담하게 하셨죠. 그래서 저축하
고 예산을 세워 생활하는 법을 배워야 했습니다.

- 저는 일찍 아르바이트를 시작하면서 돈을 벌기가 얼마나 힘
든지 알게 됐죠.

- 10대 때는 목표를 갖고 일을 해봐야 한다고 생각합니다. 저
는 차를 사고 싶어서 열여섯 살이 되자마자 일자리를 구했고
6개월 동안 일해서 1,000달러를 모아 고물차 1대를 샀습니
다. 고물차여도 상관없었어요. 제 차였으니까요. 제가 벌어서
산 차요.

일찌감치 일도 해보고, 실패도 해보고, 안전망 없이 줄타기도 해본
경험은 장기적으로 성공적인 경력을 이어가는 데 필요한 연료가 된다.

한 번의 직업 체험이 바꿔놓은 미래

여전히 자녀들을 직업 세계에 제대로 준비시키지 못하는 부모들이 있다. 그들은 높은 수준의 소득이 일정하게 계속 들어와야 유지할 수 있는 소비 위주의 생활 방식을 보여준다. 뿐만 아니라 생계를 위해 일할 때 따르는 문제들을 적당히 얼버무리거나, 더 나쁘게는 조기 직업 체험을 전혀 시키지 않고 보호만 한다.

미리 체험해보지 않는다면 업무 시간의 50%는 출장을 다녀야만 하는 대기업의 전국 영업관리자 일을 좋아할지 어떻게 알겠는가? 가르치는 일은 어떨까? 아이들을 좋아하는 마음과 수업을 진행하는 것은 별개의 문제다. 기술 분야의 직업을 고려하는 사람도 있을 것이다. 그러나 기술 분야의 직업은 사실 온종일 자리에 앉아 하나 또는 2, 3대의 기기를 응시하고 있어야 하는데, 그 점이 흥미나 성향에 맞지 않을 수도 있다.

여러 가지 직업을 경험해볼 때 취업 시장에서 최고의 기회를 식별할 수 있게 된다는 이점이 있다. 어떤 사람들은 한 번의 직업 체험만으로도 사회경제적 성취 수준이 극적으로 바뀌기도 한다. 다음 사례를 살펴보자.

저는 대학을 그만두고 카지노 내 칵테일 바 직원으로 일하고 있었습니다. 담당 구역이 매일 바뀌어서 매일 함께 일하는 사람들이 달랐죠. 어느 날 밤 제게 배정된 구역으로 가보니 전부 저보다 나이가 많은 사람들이더군요. 미니스커트를 입고 무거운 음료수 쟁

반을 들고 있는 60대 여성들을 보면서 저는 저렇게 살지 않겠다고 결심했어요.

그 일이 있은 후 바로 다음 학기에 복학해서 졸업했고 지금은 회계사무실에서 회계사로 일하고 있습니다. 이번 가을에는 공인회계사 시험도 끝낼 겁니다. 돌이켜보면 칵테일 바에서의 그 순간이 제 삶의 전환점이었어요.

이 젊은 여성에게는 힘겨운 회계 공부도 장기적으로 불안정한 직업에 비하면 덜 힘들어 보였을 것이다.

직업에 대한 환상에서 벗어나라

시간이 지나도 백만장자들은 여전히 만족감이 높은 집단이었다. 우리가 표집한 백만장자의 90%가 삶에 대단히 만족한다고 보고했고, 이는 직업 만족도와 어느 정도 상관관계가 있었다.

그렇다면 자신의 직업에 만족하는 사람은 얼마나 될까? 우리가 조사할 수 있는 대상인 미국인들의 직업 인식을 살펴보자. 콘퍼런스 보드The Conference Board (1916년에 설립된 미국의 대표적인 비영리 민간 경제조사기관—옮긴이 주)의 조사 결과에 따르면 자신의 직업에 매우 만족하는 미국인은 50% 미만이다. 퓨 리서치 센터의 조사에서는 그 비율이 약 52%였다. 미국인적자원관리협회Society of Human Management에서는 근로자의 86%가 자신의 직업에 만족한다고 보고했다. 수치를 보면 만족하는 사람들의 비율이 상당히 높지만 거기에는 '약간 만족한다'고 응답한 사람들도 포함되어 있다.

우리는 자기 일에 '매우 만족한다'는 사람과 '약간 만족한다'는 사람은 실질적으로 상당히 큰 차이가 있다고 본다. 2017년 갤럽의 미국 노동력 현황 조사 결과에 포함된 다음과 같은 내용만 봐도 알 수 있다. "업무에 몰입하는 직원의 37%가 다른 일자리를 찾고 있거나 이직 기회를 엿보고 있는 반면, 대충 일하는 직원 또는 업무에 방해가 되는 직원은 그런 비율이 더 높았다(각각 56%와 73%). 특히 업무 방해형 직원은 새로운 직장을 찾고 있을 가능성이 일에 몰두하는 직원에 비해 거의 2배나 됐다."

어쩌면 직업에 대한 우리의 기대가 너무 큰지도 모른다. 실질적인 일이나 고생을 해본 경험이 없거나 목표를 달성하기 위해 절제해본 적이 없는 사람들은 특히 그럴 것이다. 소비와 마찬가지로 우리는 주변 사람들의 행동을 따라 한다. 많은 미국인이 일의 세계가 편하고 걱정 없다는 관점에 세뇌되어 있다. 이는 언론의 탓이 크다. 스탠리 박사는 독자들에게 TV 시트콤에서 일의 세계를 어떻게 묘사하는지 질문한 적이 있었다. 2003~2015년 동안 방영된 〈두 남자와 2분의 1〉Two and a Half Man은 논란도 많았고(주로 원래 주연 배우 때문에) 출연진과 제작진이 상과 찬사도 많이 받은 시트콤이다.

이 시트콤에는 찰리라는 인물이 등장하는데, 그는 그리 열심히 일하지 않고도 돈을 물 쓰듯 쓰면서 살 수 있는 것처럼 보인다. 그는 CM송 작곡가이지만 피아노 앞에서 악상을 떠올리기 위해 몇 시간씩 애쓰는 모습은 거의 보이지 않는다. 그런데도 그는 말리부에 있는 수백만 달러짜리 해변 저택을 소유하고 있고, 동생과 조카를 부양하며, 가정부까지 두고 있다. 그가 하는 일이라고는 집으로 손님을 불러 농담이나 하는 것밖에 없는 듯하다.

이 시트콤의 시청자들은 부지불식간에 성공한 사람은 찰리와 비슷하다고 믿도록 조건화된다. 그들은 너무나 재능이 뛰어나서 5분씩 잠깐만 일해도 근사한 생활을 할 수 있다고 말이다. 만일 찰리의 방식이 미국에서의 성공 공식이라고 생각한다면 현실에서는 크게 낙담할 것이다. 재미있게 보고 넘기는 텔레비전 프로그램이나 소셜 미디어에도 실질적인 일은 하지 않고 성공한 사람들의 모습으로 가득하다. 당연히 그것은 환상의 세계다.

상속자, 복권 당첨자, 횡재한 사람들을 제외한 사람들의 재산 형성은 스스로 수입원을 창출하는 것으로 시작된다. 경제적으로 성공한 사람들에 관한 우리의 연구 결과는 드라마 속 환상과는 너무나 다르다. 미국인 대다수는 매일 사냥과 채집을 해야 한다. 대체 소득이 없는 대다수 미국인에 속한다면 매일매일 살아가는 데 필요한 돈을 제공해주는 직업이 필요하다. 그달 그달 봉급으로 살아가는 미국인 78%처럼 말이다.

우리가 인터뷰나 설문 조사를 했던 백만장자들조차 대부분 일주일에 약 40시간씩 일한다. 그들의 90% 이상은 기혼자이며 부양할 자녀가 보통 둘이 있었다. 대부분이 40대 후반이나 50대 초반까지는 부자가 아니었다. 그리고 시트콤 속 주인공처럼 온종일 한가롭게 손님을 접대하는 사람은 극소수였다.

성공적 경력의 요건, 영업 경험

◆ ◆ ◆

스탠리 박사의 초기 연구에는 미국 부유층을 대상으로 서비스와 제품을 마케팅하려는 금융기관과 관련 회사들을 돕기 위한 것들도 있었다. 그런 연구의 일부는 끝없이 샘솟는 열정과 적극성과 더불어 영업 대상, 특히 부자에 대한 존경심을 가진 듯 보이는 뛰어난 영업 전문가들에게 초점을 맞췄다. 다음은 스탠리 박사가 영업 경험의 이점에 관해 쓴 2편의 에세이 일부를 발췌한 것이다.

(1)

1,000명 가까운 백만장자들에게 '첫 번째 정규직 직업은 무엇이었습니까?'라는 질문을 했다. 1,000명의 응답자 중 137명이 '영업·마케팅 사원'이라고 대답했다. 첫 정규직 직장으로는 가장 높은 비율이었다. 이것이 영업·마케팅 업종 종사자들이 다른 직종 종사자들보다 부유해질 확률이 훨씬 높다는 의미일까? 그렇지 않다. 백만장자들 중 영업 전문가의 비율은 미국의 전체 취업자 중 영업직 범주에 속하는 사람들의 비율에 견주면 낮은 편이다.

영업직원으로 시작한 백만장자 중 약 절반만 지금도 그 일을 한다. 이직한 백만장자들의 직업은 두 분야에 집중되어 있다. 그들은 성공적인 사업체의 소유주 혹은 관리자이거나 공개회사의 고위 임원이다.

영업 일을 하려는 사람들의 의욕을 꺾으려는 의도는 절대 아니다. 영업직은 흔히 미래의 기업 수장과 사업가를 탄생시키는 인큐베이터 역할을 한다. 적절한 자리에 배정되면 다른 기업과 사업체의 수천 명과 교류할 기회를 얻을 수 있다. 종종 그런 교류가 창의적인 면을 자극해 개발되지 않았던 기회를 찾아낼 수도 있다. 고객 업체 중 하나에 고용되는 것도 그런 기회 중 하나다. 다른 사람의 제품을 성공적으로 팔아주고 있다면 언젠가 자기 회사를 차렸을 때 자기 제품도 잘 팔 수 있을 것이다. 백만장자 대부분은 리더들이다. 그리고 리더 대부분은 자신의 아이디어를 사람들에게 알려야 한다.

진로를 고려할 때는 소득, 직무와 성장 기회 같은 다른 요인들의 절충점을 찾아야 한다. 그러나 재산 형성은 수입의 크기와 상관관계가 매우 높다는 점 또한 이해해야 한다. 보수도 높고 기회도 많은 직장을 찾을 수 있다면 이상적일 것이다.

⑵

백만장자들의 '대학 졸업 후 첫 번째 직업'으로 가장 자주 보고된 것은 영업사원이었다. 그리고 현재 그들 다수는 기업의 고위임원이거나 성공한 자영업자다. 사실 내 계산에 따르면 연소득 20만 달러 이상인 영업사원이 그 정도의 소득을 올리는 의사보다 많다.

많은 기회를 제공하는 직업임에도 불구하고 영업직을 꺼리는 사람들이 매우 많다. 어떤 사람들은 성과급제인데 실적을 내지 못할까 봐 두려워한다. 하지만 영업으로 성공하는 사람이라면 자영업자들 사이에서도 성공할 것이다. 영업직을 다른 시각으로 바라보도록 하라.

사실 영업직은 자신의 이미지를 계속 향상해가면서 돈을 받는 직업이다. 기본적으로 영업직의 직무는 나중에 당신에게 좋은 일자리를 제공해줄, 언젠가 자기 사업을 할 때 고객이 되어줄 사람들을 만나는 것이다.

영업을 하며 쌓은 경험과 개발한 기술은 영업에만 국한되지 않고, 훗날 자신의 아이디어와 서비스, 제품을 판매하는 소기업주가 됐을 때 성공할 수 있게 준비시켜 주는 이점도 있다. 지난 40년 동안 백만장자들이 우리에게 이야기해준 영업 경험의 이점은 무엇이었을까?

- 영업직은 보수 체계가 독특하다. 얼마를 벌 수 있는지 상한선이 없다.
- 영업직은 성과급제의 극치다. 사내 정치에 신경 쓸 필요도 없고 실적만 올리면 된다. 성과급제는 실적으로 증명해 보이면 된다.
- 뛰어난 영업사원은 몸값의 몇 배를 벌어들이기 때문에 그들에 대한 수요는 항상 높다.

- 영업은 당신을 널리 알려준다. 미래 직장을 위한 취업 면접을 하러 다니면서 돈까지 버는 셈이다.
- 영업직은 매우 자유롭다. 어떤 면에서 영업직은 기업가와 매우 유사하다.
- 영업 실적은 거의 모든 수량적·인구통계학적 지표를 상쇄할 수 있다. 영업 실적이 뛰어나면 고용주는 당신의 대학 평점이나 SAT 점수, 졸업 여부까지도 신경 쓰지 않는다.
- 영업직은 의사, 변호사, 기타 전문직만큼 교육을 받을 필요가 없지만 그 정도 수준의 높은 수입을 올릴 수 있다.
- 영업을 하는 동안 사실상 당신은 전략적으로 좋은 기회를 엿보는 정보 요원인 셈이다.

요즘 백만장자들과 일

경제적으로 성공한 사람들의 한 가지 특징은 자신에게 잘 맞는 직업을 갖고 있다는 점이다. 즉 그들의 기술과 능력, 지식, 관심사 및 다른 특성들이 직업의 요구 조건에 부합한다. 직업에서 얻는 수입은 그 일을 지속할 수 없다면 끊긴다. 따라서 자신에게 적합하지 않은 직업이나 진로를 선택한다면 장기적 소득을 기대하기 어렵고 스트레스와 갈등을 겪을 수 있다.

요즘 이웃집 백만장자도 여러 가지 사회경제적 상황에도 불구하고 기회를 계속 찾아내고 있다. 자신의 기술과 능력을 인식하고 시장을 파악하는 일은 여전히 필요하다. 경제적 자립을 달성한 사람들은 자신의 기술과 능력과 특성 그리고 환경과 시장을 평가할 수 있으며, 자신과 환경 모두를 최대한 활용하는 직업을 선택한다.

1998년 《백만장자 마인드》에서 백만장자 733명에게 했던 설문 조사에는 직업 선택에 중요하게 작용한 요인이 무엇이었는지 묻는 문항들도 포함돼 있었다. 5명 중 4명꼴인 81%가 "자신의 능력과 적성을 최대한 활용하게 하는" 직업이어서 선택했다고 밝혔다. 2016년에 조사한 백만장자들의 70%는 자기 직업이나 사업을 좋아하는 마음이 경제적 성공을 가져온 중요한 요인이라고 말했다(소사업주들은 4명 중 3명꼴로 이 요인이 중요하다고 이야기했다). 매일 아침 상쾌하게 일어나서 즐겁게 일할 수 있으려면 자신에게 잘 맞는 일이어야만 한다.

'평범한' 직업을 가진 백만장자?

1996년과 마찬가지로 오늘날에도 꾸준하고 신중하며 절제된 재무 관리와 규칙적인 수입만 있으면 평균 또는 그 이상의 소득으로 백만장자가 될 수 있다. 여기서 규칙적 수입이란 고액의 판매 수수료나 변호사, 의사, CEO들이 받는 아주 높은 월급을 의미하지 않는다.

그게 어떻게 가능할까? 직장 생활을 하며 느리지만 꾸준히 부를 쌓는다는 것은 상상할 수도 없거나 이의를 제기하고 싶은 사람들은 당장 그렇게 물을 것이다.《부자인 척 그만해라》의 조사에서 우리는 전형적인 대차대조표상 백만장자는 처음으로 백만장자가 됐을 때 연간 가계 실현소득 중앙값이 8만 9,167달러였다는 것을 알게 됐다. 즉 대차대조표상 부자의 절반은 소득이 그 이하라는 것이다. 이 사실은 부의 축적과 경제적 자립에 대해 무엇을 말해주는가? 재산 형성에 중요한 요소는 높은 소득보다는 부에 대한 갈망, 절제력, 지적 능력이다. 오늘날 많은 고소득자들이 돈(수입)을 쉽게 재생 가능한 자원으로 생각한다. 그 결과 그들은 '과소비족을 위한 안내서'의 원칙에 따라 행동한다.

그러나 모든 미국인이 과소비 원칙이나 최빈치 경로, 즉 우리 주변에서 가장 자주 보이는 집단이 밟는 경로를 따르는 것은 아니다. 그들은 스스로 생각한다. 그리고 이 나라의 부자 대부분이 부를 쌓고 그 부를 유지하는 이유는 상점에서 사들인 비싼 증표보다 부와 재정적 안정의 구축에서 훨씬 더 만족감을 느끼기 때문이다. 스탠리 박사에게 높은 소득 없이도 경제적 자립을 달성할 수 있다는 견해를 편지로 전해주었던 C.C. 부인도 그랬다.

스탠리 박사님께

제 친구들은 박사님의 책들을 읽고서 "C. C., 이건 네 이야기야."라는 말을 항상 했죠. 저는 공립학교만 다녔고, 거기서 롤 모델과 멘토가 되어준 선생님들을 만났습니다. 경제적으로 성공한 몇 분을 포함해서 강인한 선생님들을 알게 됐던 게 제게는 참으로 유익했습니다. 그분들에게서 저를 부양해줄 '이상적 남자'를 기다릴 게 아니라 독립적인 인간이 되어야 한다는 것을 배웠기 때문입니다. 저는 장학금을 받으며 작은 학부 중심 대학에 다녔습니다. 거기서도 제게 삶의 본보기가 되어준 멘토를 많이 만났죠.

제 순재산은 검소함과 영리한 투자 덕분이지만, 제 생활 방식은 훌륭한 교육으로 형성된 것입니다. 저는 원래 무턱대고 무리를 쫓지 않고 제 생각대로 하는 경향이 있었지만 절제력과 독립적 사고, 강한 윤리의식은 교육을 통해 배웠죠.

저는 싱글맘 밑에서 자랐고, 어머니가 직장을 다녔지만 경제적으로 불안한 어린 시절을 보냈습니다. 어머니를 보면서 여성이 경제적으로 성공하려면 더 열심히, 더 오래 일해야 한다는 것을 알게 됐죠.

저는 박사님이 조사했던 부자들 대다수만큼 부유하지는 않아도 순재산이 100만 달러가 넘습니다. 그리고 그분들처럼 대학 장학금과 훌륭한 어머니 외에는 아무것도 없이 시작했습니다. 아마도 박사님이 흥미를 느낄 만한 점이 있다면 제가 6만 달러 이상을 벌어본 적이 없다는 걸 거예요. 저는 주 정부의 중간관리자로 일했습니다.

제 재산은 대부분 수입보다 검소한 생활을 해서 모은 것입니다. 저는 원하는 것을 모두 갖고 있지만 너무 많은 것을 원하지 않도록 배웠죠. 그리고 빚을 지지 않으려고 했습니다. 직장 생활 중간에 주 정부에서 인원을 감축하는 바람에 일자리가 위태로워졌던 적이 있습니다. 다시는 그런 불확실성에 직면하지 않을 수 있는 위치로 올라가고 싶다고 생각했죠. 그래서 우선 월급이 인상되면 없는 셈 쳤습니다. 그 돈은 몽땅 투자했죠. 그다음에는 주택 대출금을 갚아버리고, 대출 상환금으로 나가던 돈을 투자했죠. 저는 상당히 조심스럽게 투자를 하지만 모험을 두려워하지도 않습니다. 저는 거의 해마다 수입의 최소 30%는 저축했습니다.

제 재산은 남편 것과는 별개로 제 명의로 되어 있고 제가 스스로 관리합니다. 최근 비상근 근무를 시작해 '반 은퇴' 상태입니다. 임금이 줄어도 생활에 지장이 없으니까 만족스러워요. 저는 아이를 낳은 적이 없지만 여러 명을 위탁 양육했습니다. 제가 어머니에게 배웠듯이 그 아이들은 제게서 돈을 관리하는 능력을 배웠습니다.

C. C. 부인의 이야기는 어떻게 몇십만 달러대의 수입이 없어도 부를 창출할 수 있는지 보여준다. 그녀의 꾸준한 수입원은 절제된 저축과 투자, 수입보다 검소한 생활을 통해 재산으로 바뀌었다. 당신도 직장 생활과 연결된 이 길을 가고 있다면 (소수의 경우를 제외하고는 비교적 고정적인) 소득을 재산으로 전환하기 위해 엄격한 규율과 자제력을 발휘해야 한다.

직장이 주는 안정을 누리되 항상 기회를 엿보라
직장 생활을 하면 경력과 수입 이상의 혜택을 누릴 수 있다. 직장은 사무실과 우호적인 직장 동료, 퇴직금 적립 같은 안정성을 제공한다. 또한 지도를 받을 리더, 다른 사람의 돈으로 산 장비, 상품권 선물이 오가는 크리스마스 파티도 있으며 탁구대, 건강보험, 건강 프로그램, 사내 체육관도 있다. 하지만 그런 혜택을 누리는 대가로 우리는 시간, 사

소득원	소득원 비율							
	0%	1%	5%	10%	20%	30%	50%	75% 이상
	해당 백만장자 비율(%)							
급여	24.1	1.9	2.5	3.3	4.5	5.8	16.3	41.6
연금/퇴직금/ 연금보험 소득	64.9	2.7	4.3	5.2	3.7	4.9	5.7	8.6
사업 이익	66.7	2.9	6.2	5.4	4.0	4.9	4.5	5.4
전문 수수료/ 판매 수수료	79.5	2.5	4.4	3.4	2.7	2.4	1.5	3.7
수수료/보너스/ 이윤 분배	51.6	6.2	7.7	10.1	9.9	5.1	6.2	3.2
배당금	20.7	32.8	23.6	12.3	5.5	2.4	1.1	1.6
부동산 임대소득	68.6	7.2	9.1	6.3	3.6	1.8	2.6	0.8
실현자본이익 (주식)	45.1	18.5	19.4	10.2	3.7	1.8	0.6	0.8
신탁 또는 부동산 수입	86.2	3.8	2.7	2.8	1.8	1.3	0.7	0.7
예금/양도성 예금(이자)	38.4	39.9	13.1	6.5	1.0	0.5	0.3	0.3
실현자본이익 (기타 자산)	75.6	9.5	6.2	5.1	1.3	1.5	0.7	0.2
위자료 또는 양육비	99.2	0.0	0.3	0.2	0.2	0.0	0.0	0.2

지적재산권 수입	97.4	1.3	0.6	0.3	0.2	0.0	0.0	0.2
친족 증여(현금, 주식, 부동산, 자동 차 등)	90.3	6.8	1.9	0.8	0.2	0.0	0.0	0.0
기타	73.4	4.9	8.5	6.4	2.7	1.4	1.7	1.0

실 우리 삶의 대부분을 바친다. 그 사실을 너무 늦게 깨닫는 사람이 많다. 그리고 직장이 항상 안전한 것도 아니다. 직장에 다니는 동안 수입뿐만 아니라 장차 적응력과 자원이 돼줄 수 있는 기술과 기회, 경험도고용주에게서 얻고 저축해놓도록 하라.

당신이 습득한 기술과 경험은 일자리 감축, 경제 불황, 심지어 지정학적 격변에 대한 좋은 방어책이라는 것은 변함없는 사실이다. 재앙이 닥쳤을 때 지식, 기술, 능력 및 다른 특기가 있는 사람은 새로운 산업, 국가, 기회로 옮겨갈 수 있다. 수십 년 전의 백만장자들은 제2차 세계대전의 격변과 공포를 겪은 이들이 많으므로 아마 이 점을 잘 알고있을 것이다. 하지만 오늘날 성공한 사람들 역시 시대와 상관없이 이런 대비를 할 필요성을 인식하고 있다.

실직을 경험했던 사람들은 그 기억에 오래 시달리기도 하지만 그때의 경험으로 행동하게 되기도 한다. 미네소타주에 사는 이웃집 백만장자의 대학 시절 경험과 그의 태도를 살펴보자.

저는 대학에 다니면서 블랙잭 딜러로 아르바이트를 하다 해고됐습니다. 1989년에 상장된 큰 회사였는데도 말이죠. 저는 그 일자리가 있어야만 집세와 등록금을 해결할 수 있었습니다. 그래서 상사에게 제가 왜 해고됐는지 물었습니다. 저는 항상 초과 근무를 자원했고, 고객들에게 아주 좋은 평가를 받았으며, 성실한 직원이라는 근무 평가를 받았기 때문입니다. 상사는 다른 직원들에게는 가족이 있지만 저는 젊고 다른 일자리를 쉽게 찾을 수 있을 거라고 생각했다더군요.

그 일은 제게 전화위복이 됐습니다. 성실한 직원이라는 평에도 불구하고 해고된 결과, 아무리 열심히 일해도 회사가 나를 돌봐줄 거라고 믿으면 안 된다는 사실을 젊어서 배웠으니까요. 그런 경험을 한 이후로 저는 다시는 고용주에게 의지할 필요가 없는 삶을 살아야겠다고 다짐했고 실제 그렇게 살아왔습니다. 저는 항상 자영업을 해왔고, 지금 제가 49세인데 사업이 그다지 재미가 없다면 오늘이라도 당장 은퇴할 수 있습니다.

경제적으로 성공한 사람들의 공통된 특징이 있다. 그들은 그들이 마주한 난관과 경력상 좌절을 더 나은 미래를 위한 도약의 발판으로 삼는다. 또 남을 비난하며 허투루 시간을 보내는 일이 거의 없다. 자영업이 됐든 다른 직장이 됐든 또는 앞에서 살펴봤듯이 소비 중심 생활방식의 탈피와 더불어 조기 퇴직을 하든 그들의 소중한 자원과 시간은 자신의 다음 경력 이동에 대해 숙고하고, 계획하고, 실행하는 데 쓰인다.

직장 생활의 덫에서 탈출하기 위한 3가지 요소

한번 다음과 같은 상황을 가정해보자. 당신이 수년간의 교육을 거치고 몇 년 동안 일하며 경력을 쌓아왔는데 이제 더 이상 직장 생활을 하고 싶지 않다는 생각이 들었다. 하지만 그동안 쌓은 경력과 인맥과 승진에 들인 시간과 노력이 아까워 이러지도 저러지도 못하고 있다면 어떻게 해야 할까? 당신이 월급에 의존하고 있다면 이런 상황은 남은 인생 내내 불만과 스트레스의 원천이 될 수 있다. 만일 자영업자의 대열에 합류하겠다는 결정을 내린다면 어떻게 될까?

부자 연구를 하다 보니 우리의 연구와 데이터, 우리의 책과 사연과 설문 조사 응답에 대해 사람들과 이야기를 나누게 되는 일이 많다. 대개는 이런 식으로 대화가 시작된다. "《백만장자 불변의 법칙》을 재미있게 읽었어요. 사연들이 재미있더라고요. 특히 혼자 힘으로 전부 해낸 사업주들의 이야기가요. 저도 제 사업을 해볼 생각을 많이 했거든요." 하지만 대체로 대화는 "자기 사업에는 너무 무거운 책임이 따르는 것 같아요.", "저는 정규직이 제공해주는 안정성과 복리후생제도가 필요해요." 같은 이야기로 마무리되고는 한다.

백만장자들이 '생계를 위한 일'의 덫에서 벗어날 방법으로 알려준 이야기는 3가지 주제로 정리된다. 전직이 가능하도록 생활하며 여유자금을 만들고(사업을 시작하면서 저축으로 생활), 기존 직업에서 수입을 얻는 한편으로 취업 전망을 탐색하며(부업) 자영업으로 옮겨가는 것이다.

여유 자금을 마련하라

우리가 인터뷰했던 백만장자 대부분은 수입보다 적게 소비할 때 매우 자유로워질 수 있다고 강조했다. 그들이 말하는 자유란 현재의 직업 말고 다른 일을 시도해볼 수 있는 시간과 융통성의 증가를 말하며, 이를 통해 수입의 증가 가능성을 제공하는 직업으로 옮겨갈 기회를 의미한다. 물론 미래를 예측하기는 어렵다. 특히 일을 시작한 지 얼마 안 됐거나 높은 소득에 맞춘 생활과 지출을 해왔다면 더 그렇다. 캘리포니아에서 생물학 강사로 일하는 한 백만장자는 이런 이야기를 들려줬다.

처음으로 전문대학에서 강의를 맡았을 때는 시간강사였습니다. 나이 많고 노련한 한 강사가 제게 저축하고 투자하는 법을 배울 필요가 있다면서 이렇게 말했죠. "더 이상 가르치는 일이 싫다는 생각이 드는 날이 올 수도 있거든요. 그럴 때 저축해놓은 돈이 있어야 억지로 일하지 않고 그만둘 수 있고, 더 중요하게는 다른 선택을 할 수 있어요. 부자가 되기 위해 돈이 있어야 하는 게 아닙니다. 돈은 선택권을 가질 수 있게 해줍니다. 선생님이 지금은 젊으니까 이 사실을 잘 모르겠지만 언젠가는 알게 될 거예요." 그 이야기를 들은 날로부터 25년이 지난 지금 저는 그 충고를 마음에 새긴 덕분에 돈과 선택권 둘 다를 갖게 되었습니다!

다른 사람들은 이런 사실을 나중에 깨닫는다. 하지만 그때 여유가 없다면 어떻게 되겠는가?

직업은 거주지역과 마찬가지로 생활 방식에 큰 영향을 준다. 그리고 당신과 가족이 자유롭고 유연하게 경력의 큰 변화를 꾀할 가능성을 좌우한다. 과거 중견 기업의 영업 담당 임원이었던 배리 라이오넬의 생활 방식을 잠시 생각해보자. 그의 부모님은 공무원이었으며 그는 따뜻한 가정에서 사랑받으며 평탄하게 자랐다. 훌륭한 대학 교육과 더불어 일찍부터 일해본 경험으로 무장한 그는 빠르게 승진하기 시작했다.

그가 다니는 회사가 성공하고 그의 수입이 늘어남에 따라 그와 가족의 소비도 증가했다. 중산층 동네에 있는 침실 3개짜리 작은 집에 살던 아내는 남편의 성공에 상응하는 집이 필요하다는 결정을 내렸다. 그의 수입이 10만 달러를 넘어 연봉 18만 달러가 되자 라이오넬 가족은 고급 주택가에 있는 93만 5,000달러짜리 집으로 이사했다. 당시 그의 연봉의 5배가 넘는 가격의 집이었다. 하지만 그가 다니는 회사의 다른 임원들도 비슷한 수준의 집에 살고 있었다.

라이오넬 가족이 이사한 새 동네는 HOA(자택소유자협회) 회비로 1년에 약 1,500달러를 내야 했으며, 동네 사람 대부분이 입회비가 8만 달러에 월 회비가 650달러인 컨트리클럽 회원이었다. 그때만 해도 라이오넬 가족 앞에 펼쳐진 모든 것이 장밋빛인 듯했다.

하지만 곧 라이오넬 가족은 동료들과 새로운 지역사회의 주민들과 보조를 맞추느라 그달 그달 빠듯하게 생활해야 했다. 그러다 그의 회사가 다른 회사에 인수됐다. 회사가 매각되면서 그도 140만 달러를 받기는 했다. 하지만 달리 저축해놓은 돈이 없었으므로 그 돈이 사실상 라이오넬 가정의 전 재산이었다. 게다가 그는 고용 승계 대상에 포함되지도 않았다. 더 중요하고 심각한 문제는 라이오넬 가족의 소비 습관이 과거 그의 소득 수준에 맞춰져 있다는 것이었다.

라이오넬은 몇 번 사업을 시도했다가 실패했다. 그러나 가족의 과소비는 더 심해졌고 성인이 된 자녀들이 꾸린 가정 역시 소비 수준이 높았다. 그는 굉장히 열심히 일했지만 그런 노동의 결실을 즐기지 못했다. 결실이 생기는 족족 먹어치웠기 때문이다. 그는 확실하게 소득 명세서상 부자이며 자녀도 그렇게 만들고 있었다.

그가 거친 경로는 어떤 유형일까? 그야말로 소비 위주의 생활에 이끌려온 길이었다. 그의 경력이 쌓이면서 생활 방식이 어떻게 바뀌었을지 생각해보라. 그가 타는 차, 식사하는 곳, 어울리는 친구, 휴가는 여러모로 그의 수입과 직장 공동체에 의해 결정됐을 것이다.

어떤 소비재든 놓치지 않고 써보고 싶다면 그건 당신의 선택이지만, 그 결과는 수학적으로 간단하고 명확하게 정해져 있다. 수입보다 많이 지출하고, 은퇴를 대비해 저축하는 대신 지출하며, 부자가 될 거라는 기대감으로 소비한다면 당신은 월급의 노예로 전락하게 된다. 나중에 수입이 어마어마하고 회사 매각 같은 일생일대의 기회가 찾아온다 해도 말이다.

과거 젊은 임원이었던 라이오넬의 과도한 소비 생활은 시간도, 선택권도 바닥난 후에야 감지됐다. 시간이 절약된다거나 꼭 가져야 하는 물건이라는 생각으로 조금씩 늘어난 소비는 의식되지도 않고, 쉽게 끊지도 못한다. 이런 생활 방식을 지속할 수 있을까? 살아남으려면 어떤 생활 방식이 필요할까? 그 길을 당신 스스로 원하는가? 당신은 현재 존재하지 않는 길을 만들어나갈 만큼 강한 사람인가? 또는 계속 직장 생활을 하면서 자아의식과 목표 의식을 유지할 수 있는가? 경력 초반에 이 질문들에 대한 답을 알게 된다면 훗날 삶에 대한 만족이 보장될 것이다.

위의 질문 중 일부는 자신의 강점과 약점에 대해 다시 생각해보기를 요구한다. 하지만 대부분은 소득 수준이나 성공적 경력, 이웃과 가족, 직장 동료의 행동과 상관없이 생활 전반의 절제에 달려 있다. 경력선택의 자유를 위해서는 경제적 여유가 정말 필요하기 때문이다.

당신의 운명을 바꿀 수 있는 재산 만들기

◆ ◆ ◆

최대 10년 이상 일하지 않고도 살 수 있는 예금액을 지칭하는 '고 투 헬 자금'go to hell fund 개념은 특히 이제 막 일을 시작한 사람들에게는 환상처럼 들릴 것이다. 하지만 제1장에서 논의했듯이 이 개념을 중심으로 성장하고 있는 공동체도 있다. 사실 경제적 자립을 달성한 사람들은 투자만 해놓으면 고 투 헬 자금으로 평생 버틸 수 있다. 스탠리 박사는 직장의 덫에서 헤어날 수 없다는 독자의 이메일을 받고 즉시 고 투 헬 자금의 이점에 관한 다음 글을 썼다.

나는 《백만장자 불변의 법칙》에서 영업사원인 백만장자를 소개했다. 다른 자수성가한 백만장자들처럼 그도 "혹시 고용주가 오스틴을 떠나 본사가 있는 로튼체스터Rottenchester(뉴욕주 로체스터의 별칭)로 가라고 제안할 때를 대비해 고 투 헬 자금을 갖고 있다."

라고 말했다. 하지만 다행히도 그간 오스틴을 떠날 일이 생기지 않아서 하늘에 감사한다고 했다. 이웃집 백만장자들은 이렇게 10년 이상 일하지 않고도 살 수 있는 재산을 모아놓는다.

미국 남부의 아름다운 동네에 거주하는 F 씨의 이메일을 보고 나는 오스틴의 백만장자가 말해준 지혜를 떠올렸다.

오늘 아침 저는 《백만장자 불변의 법칙》을 빌리려고 동네 도서관에 갔습니다. 하지만 스페인어 판밖에 없어서 《이웃집 여자 백만장자》를 대신 빌려왔습니다. 그런데 8쪽 두 번째 단락을 읽고 나서 저의 슬픈 현실에 울음과 웃음이 동시에 터지는 '웃픈' 일이 벌어졌죠.

최근에 저는 비행기로 18시간이 걸리며 제게 이 세상에서 가장 소중한 사람들이 있는 곳과 시차가 12시간이나 나는 13만 킬로미터나 떨어진 데로 출장을 가야 했습니다. 한마디로 고약한 상황이었지만 생활비를 벌려면 어쩔 수 없는 일이라고 스스로 설득했죠. 지금은 부의 경작자가 되기 위해 모든 노력을 기울이고 있다고만 말씀드리고, 곧 저의 변화에 대해 알려드리도록 하겠습니다. 증거를 기반으로 격려가 되는 책을 써주셔서 감사합니다!

무엇이 F 씨의 '웃픔'을 촉발시켰을까? 《이웃집 여자 백만장자》

의 글을 살펴보도록 하자.

> 당신은 수렵채집인 무리에 있는 것이 지겹지 않은가? 각종 청구서를 납부하게 해줄 월급을 받기 위해 매주 다른 도시로의 출장도 마다하지 않을 정도로 지금의 소비 생활이 좋은가? 부의 경작자로 변신하기 시작하라. 집에서 1만 6,000킬로미터 떨어진 곳에서 낯선 사람에게 둘러싸여 일한 다음 끔찍한 날씨에 비행기를 타야만 할 때 그 점을 생각하라. 결정은 당신에게 달렸다. 경제적 자립을 달성한 사람들은 다음 목적지를 스스로 정한다. 지금 당신과 당신의 경력은 기본적으로 회사의 자산이다. 당신들 중 누구도 자기 결정의 사치를 누리지 못한다.

> 나는 이런 말도 썼다. "여기에 소개된 백만장자 여성 사업가들은 그런 생활을 용납하지 않을 것이다. 그들은 자유롭다. 그들은 부의 경작자이며 삶에 만족하고 자신의 운명을 통제하고 있다."

또 다른 수입원을 만들어라

일이 가족처럼 인생의 더 중요한 측면을 방해할 때는 여유 자금의 확보가 무엇보다 필요하다. 순재산이 100만~150만 달러인 노스캐롤라이나의 한 이웃집 백만장자는 고소득의 필요조건인 '희생'이라는 덫에서 탈출한 경험을 들려주었다.

저는 세계적 기업에서 3개 대륙, 7개 국가의 직원들을 관리하는 일을 하고 있었습니다. 아이들과 남편이 최우선이라고 생각했는데 제가 주말과 이른 아침, 늦은 저녁에도 "난 일해야만 해."라는 이야기를 자주 하고 있더라고요. 어느 날 오전 7시에 임원진이 주관하는 전화 회의를 하면서 회사 일이 과도하다는 생각이 들었어요. 제가 참석해야만 하는 회의였는데, 그날따라 남편도 회의가 있어서 일찍 출근해버리고 세 살짜리 아이는 제 다리를 붙들고 울고 있고 다섯 살짜리는 문을 두드려댔죠. 그날 아침 저는 일이 인생의 전부가 아니라는 생각을 했습니다.

그 후 우리는 제가 아이들을 돌보며 집에 있는 방안에 대해 진지하게 이야기를 나눴어요. 그건 제가 받고 있던 임원 훈련 프로그램을 포기하고, 우리 가족에게 익숙한 재정적 안정도 포기한다는 의미였습니다. 가지고 있던 주식 중 일부를 팔아서 주택융자금을 갚고 공식적으로 채무를 100% 없앴습니다. 그런 다음에 제가 사표를 냈죠.

지금 우리 가족의 생활은 예전과는 다릅니다. 우리는 예산에 맞춰 생활하므로 원하는 것을 아무 때나 할 수 있는 일이 없어졌습니다. 하지만 저축을 우선시하는 데는 변함이 없습니다. 우리 아이들은 더 행복해졌고 우리 부부도 더 행복하고 스트레스가 줄었습니다. 한 번 사는 인생인데 직장이 저더러 어떻게 살라고 정하게 놔둘 수는 없죠.

풀타임 직장에서 일하며 선택지를 탐색해보는 한 가지 방법은 부업을 하는 것이다. 미국 취업 인구의 약 3분의 1은 부업을 하고 있다. 소득을 보충해야만 해서 부업을 하는 이들도 있지만, 수입 창출의 기회를 계속 찾으면서 앞으로의 전직을 준비하기 위해 부업을 하는 이들도 있다.

부업의 규모가 클 수도 작을 수도 있지만, 경제적으로 성공한 미국인들이 시도하는 일이 대부분 그렇듯이 부업도 성공하려면 시간과 돈을 들여 발전시키고 유지해야 한다. 인스타그램 피드를 들여다보거나 게임을 하는 데 썼던 일주일의 몇 시간을 새로운 직업이나 자기 사업으로 이어질 수도 있는 관심사를 추구하는 데 써보도록 하라.

다수의 수입원 창출은 오랜 세월 이웃집 백만장자들이 써온 전략의 하나였다. 수입을 창출할 수 있는 여러 가지 기회를 만들 수 있는 사람들, 취미를 소득 창출 활동으로 바꿀 수 있는 사람들은 미래의 이웃집 백만장자가 될 것이다.

요즘은 기술 덕분에 훨씬 쉬워지기는 했지만, 부업은 생각 이상의 절제력과 인내심, 회복탄력성 같은 부의 성공 요인을 필요로 한다. 일단 부업은 단순히 직장에 계속 다니며 수입보다 적게 지출하는 생활을 하는 이상의 절제력을 요구한다. 똑같이 거절당하기도 하지만 회사의 뒷받침을 받는 영업 활동보다 강한 인내심도 필요하다. 그러나 이런 부업에서 성공할 수 있는 사람은 지금 다니는 직장을 그만두기 전에 다른 직업을 경험할 기회를 얻으면서 추가 수입원이라는 부수적 혜택까지 누릴 수 있다.

경제적으로 성공한 백만장자들이 들려준 이야기에서 부업을 시작해 성공한 사람들의 공통점을 찾아보면 다음과 같다.

- 그들은 용기가 있다. 그들은 부업의 필요성을 인식하고 '안전한' 직장 밖에서 모든 자유 시간과 자본을 투자해 그 일을 추진하는 모험을 했다.
- 그들은 시장 데이터를 입수했다. 그들은 자신의 제품과 서비스를 구매해줄 잠재 고객 표본과 교류하거나 최소한 접할 수 있었다. 부업을 하는 사람들 다수는 사업을 시작하기도 전에 미래 고객의 요구에 크게 공감하는 모습을 보여줬다. 그들은 "필요한 것이 무엇이며 현재 제품의 문제점은 무엇인가요?" 라고 잠재 고객들에게 끊임없이 물었다.
- 그들은 자신의 사업에 자긍심과 자신감을 느꼈다. 이웃집의 페인트칠과 가상 업무 지원에서부터 업워크Upwork 같은 프리랜서 플랫폼에 자신의 서비스를 광고하거나 동창생을 찾아가는 것까지 남들이 자기 부업에 대해 뭐라고 하든 신경 쓰지 않고 모든 노력을 기울인 사람들이 성공했다.

부업의 이점은 '시장 데이터를 입수할 수 있다'는 점이다. 특히 고객 접촉의 기회가 얼마나 중요한지는 헤어케어 제품 제조사인 레드켄을 공동 설립한 폴라 켄트 미한Paula Kent Meehan의 사례에서 엿볼 수 있다. 미한은 1950년대 후반에 주로 광고를 촬영하고 간간이 단역으로 출연했던 배우 지망생이었다.

그런데 이 미인대회 출신 배우가 연기 경력을 쌓는 것을 방해하는 요인이 또 있었다. 배우들이 사용하는 화장품과 헤어 제품 모두가 그녀의 피부에 심한 자극을 주었다. 미한은 베벌리힐스의 미용사 제리 레딩에게 샴푸에 심한 알레르기 반응이 생긴다고 말했고, 이때부터 그녀의 부업이 시작됐다. 레딩의 고객 중에도 같은 문제를 토로한 이들이 많았다. 마침 그는 화학자로 '부업'을 하고 있었다.

레딩과 미한은 레드켄의 전신인 회사를 공동으로 설립했다(후에 레딩은 그의 레드켄 지분을 미한에게 팔았다). 처음부터 이들은 기존의 샴푸와 헤어 제품에 알레르기 반응을 보이는 여성이 많다는 사실을 잘 알고 있었다. 이 문제를 아는 사람은 많았지만 여기서 중요한 시장 가능성을 엿본 사람은 오직 미한과 레딩뿐이었다. 두 사람 모두 기업가의 비전 또는 창의적 지능을 갖고 있었던 게 분명하다. 여기에 용기와 추진력까지 있어서, 이들은 알레르기를 유발하지 않는 제품들을 35개국에 판매하러 나섰다.

레드켄 제품을 오직 미용실을 통해서만 유통시키는 것은 당시에는 새롭고 기발한 전략이었다. 사실상 미한은 고급 미용실의 미용사 수만 명을 레드켄 제품 영업사원으로 둔 셈이었고, 고객들은 '미용실 의자에 앉아 있는 동안' 꼼짝없이 그 홍보를 듣고 있을 수밖에 없었다. 미한은 레드켄 막후의 마케팅 인력이었다. 그녀는 엄청난 에너지로 적극적으로 사업을 키우고, 제품을 팔면서 배우로도 일했다. 그리고 사업을 키우고 운영하기 위해 경영, 회계, 법률 야간 강의를 들었다.

그녀의 무한한 에너지는 레드켄 제품의 잠재력이 엄청나다는 확신에서 나왔다. 그녀에게는 pH 농도 균형을 맞춘 레드켄 미용 제품들이 피부에 좋다는 절대적인 믿음이 있었다. 그리고 수많은 여성이 자신처럼 민감한 피부로 인해 문제를 겪고 있다고 예상했다. 성공한 기업가 대다수처럼 미한은 자신이 하는 일뿐만 아니라 그녀가 팔아야 하는 제품에도 커다란 애정을 품고 있었다. 그녀는 《백만장자 마인드》에서 언급한 대로 독특하고 수익성이 있을 뿐 아니라 자신이 사랑하는 직업을 선택했다.

부업 활동에 필요한 요건은 무엇보다 '자신감'이다. 고등학교 교사인 머리는 자신 있게 수익을 창출해줄 부업을 선택한 사례다. 머리가 수년 동안 재직했던 학교는 학생들의 학업 향상을 위해 노력을 기울이지 않는 학군에 속했다. 그래서 SAT 점수, 대학 진학률 등에서 최상위권에 속하는 학군에 자리가 났을 때 그는 덥석 그 기회를 잡았다. 학교를 옮기면서 그의 월급도 크게 올랐다. 하지만 명문 학교에서 가르치게 된 기쁨과 수입 증가에 취해 그는 실수를 저질렀다. 학교가 있는 부유하고 아름다운 동네에 집을 산 것이다. 그가 감당하기 힘든 동네에 있는 집이었다.

일반적으로 교육자들은 검소하다. 여러모로 머리와 그의 가족도 검소했다. 하지만 부유한 동네에 살면 모든 비용이 더 들기 마련이다. 머리가 매일 땅콩버터 샌드위치 도시락을 싸가도, 주택 관리와 수리를 전부 직접 해도 소용이 없었다. 훌륭한 수비로는 충분하지 않았다. 게다가 셋째 아이가 태어나면서 머리의 아내는 일을 그만두고 전업주부가 됐다. 이런 상황에서 그의 가정은 자녀의 학자금을 저축할 수도 없었고 다른 예금도 얼마 하지 못했다. 오늘날 수백만 명이 겪는 문제에 똑같이 부딪힌 것이었다.

어느 여름날 머리가 집을 페인트칠하는 동안 옆집 사람이 지나가는 길에 들러 잡담을 나눴다. "저도 당신처럼 직접 집을 페인트칠할 수 있으면 좋겠는데 도무지 시간이 나지 않네요. 출장이 많은 직장이라서 그래요. 얼마 전 페인트공 3명에게 견적을 받아봤는데 어찌나 비싸게 부르는지 기가 막히더라고요." 머리는 페인트공들이 불렀다는 금액을 듣고 사다리에서 떨어질 뻔했다.

다음 날 아침 머리에게 좋은 생각이 떠올랐다. 너무 명백해서 99%는 지나쳤을 기회를 알아본 천재적인 아이디어였다. 머리는 전문 페인트공이 제시한 금액보다 훨씬 적은 돈을 받고 이웃의 집을 페인트칠해주더라도 상당한 이익이 남겠다는 생각을 했다. 그 일을 할 수 있는 지식과 장비는 이미 갖고 있었다. 게다가 그는 아마추어치고는 페인트칠 실력이 아주 뛰어났다. 물론 잠시 '부유한 동네에 사는 교사가 여름방학 때 페인트칠을 하고 다녀도 될까? 사람들이 뭐라고 할까?'라는 생각이 들었다. 하지만 가족의 경제적 행복이 이웃 사람들의 이야기보다 더 중요하다는 결론을 내렸다.

머리는 옆집에 가서 전문 페인트공이 제시한 최저가의 3분의 2 정도 되는 가격에 페인트칠을 해주겠다고 제안했다. 이웃은 모험하는 셈 치고 머리에게 일을 맡겼다. 이때까지만 해도 주택 페인트 시공 사업을 시작한다는 구상 같은 건 없었고 단지 가욋돈을 약간 벌어볼 생각이었다. 하지만 옆집의 페인트칠을 하는 동안 다른 이웃이 지나가다 그에게 견적을 요청했다. 그는 그 집의 페인트칠도 해주었고, 뒤이어 다른 집들에서도 요청을 받았다. 곧 머리가 감당하기 힘들 만큼 일감이 많아졌다. 다음 여름방학에는 동료 몇 명을 고용해 함께 작업했다. 가장 성실한 11, 12학년생들에게도 용돈 벌이를 시켜줬다. 그 학생들은 대학에 간 뒤로도 여름방학마다 와서 함께 일했다.

머리는 각종 복지 혜택이 좋은 직장을 유지했다. 물론 가르치는 일을 좋아하지만, 이제 그는 여름방학 중에 하는 부업으로 버는 수입이 더 많다. 그는 중산층이라는 인식 때문에 일부 사람들이 하지 않는 일을 주저하지 않고 할 수 있었기에 성공했다.

직업을 활용한 부업 사례

◆ ◆ ◆

정규직 풀타임 직장에서 얻은 경험과 지식으로 동일 분야나 산업 내 문제에 새롭게 접근해서 부업을 시도해볼 수도 있다. '부록 3'에는 소득 대비 재산이 많은 대중 부유층(고액 순재산 보유자 표본)의 부업 종류가 일부 열거되어 있다. 당신도 현재 직장에서 월급을 받으면서 해당 산업 및 분야에 대한 지식을 습득하고, 이 지식과 기술을 수익성이 더 높을 수 있는 새로운 일에 적용할 수 있다. 스탠리 박사가 몇 년 전에 공유했던 다음 사례들을 살펴보자.

〈애틀랜타 저널 컨스티튜션〉에 치위생사로 일하다(미국의 치위생사는 19만 2,330명이다) 수백만 달러 가치의 사업체를 설립한 토냐 랜시어라는 여성이 소개된 적이 있다. 나는 그녀가 비범한 창의적 지성 덕택에 사업가로 변신할 수 있었다고 믿는다. 그녀는 연소득 중앙값이 약 7만 1,530달러인 치위생사로 일하면서 잠재적 고객과 구직자 수백 명을 접촉하게 됐다.

직원을 구해야 하는 치과 의사들은 늘 훌륭한 직원을 추천해 달라고 그녀에게 부탁했다. 그들은 치위생사가 임시직으로 여러 병원에서 시간제 근무를 하며, 같은 일을 하는 친구들이 많다는 사실을 알고 있었다. 직원 좀 구해달라는 부탁을 너무 많이 받았던 그녀는 치과 업계의 전국 온라인 구인 사이트를 개설하기로 했다. 현재 그녀의 사이트에 등록한 이용자는 40만 명이 넘는다.

어떻게 사업 경험이나 경영학 학위, 마케팅 배경 지식, 컴퓨터 경험도 없는 사람이 온라인 사업에서 성공할 수 있었을까? 그런 지식과 경험을 가진 사람은 고용하면 되지만 구인·구직 서비스를 제공할 생각은 토냐의 창의적 지성 또는 기업가적 비전에서 나왔다. 또한 토냐는 대단한 인내심과 리더십도 보여줬다.

'간호사는 소득을 재산으로 바꾸는 능력이 어느 정도나 있는가?' 라는 질문을 어느 간호사에게 받은 적이 있다. 봉급이 아주 높은 정식 간호사는 우리가 조사한 200개 업종 중에서 88위를 차지해 중간 정도의 생산성을 보였다.

하지만 그녀의 질문을 받고서 엄격한 훈련과 뛰어난 근면성, 축적된 경험을 활용해 수익성 높은 다양한 사업을 했던 간호사들의 사례가 떠올랐다. 게다가 그들 모두는 이웃집 백만장자들의 핵심 특성 중 여섯 번째 요소에서 높은 순위를 기록했다. 즉 그들은 시장 가능성을 포착하는 데 능했다.

그 일례인 케이는 수술실 간호사로 9년 동안 일했다. 그런 다음 수술 장비를 판매하는 일을 했다. 그녀는 영업 활동을 하면서 자신이 전통적인 영업사원의 직무에 속하지 않는 활동에 많은 시간을 쓴다는 것을 깨달았다. 그녀는 의사, 간호사, 의료기사가 필요한 병원과 의원을 위해 아마추어 헤드헌터 노릇까지 하고 있었다. 많은 고객에게 무료로 제공했던 이 '부가 서비스'는 케이가 최고의 실적을 올리는 데 큰 도움을 줬다.

결국 그녀는 수요가 있으니 사업 가능성이 있겠다고 생각했다. 게다가 그녀에 대한 고객의 호감도도 높았고 의료계에 연줄도 많았다. 그래서 나는 《백만장자 불변의 법칙》에 "성공한 사업주 대부분은 자신이 선택한 산업에 대한 얼마간의 지식과 경험을 쌓은 후에 자기 사업을 시작했다."라고 썼던 것이다.

케이는 영업직을 그만두고 의료 분야를 전문으로 하는 채용 대행 회사를 차렸다. 그녀가 창업을 결심한 데는 자영업을 하고 싶었던 마음이 동기로 크게 작용했다. 그녀는 간호사라는 직업에 대한 만족도도 높았지만, 그만큼의 노력과 책임이 있으면 자영업을 할 수 있다는 것을 알게 됐다.

자영업을 선택한 간호사들은 더 있다. 그들이 선택한 사업 종류로는 경영 컨설팅/의료 행정, 재택 건강관리 서비스, 가정 간호 전문 인력 알선 사무소, 요양원과 재활 시설 소유주/관리자, 정신병원 소유주/관리자, 어린이집과 유치원이 있다.

자영업으로 전환하라

미래의 이웃집 백만장자는 방어에 힘쓰는 안전한 길을 선택할 수도 있다. 또는 자영업을 하면서 상당한 위험을 감수하고 자신에게 주어진 특별한 자원으로부터 가치를 창출하려고 노력할 수도 있다. 30% 가까운 자영업자 백만장자는 평생 동안 '모험' 또는 '대단한 모험'을 감수하며 진로 결정을 해왔다고 말한다. 그에 비해 비非자영업자인 백만장자들은 15%만 그렇게 말한다.

오스틴에 사는 백만장자 아내의 이야기를 들어보자. "어느 날 남편이 자기 사업을 하겠다는 결정을 내렸어요. 저는 불안했지만 함께 계획을 세웠죠. 그가 월급쟁이를 그만두고 사업을 시작할 수 있게 우리는 몇 년 동안 씀씀이를 줄이고, 많은 걸 포기하고, 아끼고 저축했습니다. 제 수입으로만 생활하고 남편의 수입은 전부 저축했죠. 그런 노력이 좋은 결실을 가져왔고요."

모든 백만장자가 자기 사업을 하지는 않는다(우리가 조사한 백만장자 표본의 42%가 사업주다). 그러나 매우 높은 수익을 올리고 사업에 재투자할 수 있는 것 또한 사업주라 볼 수 있다. 《백만장자 불변의 법칙》에서는 이렇게 말한다. "미국에는 두려움이 팽배해 있다. 하지만 우리의 조사 결과에 따르면 두려움과 걱정이 덜한 사람이 누구였을까? 신탁 계좌에 500만 달러가 있는 사람이었을까, 아니면 수백만 달러의 자산을 가진 자수성가한 사업가였을까? 답은 매일 위험에 대처해야 하고 매일 자신의 용기를 시험하는 사업가였다. 그러면서 그들은 두려움을 극복하는 법을 배운다."

이런 직업상 위험, 특히 자기 사업을 시작하면서 감수하는 위험은

◆ 표 31. 자영업자 백만장자와 비자영업자 백만장자들의 진로 전략 및 선택

백만장자 집단	현재 진로 전략(%)			일생 대부분의 진로 선택(%)		
	모험적/ 매우 모험적	균형 잡힌	신중한/ 매우 신중한	모험적/ 매우 모험적	균형 잡힌	신중한/ 매우 신중한
자영업자	20.8	45.9	33.3	28.9	42.3	28.8
비자영업자	5.7	48.1	45.2	15.2	46.7	38.1

대체로 직장 생활을 할 때보다 높은 수익으로 보상받는다. 최근 우리가 설문 조사했던 백만장자 표본에서 자영업자들의 소득은 직장인들의 소득 중앙값의 1.5배가 넘었다. 실제 순재산에서 예상 순재산을 뺀 값은 평균적으로 자영업자들이 직장인들의 2배가 넘었다.

제5장에서 경제적으로 성공한 사람들은 전반적으로 절제력이 강하다고 했듯이 자영업자들은 재정적인 면에서 절제력이 대단히 강하다. 그들은 일하는 매 순간 산출을 극대화할 수 있도록 일상 업무를 본다. 또한 그들은 스스로 직무를 정한다. 81%는 자신이 설계한 직업이 자신의 능력과 적성을 최대한 활용하게 해준다고 말한다.

소득 수준이 낮은 사람이 백만장자가 될 확률은 상당히 낮다. 미국 통계국에 따르면 2016년 미국의 가계소득 중앙값은 약 6만 달러였다. 이 정도의 소득으로 세 자녀를 둔 부부가 백만장자가 되기는 어려울 것이다. 스탠리 박사가 평생 수집하고 검토했던 인터뷰 중에서 가장 흥미로웠던 것 하나는 수천만 달러의 자산을 가진 부자가 이웃집 백만장자 유형 대다수가 느끼는 감정을 토로했던 내용이었다. 그는 주

식, 상업용 부동산, 소, 유전, 심지어 고급 골동품과 귀금속으로 돈을 벌고 있다고 설명했다. 그리고 이웃집 백만장자 유형 대다수와 같은 믿음을 조리 있게 전달해주며 이야기를 마무리했다. "여러 가지 투자 문제를 잘 알고 있으려면 어렵죠. 그래도 제가 한 일 중 가장 잘한 건 제 사업을 하며 최선을 다한 것입니다. 그게 다른 모든 것을 지탱해주는 주 광맥이죠."

앞에서 들었던 도토리와 참나무의 비유처럼 그의 사업에서 창출된 큰 수익이 다른 곳에 투자할 자금이 됐다는 이야기였다. 하지만 자영업이 자동으로 큰 소득과 부를 가져오지는 않는다. 2015년 2,300만 명이 넘는 자영업자와 소상공인의 연간 순이익 평균이 겨우 1만 1,637달러였다는 사실을 생각해보라.

경제적으로 성공한 사람들은 사업적 부침을 이겨낼 수 있는 끈기와 회복탄력성, 절제력 등의 강점을 갖추고 있으면서 자기 사업에 투자한다는 특징이 있다. 요즘은 20년 전만 해도 상상할 수 없을 정도로 창업하기가 쉬워졌다. 불과 몇 시간 동안 노트북을 펼쳐 사업을 한다는 건 1996년에는 불가능했고, 우리의 백만장자 표본이 17세였던 1976년에는 더더욱 불가능했다.

이들 중 누구도 부모나 멘토, 코치, 교사, 진로상담사로부터 그들의 손이 곧 자원이라는 말을 듣지 못했다. 소득을 창출하고 이 세상에 이름을 알릴 방법은 전적으로 그들 자신에게 달려 있다는 말도 듣지 못했다. 하지만 요즘은 간접비를 거의 들이지 않고 단 몇 시간(심지어 몇 분) 안에 온라인 사업을 시작할 수 있다. 인터넷과 소기업 운영 관련 기술은 여러 면에서 경쟁의 장을 평준화했고, 꾸준한 직장 생활이 어려운 사람들이 스스로 기회를 창출할 수 있도록 해주었다. 한 예로 미국노동통계국의 자료에 따르면 2016년 기준 자영업자 중 장애인의 비율(11%)은 전체 인구 중 비율(6%)보다 높으며, 이는 부분적으로 기술이 제공하는 접근성 덕분이다.

가치를 창출하는 남다른 생각이 성공한다

물론 소기업의 수입은 산업과 시대에 따라 상당히 차이가 있다. 모든 종류의 사업이 똑같이 수익이 나는 것은 아니며(부록 3 참고), 순이익이 있는 사업체라도 사업주의 생활비조차 감당하지 못하는 경우도 있다. 89%가 수익성이 있는 치과 병원과 66%가 수익성이 있는 식당을 예로 들어 이야기해보자. 2015년 수익을 낸 치과 6만 9,364곳의 순이익은 평균 11만 8,676달러였다. 이는 식당이나 술집을 소유하고 있는 40만 명 이상의 경제 사정과 대조를 이룬다. 그들의 총매출은 12만 9,304달러, 순이익은 7,000달러가 약간 넘는다. 올바른 사업의 선택은 수익성, 나아가 부를 설명해주는 주요인이다.

새로운 비즈니스 도구, 기술, 스마트 기기들이 등장했다 하더라도 사업의 성공에는 여전히 집중력과 창의성, 근면성, 절제력, 분석력과 선견지명이 필요하다. 개업하는 사업체는 아주 많지만 실제로 성공하는 곳은 거의 없다. 스탠리 박사는 전투기 조종사 출신인 장군의 이야기를 종종 인용하면서 주의력과 집중력이 있어야 자기 직업에서 성공할 수 있다고 강조했다.

한 위대한 전투기 조종사가 경험이 부족한 전투원에 대해 이런 말을 한 적이 있다. "그들은 보지만 보는 게 아니다." 다시 말해서 20/20 이상의 시력을 갖고 있더라도(높은 분석적 지능을 지니고 태어나는 것과 유사하다) 전투기 조종사가 올바른 방향을 보지 않는다면 소용이 없다. 시장 가능성을 포착하고 올바른 직업을 선택하는 것도 이와 마찬가지다. 자영업을 하는 사람들은 남다른 생각으로 사업을 하고 수익을 창출하며, 창의적 지능으로 시장의 요구를 해결하기 때문에 역발상을 하는 경향이 있다. 이는 자영업자 다수가 주로 경쟁률이 낮거나 아예 없어 비교적 성공의 기회가 높은 틈새, 비주류, 사회경제적 지위가 낮은 유형의 사업을 고르는 이유를 설명해준다. 또한《백만장자 마인드》에서 본 것처럼 백만장자 사업주 5명 중 4명(79%)은 경제적 자립을 달성할 가능성이 커서 지금의 사업을 선택했다고 밝혔다.

《백만장자 불변의 법칙》과《백만장자 마인드》모두 설문 대상이었던 백만장자들이 소유한 사업 유형을 열거하고 있다. 그 사업들은 따분하고 평범한 것부터 아주 독특한 것까지 다양하다. 예를 들어《백만장자 불변의 법칙》에 언급된 자영업 백만장자들의 업종 분류 중에는 '소 정액 판매업'이 있다. 흥미롭게도 2013년 〈월스트리트저널〉에는 이런 기사가 실렸다. "캘리포니아주 오크데일에 사는 훌리오 모레노는 황소 정액으로 가득한 냉동고를 갖고 있다. 이는 한 단위에 최소 3,000달러에 팔린다." 모레노에게 어떻게 부자가 됐는지 묻는다면 주식이라고 대답하겠는가? 황소 정액이라고 하겠는가?

미국노동통계국에 따르면 소기업의 실패율은 약 80%다.《백만장자 불변의 법칙》에서도 언급했듯이 특정 유형의 자영업과 소상공업은 성공률이 매우 낮다.

심약한 사람이나 소매를 걷어붙일 마음이 없는 사람에게는 맞지 않겠지만, 자기 사업은 자율과 독립을 가져다줄 수 있다. 자기 사업으로 성공할 수 있는 사람들은 창의성과 노력, 인내심을 함께 갖추고 있다는 점에서 큰 차이가 있다. 최근 우리가 조사했던 백만장자 자영업자 중 거의 93%가('매우 중요한' 또는 '중요한'으로 응답한 사람의 수) 회복탄력성 또는 인내심을 가장 중요한 성공 요인으로 꼽았고, 그 뒤를 이어 절제력(90%)과 모든 사람에게 정직한 것(87%)을 선정했다.

당신은 누구를 위해 일하고 있는가?

◆ ◆ ◆

당신 사업체의 많은 지분을 다른 사람들이 갖고 있다면 회사의 실제 책임자는 누구라고 봐야 하는가? 그래도 당신이 실질적인 소유자인가? 미국의 인기 TV 시리즈〈샤크 탱크〉Shark Tank에서 묘사되는 벤처 캐피털 회사와 스타트업의 매력과 화려함은 흥미를 끈다. 그리고 그 불빛이 당신을 부르고 있는지도 모른다. 하지만 부채로 자금을 조달하는 것은 어떤 면에서는 여전히 다른 사람을 위해 일하는 것이다. 자금 조달과 관련된 소기업 소유주와 소유권에 대해 스탠리 박사가 쓴 다음 이야기를 읽어보자.

데이비스는 백만장자 사업주다. 사업 초창기에 그는 "어느 은행과 거래를 합니까?"라는 질문을 받자 "깡패 은행과 거래를 합니다."라고 대답했다. 대출 담당자가 계속 바뀌는 데다 그들이 하나같이 거들먹거리고 냉담했던 듯하다. 게다가 자주 대출금을 전액 상환해도 그의 재무 자료를 갱신하라는 요구를 받곤 했다.

초창기 그의 회사는 신용 대출에 의존해 운영됐다. 하지만 최근 들어서는 긴축하고 회사의 이윤을 투입해 회사를 키우고 있다. 이는 내가 《백만장자 마인드》에서 소개한 비범한 이웃집 백만장자 유형인 진의 연설을 들은 직후에 일어난 변화였다.

내 연구에 기여한 정도를 따지면 진의 사연은 내가 인터뷰했던 모든 백만장자 중에서 열 손가락 안에 든다. 그의 주 사업은 '압류 부동산 매입'이다. 그는 다양한 금융기관이 압류한 부동산을 인수 또는 매입함으로써 엄청난 부자가 됐다.

그리고 진은 사업가 지망생들의 멘토이기도 했다. 그는 과도한 신용 대출을 엄히 경고하는 설교를 하곤 했다. 매우 설득력 있는 설교 도중에 그는 한 대형 상업 은행으로부터 건물을 매입하면서 겪었던 일을 자세히 설명했다. 계약서에 서명하자마자 "그 은행의 대부계 책임자가 제게 손짓하며 꼭대기 층이었던 사무실의 큰 창문 앞으로 데려갔습니다. 수 킬로미터 밖까지 내다보였죠. 수천 개의 빌딩이 보였습니다. 그때 그가 빌딩들을 가리키며 했던 말을 잊을 수가 없어요. '전부 우리(대출기관) 소유죠. 전부 다요. 저기 있는 사업체들? 당신들(대출자들)은 우리를 위해 사업을 하는 겁니다. 우리 금융기관을 위해 운영하는 거예요.'"

진은 그 말을 듣고 너무 화가 나서 머리가 멍해졌다고 했다. 그는 이 일화를 들려주면서 신용 대출에 중독되면 자신의 사업에 대한 통제권이 사라진다고 강조했다. "은행가들은 당신을 존중하지 않습니다. 왜 그러겠습니까? 그들은 서커스의 물개처럼 여러분을 훈련해놓았는걸요."

사람들이 자영업자 또는 사업가가 되는 주요 이유 중 하나는 자신의 배를 스스로 몰 수 있는 독립을 원하기 때문이다. 독립은 큰 용기와 자주성이 있어야 한다. 하지만 위 은행 중역의 말에 따르면 사업주는 자기 사업체의 실질적인 소유주가 아니다. 그들은 대출기관의 통제를 받는다. 신용 대출은 사업 세계에서 확실한 자리를 차지하고 있지만, 사업주들은 점차적으로 금융기관에 대한 의존도를 줄여나가기 위해 노력해야만 한다.

사업은 장기전, 인내심이 필수다

어떤 사업이 성공하는 이유는 대개 사업주가 2가지 중요한 요소, 즉 시간과 돈을 갖추고 있기 때문이다. 보통은 사업이 수익을 내기 전 몇 개월, 심지어 몇 년 동안 안정된 급여 없이도 버틸 수 있는 금전적 여유가 있어야 한다.

연구 결과와 더불어 백만장자 사업주들이 직접 들려준 사업에 필요한 세 번째 요소는 인내심이다. 모든 의미 있는 노력, 특히 창업의 성공은 한가한 밤 외출이 아니라 장기 여행에 가깝다. 그 장기 여행에는 사업을 운영하고 자신의 아이디어를 시장에 내놓을 때 불가피하게 겪게 되는 절망의 구렁텅이와 천국의 환희를 관리할 시간과 자원, 능력이 필요하다. 사실 많은 사람에게 성공은 괴로운 역경들을 타개하며 나아간 후에야 찾아왔다.

2014년 〈월스트리트저널〉은 어떻게 하면 역경을 극복하고 성공적인 사업체를 만들 수 있는지 개괄한 기사를 실은 적이 있다. 그 기사는 케빈 하트퍼드의 시련과 고난을 예로 들었다. 한때 잘나갔던 컨설팅 사업이 도산한 후 하트퍼드는 회사의 사무직 일자리를 찾아 나섰다. 그러나 몇 년이 지나도록 오라는 곳이 단 한 군데도 없었다. 그는 자신의 '말더듬' 습관 때문에 고용주들에게 채용이 거부됐다고 주장했다. 수년 동안 그는 허드렛일을 전전했다. 택배 배달, 의료용품 접합, 우편물 분류, 잔디 깎는 일까지 했다.

그러다 동업자 한 명과 함께 작은 금속 부품 제조업체를 인수했다. 지금은 회사가 번창해서 2013년 매출이 600만 달러나 됐다. 하트퍼드는 초반의 사업 실패와 언어 장애 등의 역경들을 이겨냈다. 기사는 노동부 자료를 인용해 장애가 있는 근로자들은 장애가 없는 근로자들보다 자영업을 할 확률이 거의 2배나 된다고 했다. 자수성가한 백만장자 사업주 다수는 자신이 가진 능력과 적성을 최대로 활용하게 해주기 때문에 자영업을 선택했다고 보고한다(《백만장자 마인드》에서 조사

한 백만장자의 83%). 자수성가한 천만장자 워런은 다음과 같이 토로했
다. "솔직히 제가 좋은 직장에 취직할 수 있었다면 절대 제 사업을 하
지 않았을 겁니다. 저는 자영업을 할 수밖에 없었습니다. 제가 자영업
을 선택한 게 아닙니다. 제가 직원이 될 자격이 있었다면 평범한 자리
라도 받아들였을 거예요."

운명은 스스로 정하는 것

W. K.는 그리 특출하지 못한 학력을 고려할 때 자신의 취업 전망이 밝
지 않다고 봤다. 그래서 스스로 고용주가 되기로 결심했다. 오늘날 그
는 자영업인 모기지(주택담보대출) 브로커로 꽤 성공했다. 43세에 순
재산이 170만 달러인 W. K.의 말에 따르면 그의 고객 중 누구도 그에
게 SAT 점수나 학력을 물어본 적이 없다고 한다. 다시 말해서 점수나
성적, 가족이 아닌 그의 업무 실적에 대한 평판이 그를 찾는 이유였다.
　주택담보대출을 받으려는 사람은 주택담보대출을 원할 뿐이다. 그
들은 그가 열여섯 살에 비닐봉지 하나만 들고 미국에 이민 온 싱글 맘
의 아들이란 사실에는 관심이 없다. 그의 어머니는 다섯 자녀를 키우
며 일주일에 80시간을 일했다. 그는 이렇게 말한다.
　"어머니는 자식들을 훌륭히 키웠습니다. 어머니에게 배운 최고의
교훈은 열심히 일하고, 수입보다 검소하게 생활하고, 사람들을 공정
하게 대하라는 것이었습니다. SAT 합산 점수가 800점대였던 제가 말
해줄 수 있습니다. 누구나 해낼 수 있습니다. 그런데 대다수가 이를 이

해하지 못하는 것 같습니다. 사람들은 큰 집과 고급 승용차, 사치스러운 소비 같은 잘못된 이유를 위해 살아갑니다. 제 첫 번째 목표는 최고의 아빠가 되는 것입니다."

W. K.는 스탠리 박사가 '900 클럽'으로 이름 붙인 범주에 들어간다.

> 900 클럽은 SAT에서 1,000점 이하를 받은 백만장자들만 들어간다. 인생은 마라톤이다. 이 경주를 얼마나 잘하고 있는가는 평균 성적 외에도 많은 것들이 영향을 미친다. 표준화 시험이 실제 경주 참여를 대체할 수는 없다. (W. K. 같은 사람들은) 절대로 학문적 가능성 지표들이 인생의 수행 능력을 결정짓도록 내버려두지 않았다. 그들은 창의성, 근면성, 절제력 그리고 리더십을 포함한 특정 사회적 기술이 성적과 적성검사 결과보다 중요하다는 것을 알고 있다. 이들은 교사들과 적성검사, 지능검사 지지자들을 난처하게 만드는 사람들이다.

그러므로 당신의 이력서나 학위, 입사지원서의 특기 사항이 탁월하지 않은들 무슨 상관인가? 협상 테이블의 반대쪽으로 이동하라. 역할을 바꿔라. 지원자의 자격 요건을 평가하는 인사부 직원의 역할을 하라.

기업가는 타고나는 것이 아니라 만들어진다

터프츠대학교와 스탠퍼드대학교가 공동으로 연구한 '젊은 기업가 연구'Young Entrepreneurs Study에서는 창업자들의 공통점 4가지를 발견했다. 혁신적 사고, 추진력과 통제력, 사업에 대한 집중력, 사업 관련 멘토가 있다는 점이었다. 연구자들은 기업가는 "타고나는 것이 아니라 만들어지며" 부모와 멘토, 교사는 이런 특성을 뒷받침해줄 수 있다고 강조한다.

하지만 우리는 그런 기회를 놓칠 때가 많다. 부모들이 자녀의 장기 프로젝트를 도와주거나, 학교 바자회의 쿠키나 팝콘 주문을 대신 받아주거나, 잊어버린 준비물을 학교로 가져다주는 건 자녀들에게 안전하다는 사실뿐만 아니라 그들이 넘어질 때 실패하지 않게 잡아줄 누군가가 있음을 보여주는 것이다. 이런 행동들은 자녀들이 역경에 직면해 자립심과 인내심을 키울 기회를 앗아간다.

롤링 스톤스가 기업가에게 주는 교훈

◆ ◆ ◆

1960년대에 20대 청년이었던 스탠리 박사는 그 시대에 나온 록 음악의 열렬한 팬으로 레드 제플린, 롤링 스톤스, 데릭 앤드 도미노스의 음악을 모두 좋아했다. 그는 음악도 좋아했지만 음악가들의 뒷이야기에는 더 흥미를 보였다. 특히 롤링 스톤스를 좋아해서 믹 재거와 키스 리처즈가 그들의 밴드를 사실상 하나의 작은 기업으로 키워온 과정에 대해 종종 언급하기도 했는데, 2011년의 글에서 스탠리 박사는 다음과 같이 기술했다.

소기업주를 당신의 진로로 삼을까 심사숙고하고 있는가? 그렇다면 키스 리처즈의 자서전 《인생》Life을 읽고 싶을지도 모르겠다. 나는 롤링 스톤스가 자유세계에서 가장 생산적인 소기업이라고 믿는다. 상장회사들은 직원당 평균 수익이 수십만 달러라는 자랑을 종종 한다. 그러나 롤링 스톤스의 풀타임 직원 4명의 평균 수익은 수억 달러다.

치렁치렁한 머리, 거친 행동, 단정하지 못한 의상을 비롯해 그들의 '악동' 페르소나는 문제 삼지 말기로 하자. 사실 그들의 음반과 콘서트 입장권을 팔아준 것은 이런 페르소나였으니까 말이다. 그러나 이 밴드가 줄줄이 히트곡을 내고 수십억 달러의 수익을 냈던 데는 다 이유가 있다. 비범한 창의력과 재능이 전부가 아니다.

다음 사실들을 생각해보라. 처음으로 1,000회의 순회공연을 힘들게 마친 후 믹 재거와 키스 리처즈는 사업상 최고의 결정을 내렸다. 앤드루 올드햄을 롤링 스톤스의 매니저로 고용했던 것이다. 올드햄은 그들에게 아무리 재능이 뛰어나다 해도 뮤지션은 널렸으므로 그들이 직접 노래를 쓰지 않으면 곧 잊힐 거라고 말했다. 심지어 그들을 주방에 가둬놓고 노래를 완성하지 못하면 나오지 못하게 했다.

믹 재거와 키스 리처즈는 20대 초반부터 자작곡을 씀으로써 부의 경작자가 됐다. 이렇게 탄생한 자작곡들은 롤링 스톤스의 투어 수익을 포함해 모든 수익을 만들어내는 발전기 역할을 했다. 이들 노래에서 얻은 로열티는 작곡가는 물론이고 훗날 상속인에게까지 영원한 수입원이 될 것이다.

물론 모든 사람이 롤링 스톤스 같은 창조적 재능을 갖고 있지는 않다. 하지만 사람들 대부분은 미래를 위해 자신의 로열티를 구축할 수 있는 능력을 지니고 있다. 과거에 내가 썼던 몇 가지 사례를 생각해보자. 텍사스의 임업인인 J. T.는 몇 에이커로 시작해서 경작 면적을 점점 늘려갔다. 요즘 그는 1년에 350만 그루의 나무를 심는데 그 가치가 3,000만 달러에 이른다.

브라이언은 고등학교 졸업 학력 검정고시에서 여러 번 떨어졌다. 그는 이렇게 이야기한다. "제가 수백만 달러를 보유한 자산가가 될 수 있다면 누구나 될 수 있습니다. 저는 가진 걸 전부 팔아서 4세대용 연립주택을 처음으로 샀죠." 현재 그는 그런 연립주택 7채를 소유하고 있다.

소방관이라는 직업으로는 부자가 될 수 없다는 사실을 일찌감치 깨닫고 부업을 했던 소방관 맬컴의 사례도 있다. 그는 허름한 집 한 채를 사서 학생들에게 임대하는 것으로 시작했다. 방을 구하는 학생들은 늘 있으므로 그 집은 거의 보장된 부의 원천이었다.

키스 리처즈의 《인생》의 두 구절은 성공하려면 얼마나 노력해야 하는지 잘 보여준다. 모든 사람이 그런 노력을 기울일 용의가 있지는 않겠지만 말이다.

날마다 깨어 있는 시간이면 기타를 손에서 놓지 않고 쓰러질 때까지 연습했다. 그랬다. 쉴 새 없이 연주법을 익혔다.

일은 늘 고됐다. 무대에서 내려온다고 공연이 끝나는 게 결코 아니었다. 호텔로 돌아가 다시 노래들을 연습해야 했다. 심한 부담감에 끊임없이 시달렸다. 아마 우리에게는 좋은 일이었겠지만.

그의 회고록을 읽고서 그 역시 분석적 지능이 높았음을 알게 되었다. 키스 리처즈는 수천 시간에 걸쳐 위대한 블루스 가수와 록의 거장들을 연구하고 그 지식을 작곡에 녹여 넣었다. 그는 심지어 신곡의 리프(재즈, 록에서 짧은 악구를 계속 반복해서 연주하는 것—옮긴이 주)에 대한 청중의 반응을 일기에 기록해두고 다음 공연에서 조정했다. 바꿔 말하면 그는 시장 조사 정보를 수집, 분석해 적용한 것이다. 이런 그의 열정은 롤링 스톤스의 음악을 듣는 청중들로부터 깊은 감정적 반응을 끌어내고 싶은 마음에서 온 것이다.

롤링 스톤스처럼 거의 모든 자영업자가 시험을 받는다. 초반에는 여러 차례 좌절하고 시장의 반응도 시원찮겠지만 극복해야만 한다. 키스 리처즈는 엄청난 끈기와 집중력, 열정, 체력, 강인함을 갖고 있었다. 그는 "3년 동안 우리는 공연을 매일 했다. 1,000번이 훌쩍 넘는 공연을 했고 쉬는 날도 거의 없었다. 그 기간에 쉰 날은 10일뿐이었다."라고 했다.

미국으로 건너오기 전에 했던 1,000여 번의 공연 중 절반은 수익이 전혀 남지 않았다. "(청중석에) 겨우 두 사람이 보일 때" 그들의 기분이 어땠을까? 하지만 그들은 불안한 재정 상황, 비인간적인 생활 여건, 조언자와 매니저들의 약탈에도 불구하고 음악 활동을 이어갔다. 키스 리처즈는 그 이유를 이렇게 설명한다. "돈을 벌겠다는 생각은 해본 적이 없다. 처음에는 기타 줄을 살 수 있을 만큼만 벌었으면 했다. 나중에는 우리가 원하는 공연을 할 수 있을 만큼 벌었으면 했다. 초반에는 수입의 대부분이 우리가 하고 싶은 음악을 하는 데 다시 들어갔다."

분명 키스 리처즈를 보고 자신도 성공할 수 있으리라고 생각한 아이들이 사간 기타가 수백만 개는 됐을 것이다. 하지만 곧 그들은 기타를 사고 손가락 번호를 보고 곡을 연주하는 것은 아무런 보수도 없이 수천, 수만 시간 연습하는 것에 비하면 아무것도 아니라는 사실을 알게 됐을 것이다.

변화하는 일의 세계에서 부 축적하기

재무 관리와 마찬가지로 우리가 일을 대하는 자세는 어릴 적 경험의 영향을 받는다. 백만장자들은 가정교육과 멘토의 지지가 성공적으로 경력을 쌓거나 사업을 구축하는 데 도움이 되었다는 이야기를 자주 했다. 어릴 적 경험, 특히 어려웠던 일이나 실패는 다음, 그다음 기회를 대하는 자세를 단련시켜 주기도 한다.

만일 당신이 현재 직장에 갇힌 느낌이라면 어떻게 해야 할까? 다시 시작하거나, 다른 직장으로 옮기거나, 자기 사업을 시작하려면 무엇이 필요할까? 사람들은 어떻게 직장을 바꿨을까? 어떻게 직장인에서 자영업자로 변신했을까?

개인 재무 관리와 마찬가지로 경험이나 평판과 같이 일과 관련된 자원을 구축하는 것은 대단히 중요하다. 고용 상태와 상관없이 부업 등의 기회를 계속 엿보는 것은 지식과 경험 자본을 쌓게 해주며, 그 자본들을 활용해 이직하거나 스스로 기회를 만들 수 있다. 하지만 더 중요한 일은 필요할 때, 원할 때 경력의 변화를 시도할 수 있도록 금전적 여유를 확보하는 것이다.

지난 20여 년 동안 일의 세계에는 많은 변화가 있었다. 몇 년 전 우리가 이 책을 준비하기 시작했을 때 스탠리 박사가 추측했던 이상으로 많은 변화가 일어났다. 평생직장 개념도, 퇴직 후 의지할 수 있는 연금도 오래전에 사라졌다. 그리고 백만장자가 나오는 산업 유형은 확대되고 있다. 고용주를 안전과 안정성을 보장해줄 존재로 보는 시각은 순진한 것이며 스스로 부를 쌓을 능력을 떨어뜨릴 수 있다.

전통적인 직업 개념이 서서히 사라지고 있는 지금, 미래의 이웃집 백만장자들은 수입 창출에 대한 새로운 개념을 수용하는 동시에 일을 대하는 자세나 경험과 지식을 쌓으며 전직을 모색하고 있다.

The Next Millionaire Next Door

제7장

예비 이웃집
백만장자를 위한 투자 조언

The Next Millionaire Next Door

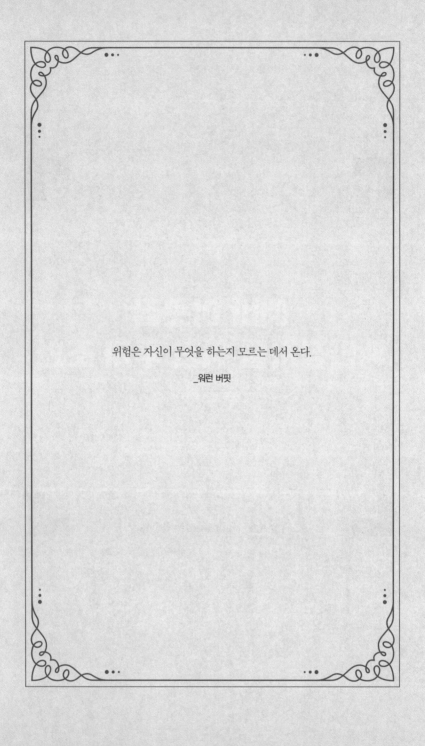

위험은 자신이 무엇을 하는지 모르는 데서 온다.

_워런 버핏

경제적 성공은 효율적인 자원 관리에 달려 있다. 자신의 소득으로 재산을 모을 수 있는 사람들은 장기적인 관점에서 경제적 성공에 도움이 되도록 시간과 에너지, 돈을 배분한다. 이런 조사 결과는 20년 동안 변하지 않았으며 조만간 변하지 않으리라는 게 우리의 생각이다.

경제적으로 성공한 미국인들은 군중을 따름으로써 부자가 된 게 아니다. 여기서 군중이란 블랙 프라이데이에 상점으로 달려가는 사람들, 모든 자유 시간을 정치 뉴스에 귀 기울이고 울분을 터뜨리는 데 쓰는 사람들, 하루 2시간 이상 소셜 미디어에 접속해서 시간을 보내는 사람들을 의미한다.

우리가 수년간 봐왔고 지금도 확인하고 있듯이 이웃집 백만장자 유형 대부분은 역투자자와 비슷한 사람들이다. 그들은 구매 방식, 소비와 생활 습관에서 타인의 영향을 받는 정도, 투자 방식에서 남들과 다른 사고와 행동을 보인다. 과소비를 일삼는 사람들 속에서 그들은 저축하고 투자한다. 그들은 자신의 사업과 업계를 포함한 투자 대상을 연구해서, 그 지식에 기반해 자신이 가진 자원을 어떻게 투자하고 늘려야 할지 현명한 결정을 내린다.

제5장에서 다뤘던 성공 요인들은 수입을 창출하고, 일자리를 만들고, 직업을 찾는 방법을 결정하는 우리의 능력에 영향을 미칠 뿐 아니라 우리가 벌어들인 소득을 관리하는 방식에도 영향을 미친다. 제6장에서 살펴본 대로 자신의 열정이 발휘되는 직업을 통해 수입을 창출할 때 자원이 생긴다. 그렇다면 제4장에서 살펴본 소비 측면의 특성 외에 경제적으로 성공한 사람들이 벌어들이고 모은 재산을 늘리고 활용하는 방법은 무엇일까? 지난 20년간 그들의 투자 방식에 영향을 준 요소들은 무엇일까?

이 글을 쓰고 있는 현재 미국의 금융 전문가와 개인에게 금융 서비스를 제공하는 핀테크(첨단 정보 기술을 기반으로 하는 금융 서비스—옮긴이 주) 회사는 1,000개가 넘는다. 이들 회사 중 다수는 재정 고문이나 자산관리사(또는 《백만장자 불변의 법칙》의 용어로 하면 증권중개인)의 도움을 받지 않고도 금융 생활을 효율적으로 관리할 방법을 제공한다. 그것이 좋은 일이든 나쁜 일이든 우리는 스마트폰으로 편안하게 저축을 하고, 옵션거래(미리 정해진 조건에 따라 일정한 기간 내에 상품이나 유가증권 등의 특정 자산을 사거나 팔 수 있는 권리를 거래하는 것을 옵션 거래라고 한다—옮긴이 주)를 하고, 외국 주식에 투자한다.

이제 우리는 주식 거래를 하기 위해 중개인에게 전화할 필요가 없다(금융산업규제기구Financial Industry Regulatory Authority, FINRA의 2017년 자료에 따르면 63만 1,000명의 증권중개인이 있다. 이는 미국노동통계국의 2016년 자료와는 좀 다르다. 아무튼 이것으로 볼 때 일부는 여전히 중개인을 통해 거래한다는 사실을 알 수 있다). 투자자가 입력한 투자 성향 정보를 토대로 알고리즘을 활용해 개인의 자산 운용을 자문하고 관리해주는 자동화 서비스인 '로보어드바이저'robo-advisor 덕택에 손실 수확 전략tax-loss harvestig(단기자본 손실분은 과세소득에서 제외해주는 미국 세법에 따라 연말 세금 납부를 줄이기 위해 하락한 주식을 팔아서 수익을 보전하는 투자 전략—옮긴이 주) 같은 보다 정교한 행동도 자동화되고 있다.

그러나 기술의 발전과 투자 자문 제공 방식의 변화(예를 들면 신의성실 의무 기준의 강화)에도 불구하고 신중한 투자자의 특징은 20년 동안 크게 변하지 않았다. 투자에 대한 태도는 시대에 따라 바뀌지만, 절제된 투자 방식을 지닌 사람들은 경제적 역경과 시장의 변동에 직면해도 확고한 태도를 유지하는 경향이 있다. 그런 신중한 행동이 천성에서 나오는 것이든, 양육자나 멘토, 투자자문가에게 배운 것이든 그 결정은 장기적인 재산 축적 능력에 영향을 미친다.

백만장자 투자의 모든 것

스스로 익힌 투자 지식에 의존하는 성향과 더불어 시장 및 투자 기회에 대한 면밀한 검토를 통해 백만장자들은 대체로 더 전통적인 형태의 투자를 한다(표 32 참고). 백만장자의 60% 이상은 퇴직연금에 30% 이상을 투자하며 백만장자의 약 33%는 부동산에 일부 투자한다. 우리가 최근에 조사했던 백만장자들은 외국 주식이나 특이한 투자 상품에 투자한 경우가 거의 없었다. 백만장자의 약 6%는 토지사용권 같은

◆ 표 32. **백만장자들의 자산 구성 비율**

자산 유형	자산 구성 비율							
	0%	1%	5%	10%	20%	30%	50%	75% 이상
	백만장자 비율(%)							
퇴직연금	2.0	3.2	7.1	12.1	13.5	23.4	28.2	10.5
현금	3.5	19.6	35.7	25.2	9.8	4.5	1.2	0.7
현금 가치 (생명보험)	49.6	22.8	13.0	6.9	4.9	1.0	0.8	0.8
비상장 회사/ 동업 지분	58.8	5.6	6.9	8.1	5.4	5.4	4.6	5.1
증권	16.7	7.5	12.5	15.2	15.9	15.9	9.4	7.0
스톡옵션	80.6	5.4	5.7	3.2	2.7	1.8	0.2	0.4
부동산 (개인/순가치)	3.6	2.4	8.2	19.8	27.3	21.3	15.0	2.4
부동산 (상업/투자)	67.7	2.7	7.1	7.3	6.0	3.9	4.3	1.1
자동차	13.1	54.0	26.8	4.0	1.9	0.3	0.0	0.0
유형 자산/ 수집품	37.9	39.5	16.8	4.4	1.0	2.0	0.0	0.2
토지사용권	94.4	3.7	0.9	0.7	0.2	0.0	0.0	0.2
무형 자산	96.2	2.7	1.0	0.0	0.0	0.0	0.0	0.0

것을 자산 일부로 가지고 있으며, 극소수의 백만장자(4%)만 무형 자산(판권 또는 기타 지적 재산권)을 투자 포트폴리오에 포함시켰다.

1996년과 2016년의 다양한 규모의 총 상속 재산 구성을 비교한 이 데이터에는 흥미로운 점이 몇 가지 있다.

- 총 상속액이 2,000만 달러가 넘는 경우 헤지펀드와 미술 작품이 더 매력적인 투자 대상이 되는 것처럼 보인다. 2016년 자료에서 총 상속액이 2,000만 달러 이상일 때 헤지펀드 비율은 3.7%로 증가한다. 하지만 1,000만~2,000만 달러일 때는 0.69%에 불과하며 그 이하일 때는 더욱 비율이 낮다는 것을 알 수 있다(1996년 헤지펀드/비상장 주식 자료는 없다). 이와 유사하게 2,000만 달러 이상의 상속 재산 중 미술 작품은 2016년과 1996년에 각각 1.83%와 2.56%이며 상속 재산 규모가 그보다 작을 때는 거의 존재하지 않는다. 이런 데이터는 순재산이 대단히 많을 때, 즉 2,000만 달러 이상일 때는 복잡한 투자가 매력적으로 느껴지는 것이 불가피하다는 주장을 뒷받침하는 듯하다.
- 2016년과 1996년 자료 모두에서 상속 재산이 2,000만 달러 이상인 집단에서 비상장 주식의 비중이 급증했다. 가족 경영 사업이 이 범주에 속할 것이다.

사실 해외 투자, 헤지펀드, 사모펀드는 하위 순위를 차지한다고 할 수 있다. 흔히 부자에 대한 통념 중 하나는 재산이 좀 있는 사람은 모

◆ 표 33. **2016년과 1996년 상속세 신고액**

자산 유형	총 상속액 규모(2016년 신고액)			
	500만 달러 미만	500만~ 1,000만 달러 미만	1,000만~ 2,000만 달러 미만	2,000만 달러 이상
	총 상속 가치의 비율(%)			
개인 거주지	8.70	7.93	6.43	2.77
기타 부동산	11.67	14.84	14.24	12.43
비상장 주식	2.87	4.61	7.33	19.25
상장 주식	24.16	22.85	25.81	24.43
주정부 채권/지방 채권	10.39	7.89	9.35	6.47
연방 채권	0.91	0.77	0.75	1.17
회사채와 외채	1.60	1.48	1.52	1.31
채권형 펀드	0.94	0.48	0.52	0.37
집합투자기구 뮤추얼펀드	1.34	0.90	0.66	0.39
현금 자산	11.81	9.60	9.43	6.06
생명보험 실수령액	1.30	2.61	1.61	0.51
농업 자산	3.72	5.79	3.95	1.63
사모펀드/헤지펀드	0.37	0.32	0.69	3.70
퇴직금 자산	9.62	11.59	7.58	2.14
무형 자산	0.49	0.47	0.40	0.12
미술 작품	0.37	0.28	0.52	1.83

참고: 총 상속 가치의 비율은 표에서 제외된 자산 유형이 있으므로 총합이 100%가 아니다.

자산 유형	총 상속액 규모(1996년 신고액)			
	500만 달러 미만	500만~ 1,000만 달러 미만	1,000만~ 2,000만 달러 미만	2,000만 달러 이상
	총 상속 가치의 비율(%)			
개인 거주지	8.68	4.66	3.58	1.16
기타 부동산	13.34	12.49	11.44	6.42
비상장 주식	3.03	8.70	11.99	20.27
상장 주식	21.87	28.96	30.94	35.12
주정부 채권/지방 채권	12.04	14.98	16.01	10.29
연방 채권	0.89	3.76	3.26	5.91
회사채와 외채	0.72	0.68	0.56	0.42
채권형 펀드	4.03	0.30	0.15	0.08
집합투자기구 뮤추얼펀드	4.03	1.05	0.64	0.29
현금 자산	13.66	6.84	6.38	4.72
생명보험 실수령액	0.09	0.10	0.07	0.02
농업 자산	0.49	0.28	0.18	0.23
사모펀드/헤지펀드	n/a	n/a	n/a	n/a
퇴직금 자산	n/a	n/a	n/a	n/a
무형 자산	0.31	0.56	0.55	0.46
미술 작품	0.11	0.36	0.47	2.56

참고: n/a는 1996년 자료에서 따로 공개되지 않은 항목이다.

두 해외 투자를 한다는 것이다. 위에 제시된 국세청 자료에 따르면 해외 투자는 상속 재산이 2,000만 달러 정도 이상일 때, 즉 큰 재산을 모아서 수익이 적은데도 자문 수수료를 많이 지불할 여유가 생긴 후에 시작되는 것처럼 보인다. 이웃집 백만장자 유형의 대부분은 이런 이색 투자 종목에 돈을 넣지 않는다.

워런 버핏은 2016년 버크셔 해서웨이 주주들에게 보내는 편지에서 이런 행동 양상을 완벽히 설명했다.

수년 동안 투자 조언을 자주 요청받고 대답해주는 과정에서 저는 인간의 행동에 대해 많은 것을 배우게 됐습니다. 저는 보통 주가가 비싸지 않은 S&P 500 지수 종목을 사라고 조언합니다. 기특하게도 보통 정도의 재산을 소유한 제 친구들은 제 제안을 따랐습니다.

그러나 엄청난 자산을 보유한 개인, 기관, 연금기금 누구도 그런 조언을 들으면 따르지 않을 겁니다. 이들은 정중히 감사를 표하고 고액의 자문 수수료를 받는 자산관리사들의 유혹적인 말을 들으러 가거나, 기관의 다수는 컨설턴트라고 불리는 또 다른 부류의 조력자들을 찾아가겠죠.

그러나 그 전문가는 곤란한 문제에 부딪힙니다. 여러분은 매년 S&P 500 인덱스펀드에 더 투자하라는 이야기를 되풀이하는 투자 컨설턴트를 상상할 수 있습니까? 그건 직업상 자살 행위입니다. 하지만 거의 해마다 소소한 변화를 권장하는 자산관리사나 컨설턴트에게는 많은 수수료가 돌아갑니다. 유행하는 투자 스타일이나 현재의 경제 추세로 볼 때 그런 변화가 왜 적절한지 난해한 용어를 써가며 횡설수설 조언을 늘어놓죠.

부자들은 최고의 음식과 교육, 오락, 주택, 성형수술, 스포츠 경기 입장권 등이 응당 자기 몫이라고 생각합니다. 자신이 가진 돈으로 대중이 받는 것보다 나은 걸 사야 한다고 생각합니다.

사실 생활의 여러 방면에서 부자들은 최고 수준의 제품이나 서비스를 차지합니다. 그런 이유로 부자, 연금기금, 대학기금 등 금융 엘리트들은 겨우 몇천 달러를 투자하는 사람들이 이용하는 금융 상품이나 서비스에 순순히 가입하는 것을 무척이나 받아들이기 힘들어합니다. 기대수익을 기준으로 할 때 문제의 상품이 분명 최고의 선택일지라도 부자들의 이런 언짢음은 사라지지 않죠. 대략적이긴 하지만 제 계산에 따르면 금융 엘리트들이 탁월한 투자 조언을 찾아다니느라 지난 10년간 낭비한 돈은 총 1,000억 달러가 넘습니다.

인간 행동은 변하지 않을 것입니다. 부자, 연금기금, 대학기금 등은 계속해서 자신들이 뭔가 특별한 투자 조언을 받을 자격이 있다고 생각할 겁니다. 이런 기대에 영리하게 부응하는 투자자문가들은 매우 부유해질 거고요. 올해의 마법 종목으로 헤지펀드, 내년은 또 다른 것을 추천하겠죠. 이런 약속들이 초래할 결과는 다음의 격언이 예언해줍니다. "돈이 있는 사람과 경험이 있는 사람이 만나면, 경험이 있는 사람은 돈을 갖게 되고 돈이 있는 사람은 경험을 얻는다."

워런 버핏이 묘사한 이색 투자를 선호하는 사고방식을 피델리티_{Fidelity} 자산운용사의 유명한 컨설턴트 피터 린치_{Peter Lynch}의 접근 방식과 비교해보자. 린치가 기업 주식을 매수하는 원칙은 우리가 수년 동안 연구해온 많은 백만장자 사업주들의 철학과 일치한다. 린치는 주요 기업들을 대상으로 수많은 개인 인터뷰와 본사 방문을 통해 성공적인 주식 선정을 할 수 있었다. 그가 내린 흥미진진한 결론들 또는 린치즘_{Lynchism}이라 불리는 내용의 일부는 다음과 같다.

- 회사의 근검절약 노력을 판단할 한 가지 방법은 본사를 방문해보는 것이다. 화려한 사무실은 주주에게 보상을 꺼리는 경영진의 태도와 정비례한다.
- 만일 대차대조표를 보고 미래 주식의 실적을 알 수 있다면 수학자와 회계사가 세상에서 가장 부유한 사람들일 것이다.
- 아마추어 투자자들은 군중을 무시하면 시장을 이길 수 있다.
- 다른 요소가 전부 같다면 연례보고서에 컬러 사진이 가장 적은 회사에 투자하라.

특히 린치가 그 회사 주식의 수익률이 높을 것으로 정확히 예측했던 몇몇 회사에 대한 관찰 내용은 주목할 만하다.

- 본사에는 임원 식당도 따로 없고 주차장에 리무진도 없으며, 공항에 회사 제트기도 없다.
- 그리스 신전 같은 본관, 로비의 고가구, 광고 비행선, 옥외 광

고판, 연예인 후원, 벽에 거는 미술품에 돈을 쓰지 않는다. 관광 포스터로 충분하다.

- 그해의 회사 실적이 좋지 않으면 임원들이 보너스를 받지 않는다. 직위가 아니라 성공이 보상 기준이다.

이 마지막 린치즘은 이웃집 백만장자들의 생활 방식으로《백만장자 불변의 법칙》에서 이야기했던 특징들 중 "그들은 사회적 지위를 과시하는 것보다 경제적 자립을 중시한다."는 세 번째 특징과 긴밀한 관계가 있다.

그러나 소득명세서상 부자는 의식적, 무의식적으로 '해외' 투자나 '비싼' 투자를 '나은' 투자와 동일시할 때가 많다. 이런 유형의 투자가 높은 사회적 지위를 의미한다고 여기기 때문이다. 소득명세서상 부자는 해외 투자, 비싼 투자가 자신의 소득 수준과 신분, 경제적 지위와 일치하므로 그런 투자가 필요하다고 여긴다. 그러나 데이터에 따르면 다양하고 시장을 포괄하며 비용을 낮게 유지하는 단순하고 견고한 투자를 할 때 더 나은 성과를 얻을 수 있다. 이는 소득명세서상 부자들에게는 렉서스 대신 토요타를 사는 것만큼이나 어려울 수 있다.

최근 이색 투자 철학의 함정을 보여준 유명한 예는 대학발전기금의 운용 성과다. 대학발전기금으로는 최대 규모였던 하버드대학교 기금 운용의 실책은 널리 보도된 바 있다. S&P 500 지수가 오르지도 내리지도 않는 보합세를 보였던 2016 회계연도에 하버드대학교 발전기금 펀드는 2%의 손실을 기록했다.

'부의 상식' A Wealth of Common Sense 이라는 블로그를 운영하는 벤 칼슨

Ben Carlson은 '에고 프리미엄'ego premium이라고 불리는 현상을 언급했는데, 이 현상에 희생당한 가장 유명한 사례가 하버드대학교다. 2017년 칼슨은 뱅가드Vanguard 펀드의 3개 펀드로 단순하게 구성한 포트폴리오(그는 이를 '보글 모델'Bogle Model이라고 부른다)의 연간 수익률과 미국 전역의 대학발전기금의 평균 연간 수익률을 비교하는 글을 썼다. 보글 모델 포트폴리오의 10년 수익률(6.0%)은 대학발전기금 수익률의 상위 10%에 들었다(상위 10%의 연간 수익률은 5.4%였다). 당신이 컴퓨터 앞에 앉아서 가장 널리 선택되는 뱅가드 펀드(또는 ETF) 3종목으로 포트폴리오를 구성해 투자했다면 연평균 0.1%의 비용으로 대학기금의 90%보다 높은 수익을 올렸을 거라는 뜻이다.

대학발전기금들이 어떻게 운용되는지 칼슨의 글을 통해 이해해보자. "이들 기금은 벤처캐피털, 사모펀드, 인프라, 사유 부동산, 목재, 돈으로 살 수 있는 최고의 헤지펀드에 투자된다. 그들은 최고의 주식 및 채권 펀드 매니저를 활용할 수 있다. 그들은 레버리지(차입금 등 타인의 자본을 지렛대 삼아 자기자본이익률을 높이는 것—옮긴이 주)를 활용하고 복잡한 파생상품에 투자한다. 그들은 가장 유명하고 인맥이 넓은 컨설턴트를 쓴다. 그런데도 이 펀드들 대부분이 저비용 뱅가드 인덱스 펀드 포트폴리오보다 수익률이 낮다."

사회적 지위를 중시하고 이색 투자를 하는 소득명세서상 부자들은 결국 더 큰 비용을 들여 더 작은 수익을 내는 셈이다. 왜 그럴까? 이들은 분명 똑똑한 사람들이다. 그런데도 투자비용이 낮은 대안들이 수익이 더 높다는 증거에도 불구하고 '에고 프리미엄'을 기꺼이 치르며 이런 투자를 한다. 정신분석학적 해석을 담당하는 우리 팀원은 복잡한(아마도 잠재의식의) 신호 행동이 작용하기 때문이 아닐까 의심한다. 소득명세서상 부자들이 '나는 돈이 너무 많아서 태워버려도 돼'라는 메시지를 보내는 거라고 말이다.

사실 백만장자들은 미술 작품을 소장하지 않는다

이 나라의 많은 사람들이 경제적으로 성공한 사람들을 모방하고 싶어 한다. 마케터들은 수십억 달러를 퍼부어 부자들 대부분이 고가의 미술 작품을 다수 소장하고 있다고 사람들을 설득한다. 하지만 이는 우리 경제사를 통틀어 그랬듯이 지금도 잘못된 통념일 뿐이다. 높은 소득을 올리고 있는 가정은 예술 작품을 자신의 부를 알리는 수단으로 생각할 수 있다. 하지만 그들은 소득 수준만 평균 이상일 뿐 순재산은 보통 그렇지 않다.

미술 작품은 유형 자산 또는 수집품이라는 더 큰 범주에 들어간다. 스탠리 박사는 《미국 인구통계학》American Demographics에 실은 글에서 "놀랍게도 전형적인 백만장자의 자산 중 6% 이하만 골동품, 동전과 우표, 보석, 미술 작품 같은 유형 자산 또는 수집품이다."라고 썼다.

하지만 이 글은 30년도 전에 쓰인 것이다. 그 이후로 상황이 달라졌을까? 78%에 가까운 백만장자 대부분이 유형의 수집품으로 보유한 재산이 1% 이하라는 게 최근 우리의 설문 조사 결과다. 국세청의 최근 상속세 자료도 다를 바 없다. 전반적으로 200만 달러 이상의 재산을 보유한 백만장자들은 재산 1.3%만 유형 자산인 미술 작품으로 보유하고 있다. 아주 비싼 작품 중 일부는 가짜일 가능성이 있다는 것을 고려하면 그조차 부풀려진 것일 수 있다.

미술 작품은 우리가 조사했던 백만장자 상당수가 "현재도 없고 예전에도 보유했던 적이 없다."라고 답한 자산 범주의 하나다.《부자인 척 그만해라》에서 자세히 논의한 다른 자산들도 마찬가지다. 별장, 보트, 비행기, 와인 컬렉션, 명품 자동차, 값비싼 양복을 소유한 적이 있는 백만장자는 소수다.

성공적인 투자자들의 5가지 특징

개인 투자자에 대한 다음 설명을 살펴보자.

현실 세계를 사는 투자자와 학문적 모델 속에 사는 투자자 간에는 거리가 있다. 이론적으로 투자자들은 분산 투자 포트폴리오를 구성하고 세금과 다른 투자비용을 최소화하기 위해 거래를 빈번하게 하지 않는다. 그러나 투자자들의 실제 행동은 다르다. 그들은 자주 거래하고 종목을 잘못 선정해 투자비용을 낭비하고 수익을 내지 못한다.

그들은 좋은 주식은 팔고 나쁜 주식은 쥐고 있음으로써 불필요한 세금을 부담한다. 또 많은 이들의 포트폴리오가 개별 종목에 집중돼 있어 분산 가능 위험diversifiable risk(시장의 변동과 관련된 위험이 아니라 특정 산업에 속한 위험으로서 분산투자에 의해 제거될 수 있는 위험을 말한다—옮긴이 주)이 크며, 언론과 과거 경험의 영향을 과도하게 받는다. 비용을 줄이고 분산 투자 포트폴리오를 구성해 주식을 매수하고 보유하라는 규범적 조언을 무시하는 투자자들은 일반 적으로 손해를 본다.

행동 편향action bias, 즉 가만히 있지 못하고 행동을 취하는 경향은 투자자의 경험 정도와 상관없이 아무런 조치가 필요하지 않을 때 조치를 하게 만든다. 극단적인 '행동가' 투자자들은 행동 편향 때문에 부적절한 시기에 주식을 매도·매수하게 된다. 물론 이와 반대로 어떤 행동도 꺼리는 투자자들도 있다. 그들은 투자 전략을 짤 때도 너무 오랜 시간을 들여 실행하기도 전에 쓸모없는 전략으로 만들어버린다.

무엇이 성공적인 투자자를 만드는가? 어떻게 해야 시장이 침체돼 있을 때 높은 위험이 뒤따르는 투자를 하고도 편안할 수 있을까? 뛰어난 가계 최고재무책임자와 재산 증식 능력이 떨어지는 사람들의 행동이 다른 것처럼, 경제적 시기나 정부 요인과 상관없이 성공적인 투자자와 그렇지 않은 사람들 간에는 몇 가지 차이점이 있다.

용기와 위험을 감수할 의사는 순재산과 밀접한 관련이 있다. 지난 20여 년 동안 백만장자들은 사업뿐만 아니라 투자에서 폭풍우를 헤쳐 나갈 수 있게 해준 것은 용기였다고 털어놓았다. 투자할 용기는 투자 관련 결정을 내릴 수 있는 어느 정도의 자신감과 더불어 애당초 투자에 참여하고자 하는 성격에서 나온다.

또한 금융 지식과 리스크 성향도 연관이 있다. 지식은 스스로 공부하고 조사함으로써 얻을 수 있으며, 소득 대비 재산이 많은 사람들(PAW)은 소득 대비 재산이 적은 사람들(UAW)보다 투자 연구와 계획에 더 많은 시간을 쓴다. 우리의 데이터에서도 불안과 걱정이 많은 투자자는 손해를 볼 수 있는 단기 투자를 하는 경향이 있다고 나온다.

우리는 경험과 행동에 기초해 리스크 성향을 판단하는 심리 테스트를 개발하기 위한 연구를 하면서 '훌륭한 투자'를 구성하는 5가지 요소를 발견했다. 여기서 훌륭한 투자란 주식 시장에 투자하면서 시장 침체기에 매도가 아니라 매수를 편안하게 여기는 것을 말한다.

모험을 추구하는 성격

성공적인 투자자는 아직 정확한 결과가 알려지지 않았을 때도 투자 결정을 내릴 수 있다. 그들은 미래가 어떨지 완벽한 확신이 없더라도 편하게 투자를 하는 경향이 있다.

리스크 선호도

리스크도 크지만 수익을 낼 확률도 높은 투자(주식 등)를 선호하는 사람들은 더 나은 투자 관련 결정을 내리는 경향이 있다.

투자에 대한 자신감

과도한 자신감은 투자자가 잘못된 결정을 내리게 할 수 있지만, 어느 정도의 자신감과 자기효능감self-efficacy은 성공한 투자자와 실패한 투자자를 구분해준다. 적절한 수준의 자신감이 없으면 투자 관련 결정을 재고하고 바꾸다가 결국 손해를 보는 일이 종종 발생한다.

투자에 관한 판단/지식

워런 버핏의 말처럼 "위험은 자신이 무엇을 하는지 모르는 데서 온다." 투자의 작동 원리와 잠재적 상승과 하락, 주식 시장의 주기에 대해 지식을 쌓은 사람들은 전반적으로 더 나은 투자 결정을 내릴 확률이 높다. PAW들은 UAW들보다 투자 조사에 쓰는 시간이 더 많으며, 투자 지식은 나은 투자 결정과 상관관계가 있다.

침착성

침착성은 일반적으로 시장의 변화(보통 침체기를 의미하지만 호황기도 포함)를 견딜 수 있는 능력을 가리킨다. 시장의 붕괴에 직면해서도 차분하고 용감한 투자자들은 불안해하는 투자자들보다 더 나은 결정을 내리는 경향이 있다.

부자일수록 '투자를 안다'고 생각한다

위에 열거된 성공적인 투자자 프로필은 대중 부유층을 포함한 광범위한 투자자 표본에 적용된다. 재산 형성 과정과 마찬가지로 투자의 성패에 영향을 미치는 것은 이런 특징과 행동의 조합이다. 그렇다면 백만장자 투자자들의 특징은 무엇일까? 그들도 광범위한 투자자 표본과 비슷한 특징을 보일까?

백만장자 투자자들은 자신감 있는 집단이다. 우리의 최근 연구에 따르면 그들의 70% 이상이 다른 사람들보다 투자에 대해 더 많이 알고 있다고 생각한다. 투자에 대한 자신감은 자칫 양날의 검이 될 수 있다. 과도한 자신감(가령 시장 타이밍을 맞출 수 있다는 믿음)은 투자와 관련된 의사결정에 해로운 영향을 미칠 수 있기 때문이다.

투자 관련 결정과 자원 배분 전반에 관한 결정은 여러 측면에서 다시 절제력이라는 부의 성공 요인으로 되돌아간다. 연구에 따르면 백만장자의 약 60%(5명 중 3명)가 명확한 단기 및 장기 목표를 갖고 있으며, 약 55%는 어떤 일을 진행할 때 주의가 분산되지 않는다. 60%가 조금 넘는 이들은 자신의 미래 재무 상황을 계획하는 데 시간을 할애한다고 말한다.

투자 방식의 경우 백만장자의 약 55%는 전문가에게 받은 조언보다는 스스로 공부하고 지식을 쌓은 자신의 노력 덕분에 투자에 성공했다고 믿는다. 3분의 1이 조금 못 되는 백만장자들만 금융 전문가에게 의지해서 투자 관련 결정을 내린다고 한다. 대중 부유층 투자자들을 대상으로 한 연구에서도, 최상의 투자 관련 행동을 하는 사람들은 투자상담사나 다른 전문가의 가치가 낮다고 판단될 때 해고할 가능성이 더 큰 것으로 나타났다. 백만장자 투자자들을 상대하는 금융 전문가들이 기억해야 할 핵심은 최고 중의 최고가 되어야 하며, 고객에게 그 능력을 분명하게 보여줘야 한다는 것이다.

백만장자 투자자들은 투자 관리에 관한 지식과 전문성을 쌓는 데 시간을 들인다. 그들은 미래의 투자를 조사하고 계획하는 데 매달 평균 10.5시간을 할애하는데, PAW와 UAW는 그 시간에 차이가 있다. 구체적으로 말하자면 PAW는 한 달에 11.3시간을 할애하는 데 반해 UAW는 한 달에 8.7시간을 할애한다. 백만장자 투자자들은 투자에 대해 그리고 어디에 자신의 돈을 투자할지 연구한다. 설령 그것이 자신의 사업에 투자하는 경우라도 마찬가지다. 금융 문제에 대한 이해력

◆ 표 34. 투자에 관한 백만장자들의 견해

문항	그렇다/매우 그렇다 응답자 비율(%)
나는 투자에 관해 대다수보다 많이 안다	70.4
나는 미래의 재정 계획에 많은 시간을 쓴다	61.8
내 투자 이익은 전문가의 조언보다 스스로 공부한 결과다	54.8
나는 투자 결정을 내리기 위해 투자자문가에게 크게 의지한다	33.2

은 투자 관련 리스크의 수용력을 높인다. 일반적으로 미래 전망 및 금융 지식은 높은 금융 리스크 수용 수준과 관련이 있으므로 투자 관리와 연구에 소비하는 시간은 의사결정에 도움이 된다.

관련이 있어 보이는 새로운 정보 앞에서 어떤 조치든 취하려는 행동 편향을 가진 투자자들은 장기적인 실적이 더 나쁜 경향이 있다. 백만장자 투자자도 투자 관리 측면에서 약간의 행동을 취하기는 한다. 2016년 백만장자들은 1년 동안 평균 17건의 투자 관련 거래를 했다. 이들 5명 중 1명 정도는 투자 유지 기간이 3년 미만이다. 여기서 중요한 점은 행동을 취하기로 한 결정이 심사숙고의 결과인가, 성급한 행동 편향의 결과인가다.

적절한 재무 의사결정은 금융이해력이 포함된 지식, 미래의 지향점, 환경 요인의 소용돌이 속에서도 유지되는 침착성이 혼합된 결과물이다. 바꿔 말하면 우리는 미래의 방향이 정해져 있을 때, 적절한 재무의사결정에 필요한 지식을 갖고 있을 때 그리고 침착할 때 더 나은 결정을 내리는 경향이 있다.

◆ 표 35. **평균 투자 유지 기간**

일반 주식·뮤추얼펀드 보유 기간	투자자 비율(%)		
	백만장자	재산 형성 수준	
		PAWs	UAWs
며칠~몇 개월	6.3	6.0	9.4
1~2년	16.3	17.9	16.1
3~5년	30.7	30.6	30.2
6~10년	18.6	19.4	11.4
10년 이상	28.2	26.1	32.9

모험을 즐기는 백만장자 투자자들

백만장자 투자자의 또 다른 특징은 무엇일까? 그들은 리스크를 감수할 용의가 있으며 미래 지향적이다. 그 반대의 경우를 생각해보자. 플로리다에 사는 한 이웃집 백만장자는 이런 이야기를 들려줬다. "제 배우자는 투자를 두려워합니다. 금리가 낮은 저축 예금만 들려고 하죠. 저는 뮤추얼펀드에 투자하고 20년 동안 '무모한 행동'이라는 비난을 받아왔습니다. 하지만 우리 재산의 상당 부분은 제 투자 덕분에 만들어졌죠."

많은 백만장자가 사업가이며, 사업가는 대체로 리스크를 감수하는 경향이 있다. 반면에 공무원들은 민간 부문에서 일하는 사람들보다

평가 내용	모험적/ 매우 모험적	균형 잡힌	신중한/ 매우 신중한
풀타임으로 일하기 시작했을 때 투자 전략은?	55.6	28.6	15.7
현재 운용하는 투자 전략·포트폴리오는?	17.5	56.0	26.5

리스크를 선호하지 않는다. 리스크를 회피하는 사람은 투자에 대한 만족도 역시 낮다.

성공적인 투자자들과 경제적으로 성공한 미국인들은 실수한 적이 있거나 실수를 인식하고 있더라도 투자 리스크를 감수한다. 일반적으로 순재산이 많은 부유한 가정은 대중 부유층 또는 대중 시장의 투자 관련 행동과는 다른 유형의 행동을 한다. 즉 부유한 가정은 평균 이상의 투자 리스크를 감수하며, 투자 활동의 본질 전반을 이해하고 포트폴리오의 적절한 리스크 수준을 이해한다.

이것이 반드시 인과관계라고 할 수는 없지만 (부유한 가정이 보유한) 높은 수준의 지식과 리스크 수용도가 중요하다는 사실을 알려준다. 현재 우리의 연구 대상인 백만장자들은 초반에는 현재보다 투자 리스크를 더 감수했다고 한다. 여기에는 아마도 표본 집단의 평균 연령이 61세인 탓도 있을 것이다.

당신이 저축한 돈은 인플레이션 때문에 해마다 구매력을 조금씩 잃는다. PAW들은 인플레이션으로 인한 구매력 손실을 피하고 돈을 불리려면 생산적으로 투자해야 한다는 것을 이해한다. 위의 표(표 36)는 PAW들이 일반적으로 경력 초반에는 '모험적' 또는 '매우 모험적'인 투자를 하고, 좀 더 자산을 축적하고 돈이 필요한 시간이 점차 짧아지면 점차 온건하고 신중한 투자 방식으로 균형을 잡아가는 것을 보여준다. 우리 독자 중 한 명은 저축의 측면에서는 비슷했지만 투자에서 차이가 있었던 양가 부모님의 이야기를 들려주었다.

우리 부모님은 힘들게 번 월급을 성실하게 관리하고 절약하며 오랫동안 수비에 치중해왔습니다. 하지만 매달, 매년 열심히 저축한 돈을 커피 캔에 넣어두었죠(말 그대로입니다). 반면에 장인은 한 해 저축액은 우리 부모님에게 미치지 못했지만, 매년 저축한 돈을 피델리티 마젤란 펀드(뮤추얼펀드)에 투자하는 요령 있는 투자자였습니다. 장인은 그만큼 투자 수익을 내지 못한 우리 부모님보다 경제적으로 훨씬 앞서 있습니다.

PAW들은 두 가지 노력을 다 기울인다. 그들은 수입의 상당 부분을 저축하려고 노력하며, 저축한 돈을 장기적인 증식이 가능한 생산적 자산에 성공적으로 투자한다. 매년 저축액을 143% 늘린 다음(우리가 계산한 적정 저축 증가율 '저축 α') 포트폴리오 수익 증가분인 투자 α까지 3% 추가될 때의 효과를 상상해보라(투자 α는 투자비용의 절감, 뱅가드에서 연구하고 있는 '투자자문가 알파'advisor's alpha, 낮은 가격에 사서 높은 가격에 팔고 그 반대를 피하는 투자 행동의 개선이나 그 모두를 통해 얻을 수 있다). PAW들은 이런 혜택이 장기적 이익으로 이어지도록 만들 방법을 모색한다.

과도한 자신감이 부르는 최악의 투자 실수

순재산을 예측하고 투자 결정을 내릴 때 자신감은 중요한 역할을 한다. 하지만 그 자신감에는 투자와 재무 관리에 관련된 겸손과 현실감이 곁들여져 있어야 한다. 워런 버핏은 이렇게 말했다. "투자자들은 흥분과 비용이 적이라는 사실을 기억해야 한다. 그리고 주식 거래의 타이밍을 맞추려고 노력한다면 다른 사람들이 욕심낼 때는 두려워하고 다른 사람들이 두려워할 때 욕심을 내야 한다." 자신의 투자 능력과 기술에 대한 적당한 자신감을 일관되게 보여주는 행동과 인생 경험은 나이, 소득, 상속 재산과 상관없이 순재산과 관련이 있다.

투자 무대에서 지나친 자신감은 해로울 수 있다. 투자에 대한 지나친 자신감은 빈번한 거래, 주식 가치의 과대평가, 현명하지 못한 뮤추얼펀드 선정 등 잘못된 투자 결정을 내리게 한다. 투자자의 과도한 자신감을 다룬 한 대규모 연구에서는 다음과 같은 결론을 내놓았다. "우리는 금융 시장에서 높은 수준의 비생산적 거래를 설명해줄 간단하고 확실한 요인이 있다고 생각한다. 바로 과도한 자신감이다."

1996년 이후 투자심리학의 동향 중 하나는 학계는 물론 주요 증권사 등에서 행동재무학을 강조하고 있다는 것이다. 행동재무학은 주식의 매도·매수를 비롯한 개인 투자자의 결정 방식에 영향을 미칠 수 있는 심리 및 인지 편향을 주로 다룬다. 행동경제학 연구로 2017년 노벨상을 수상한 리처드 탈러Richard Thaler는 요령 있는 투자자들이 알고 있는 사실, 즉 투자의 편향과 감정에 의존한 투자는 건전한 재무 관련 결정 능력에 부정적 영향을 미칠 수 있다는 것을 실증적으로 증명했다.

투자자 또는 그들의 투자자문가가 이런 편향을 자각할 때 시장에 대한 비합리적 신념이나 편견에 근거해 불리한 투자 결정을 내리는 일을 막을 수 있다.

성공적인 투자자들은 좋거나 나빴던 투자 경험이 있으므로 투자 리스크에 더 관대해지고 재정적 위험에 대해 더 의연한 자세를 갖게 된다. 그들도 분명 몇 번 실수는 했을 것이다. 대개 더 나은 투자자를 만드는 것은 투자에 대해 꾸준히 공부하는 자세다.

우리 연구의 백만장자 표본 중 절반 이상이 보고한 실수에는 너무 늦게 또는 너무 일찍 매도하거나 시장의 고점과 저점을 기다리는 마켓 타이밍market timing 실수가 포함돼 있었다. 물론 이런 실수들은 지나고 보면 쉽게 눈에 띈다. 백만장자들은 이런 큰 실수들 때문에 재산 증식 방법에 관한 현재의 관점과 행동을 갖게 되었으며 그런 실수는 대개 과도한 자신감에서 기인했다고 이야기했다.

다른 유형의 투자 실수로는 더 신빙성 있거나 안전한 투자, 이색적이거나 투기적인 투자로 포트폴리오의 균형을 맞추려는 시도가 있었다. 이런 행동을 개선하려면 자율적 학습과 절제력이 필요하며, 자신의 이익이 아니라 고객의 이익을 위해 헌신하는 투자자문가의 조언과 상담이 필요하다.

특정 투자 유형이나 회사의 실수는 보통 구경꾼의 눈에 띈다. 그러나 백만장자들이 '최고' 또는 '최악'으로 꼽는 비밀 종목이나 투자는 없다. 우리는 그동안 사람들로부터 백만장자 투자자들이 최고 또는 최악으로 평가하거나 등급 매긴 주식들의 목록을 알려달라는 요청을 여러 번 받았기 때문에 최근 조사에서 이 질문을 해보기로 했다. 현명

◆ 표 37. 백만장자들의 투자 행동

투자 행동	그렇다고 답한 비율(%)
나쁜 주식을 뒤늦게 매도한다	73.6
좋은 주식을 너무 빨리 매도한다	60.3
시장 고점에서 주식을 매도하기 위해 너무 오래 기다린다	58.1
시장 저점에서 투자하기 위해 너무 오래 기다린다	55.3
'안전한' 포트폴리오와 '투기적' 포트폴리오의 균형을 맞추려고 노력한다	53.5
자사주를 매입, 보유한다	44.4
이득보다 손실에 대한 걱정이 크다	41.6
친구나 친척의 추천으로 투자한다	41.5
시장의 상승세·하락세를 맞추려고 노력한다	37.5
스톡옵션 투자·투기성 주식 투자를 한다	36.9
다른 사람이 내 재정을 관리하도록 허용한다	34.8
최근 최저가로 주식을 매도한다	34.2

출처: 데이터포인츠

한 투자자와 백만장자 대부분이 우리에게 말해줬듯이 사실 최고와 최악의 주식은 주주들의 관점에 달려 있었다. 개별 종목에 대한 논의는 머리기사로는 몰라도 가치가 없었다. 다만 이 목록에서 몇 가지 고려할 만한 주제가 드러났다.

- 인터넷 관련 인기 주식은 지금까지 투자했던 종목 중에서 최악의 주식으로 자주 열거됐다.
- 언론에 대서특필될 정도로 폭락했던 종목은 지금껏 투자한 것 중에서 최악의 투자 종목으로 꼽혔다(월드컴WorldCom, 엔론 Enron 등).
- 견고한 우량주들이 최고의 종목으로 자주 거론됐다(3M, IBM).
- 고용주 관련 주식은 평가가 다양했다.
- 최고의 투자로 (일부는 농담조로 답하길) '아내', '내 사업', '내가 받은 교육'이 거론되기도 했다.

부자는 금융 전문가를 신뢰하지 않는다

백만장자들은 투자자문가를(그리고 핀테크를) 현명하게 고른다. 많은 사람이 자신의 투자 기술에 의존하지만 계속 투자자문가와 함께하는 백만장자도 상당수 있다. 미국노동통계국에 따르면 1996년 미국의 투자자산운용사와 증권중개인은 24만 6,000명이었다. 2014년에는 그 수가 34만 1,500명으로 늘었다. 우리 백만장자 표본의 70% 이상은 금융투자회사의 계좌를 갖고 있으며 단 15%만 투자신탁회사의 계좌를 갖고 있다고 보고했다. 하지만 그들은 제공받는 서비스에 비하면 비교적 적은 돈을 지불한다. 투자 자문 수수료로 백만장자 3분의 1은 소득의 0%를, 56%는 1%를 썼다.

그러나 얼마나 되는 백만장자가 금융기관과 투자자문가를 얼마나 활용하든지 간에 대다수는 그들의 조언에 의지하지 않는다. 앞에서 언급했듯이 투자자문가에게 크게 의지하는 백만장자 투자자는 3분의 1 이하이며, 70%는 자신이 투자자문가보다 많이 안다고 말한다. 백만장자의 절반 이상이 투자 포트폴리오의 가치 상승은 전문가의 조언보다는 스스로 투자 공부를 한 덕분이라고 말했다. 이런 정서는 아무리 전문가라도 포트폴리오 구성과 수익률에서 비전문가보다 나은 결과를 내지 못할 때가 많다는 연구 결과와도 일치한다.

백만장자들을 상대하는 금융 전문가들은 적어도 투자와 관련해 큰 실수는 하지 않도록 집중해야 한다. 금융 전문가의 가치를 입증한 뱅가드의 '투자자문가 알파' 연구에서는 투자자문가와 함께해서 얻는 이득의 절반(투자 자문과 함께해서 얻은 포트폴리오 실적 증가분 3%의 절반)은 투자자 행동의 변화나 개선에서 기인한 것으로 본다.

전문가를 찾는 가짜 부자들

투자와 관련된 종합 서비스를 제공하고 판매 수수료를 받는 자산관리사 잭은 최근 자신의 직업에 좌절감을 느끼고 있다고 말했다. 사이버 주식 거래의 확산과 더불어 고객에게 추천하는 투자 상품에 대해 판매 수수료를 받지 못하게 돼 있는 신탁형 투자자문가가 새롭게 강세를 보이면서, 자신과 같은 자산관리사들은 앞으로 비디오 대여점 신세가 되리라는 것이었다. 로보어드바이저가 등장하고 투자 전문 지식에 대한 수수료가 줄어든 새로운 세계에서 그는 가능한 모든 수단을 동원해 돈을 벌 방법을 찾아야 한다고 생각했다. 그래서 신흥 이웃집 백만장자까지 고객의 '하한선'을 낮추면 그들이 재산을 모으는 동안 계속 자신을 찾으리라 기대했다.

잭은 신흥 이웃집 백만장자에게 바로 데려다줄 지도를 원했다. 그래서 어떻게 그들을 찾을 수 있는지 우리에게 물어왔다. 스탠리 박사의 연구와 그 뒤를 잇는 연구를 고려해 우리가 그런 지도를 줄 수 있을 것이라고 생각했던 듯하다. 물론 그런 지도를 구할 수는 있다. 예비 고객들의 행동 습관과 재무 경험을 검토하면 그가 잠재적 이웃집 백만장자를 상대하고 있는지 이해할 수 있을 것이다.

하지만 잭이 이해하지 못하는 점이 있었다. 설령 그가 신흥 백만장자들을 찾을 수 있다 해도 그들은 그의 투자 자문 서비스에 별로 관심이 없을 가능성이 크다. 그들은 핀테크 덕분에 이미 금융 서비스에 정통한 소비자가 되었다. 뿐만 아니라 직접 투자를 하는 유형이든, 전문가의 도움을 찾는 유형이든 저렴한 비용으로 높은 품질의 서비스를 받고 싶어 한다.

금융 전문가와 함께하고 싶어 하는 사람들도 이전에는 신탁 부서에만 요구되던 신의성실 의무fiduciary duty(투자자문가들은 판매 수수료와 운용 수수료 등 자신의 이익보다는 투자자의 이익을 위해 최선의 주의를 기울여야 하고 투자자의 신뢰와 기대를 배반해서는 안 된다는 원칙—옮긴이 주)를 준수하며 업무 수수료만 받는 새로운 자산관리사 등 수많은 선택지를 갖고 있다. 이런 환경 속에서 잭이 자수성가한 신흥 이웃집 백만장자들에게 자신의 가치를 증명하려면 상당히 좋은 성과를 보여줘야 할 것이다.

잭의 문제점은 금융 전문가와 함께할 때 얻는 핵심 가치를 서비스에 포함시키지 않고 있다는 것이다. 즉 고객이 스스로 할 수 있는 모든 재무 관련 행동에 대한 지침을 제공하지 않았다. 잭은 고객이 재무 또는 투자 관련 결정에 더 자신감을 갖게 해주려고 노력하는 데는 관심이 없다. 하지만 오늘날 정말로 가치 있는 금융 자문 서비스는 고객들이 UAW에서 PAW로 진화하도록 돕는 것이다. 이는 투자 포트폴리오 구성을 바꾸는 것보다 고객의 평소 재무 행동을 변화시킴으로써 가능하다.

따라서 잭이 지금 찾고 있는 고객은 자신이 이웃집 백만장자라고 믿지만 실은 가짜 부자인 소비재에 과도한 지출을 하고, 소득과 부를 동일시하며, 부자가 되리라 기대하면서 지출하는 사람들이다. 그에게 가장 잘 맞는 고객은 행동 변화와 관련된 어떤 이야기나 자기반성에는 관심이 없는 이들이다. 그들은 잭이 시장을 이겨주기만 바란다. 그런 사람들이 잭에게 이상적인 고객이다. 그들은 잭의 자문을 받는 것을 특권으로 여기며 투자 관련 거래에 대한 추가 수수료를 기꺼이 지불할 것이다.

이웃집 백만장자가 찾는 투자자문가

잭의 접근 방식과 신의성실 의무를 준수하며 업무 수수료만 받는 재무상담사 젠킨스의 접근 방식을 대조해보자. 그녀의 조언과 상담은 고객의 최대 이익을 위한 것으로, 특정 금융 상품의 판매 수수료를 목적으로 고객의 이익과 상충하는 조언을 하지 않는다.

잭이 금융 상품을 파는 것이라면, 젠킨스는 고객이 장기적으로 성공하도록 돕는다. 젠킨스는 상품 판매량이 아니라 믿을 수 있는 조언자로서 고객들이 더 나은 투자 관련 결정과 행동을 하도록 잘 안내했는가로 성공이 좌우될 것이다. 그녀는 고객을 위해 무엇을 할 수 있고 없는지, 할 수 있는 일과 없는 일을 분명하게 밝힌다. 그런 투명성은 때로는 힘든 일이지만 부에 대해 잘 알고 절제하기를 원하는 고객들을 찾고 유치하게 해준다. 그녀는 블로그의 글과 기사를 통해 잠재적 고객과 블로그 방문객에게 그녀의 전문 지식과 접근 방식을 투명하게 알린다. 그리고 고객들이 요령 있는 투자자가 되도록 성실하게 지도한다. 이 귀중한 서비스를 받기 위해 이웃집 백만장자들은 그녀를 찾는다.

그녀는 "나는 시장을 이기려는 사람들을 도우려는 게 아니다."라는 브랜딩에서부터 업무 수수료만 받는 방식에 이르기까지 전부 고객들이 원하는 점들을 강조한다. 또한 고객이 앞으로 재산 형성을 잘할 수 있도록 어떤 도움을 줄 수 있는가를 성공의 기초로 삼는다. 반면에 잭은 자신도 모르게 타깃이 된 고객에게 고액의 뮤추얼펀드를 판매하고 받는 수수료를 성공으로 본다.

미래의 이웃집 백만장자를 매료시키려면 고급 자동차나 액세서리, 직함이 아닌 투명하고 성실한 교사로서의 자질이 필요하다. 재산 형성의 장기전에서 성공하고 싶은 사람들은 경제적 성공이라는 경기의 코치로 나서는 투자자문가를 찾을 것이다.

금융 전문가, 금융 '대리자'에서 '안내자'로

1996년에는 어떤 금융 전문가든 잭처럼 고객을 대신해 주식을 사고 팔면서 두둑한 판매 수수료를 챙기는 데 초점을 뒀다. 투자자산운용 사는 리밸런싱(운용하는 자산의 편입 비중을 재조정하는 행위—옮긴이 주) 을 제안하고, 손실 수확 전략을 활용하고, 금융사 또는 투자자에게 도움 이 되는 다른 전략적 결정도 내렸다. 1980년대와 1990년대의 백만장 자들은 그들 대신 거래해줄 다른 누군가를 필요로 했다.

《백만장자 불변의 법칙》이 출판된 직후 등장한 온라인 주식 거래는 투자자들에게 새로운 세상을 열어주었다. 좋든 나쁘든, 모든 사람이 즉석에서 주식을 직접 사고팔 수 있게 됐으며 원치 않으면 더 이상 주 식중개인을 만날 필요도 없어졌다.

그러나 여느 직업과 마찬가지로 성공적인 투자자산운용사들은 자 기 일에서 성과를 올리는 데 필요한 지식과 기술, 능력, 역량을 갖고 있다. 일반적으로 투자의 성패는 투자 연구(예를 들면 회사와 업계, 시장 에 대한 집중적 조사)에 투입한 시간과 노력으로 결정된다. 1990년대의 투자자산운용사와 마찬가지로 성공적인 종목 선정은 오직 7%만 대 단히 효과적으로 할 수 있다고 이해하면 된다.

그 사실은 이웃집 백만장자에게 무엇을 의미하는가? 자수성가한 사람들에게는 무엇을 의미하는가? 1996년에는 재산 관리를 위해 신 탁 부서를 찾으라는 조언을 했다. 당시에는 그곳이 (금융 상품 판매에 따른 수수료를 받는 중개인의 적합 기준suitability standard과 반대되는) 신의성 실 기준fiduciary standard 아래 자산을 운용해주는 자문가를 찾을 수 있는 곳이었다. 오늘날 금융 서비스 세계에는 신의성실 의무를 준수하면서 전보다 광범위한 소득과 재산을 보유한 사람들에게 투자 상담을 해주는 금융 서비스 분야가 하나의 하위 산업으로 자리 잡았다. 이들이야 말로 당신의 최대 이익을 위해 행동해줄 사람들이다.

진짜 부자들은 공부와 조언에 투자한다

◆ ◆ ◆

투자 프로그램이 발전했다고 해서 부자들이나 신흥 부자들이 금융 전문가의 서비스 이용을 전면적으로 또는 대대적으로 중단하는 추세였던 것은 아니다. 그러나 일부에서는 소비재에 탐닉하면서도 투자와 은퇴 계획에 대한 자문과 서비스는 소홀히 하는 경향이 있었다. 스탠리 박사도 이 점을 강조한 적이 있다.

재산 형성을 목적으로 할 때 소득이 10만 달러 이상이 되면 앞으로 얼마를 더 버는가보다 이미 가진 돈으로 무엇을 하는가가 더 중요해진다.

정의상 대차대조표상 부자는 순재산 분포에서 상위 25%에 속하는 이들이다. 대차대조표상 부자들은 소비가 아니라 투자에 가능한 모든 돈을 투입하는 경향이 있다. 그들은 투자를 연구하고 계획하는 데 1년에 평균 100시간을 쓴다. 순재산 분포에서 반대쪽인 하위 25%에 속하는 소득명세서상 부자는 1년에 약 50시간을 투자의 연구와 계획에 쓴다. 흥미로운 점은 투자의 연구 및 계획에 쓴 시간과 순재산 간에 중요한 상관관계가 있다는 것이다. 내가 조사한 바로는 대차대조표상 부자는 소득명세서상 부자의 6~10배에 이르는 순재산을 보유하고 있다.

또한 대차대조표상 부자는 스스로 중요한 결정을 내리기 전에 전문가의 조언을 받음으로써 그 시간을 더 효과적으로 사용한다. 그들은 보통 변호사와 회계사, 중개인과 은행가(신탁 담당자)를 망라하는 자문단을 구성하고 좋은 조언에는 후한 보수를 기꺼이 지불한다.

사치품에 흔쾌히 돈을 내놓을 의향과 돈을 내고 투자 조언을 들으려는 의향이 반비례한다는 것은 놀랍다. 소득명세서상 부자들은 자동차와 보트, 집에는 많은 돈을 쓰면서 투자 조언에 들어가는 비용은 지나치게 아끼는 경향이 있다. 그러나 대차대조표상 부자들은 사치품에는 돈을 아끼고 훌륭한 법적, 재정적 조언에 대해서는 최고의 보수를 기꺼이 지급한다.

로보어드바이저의 출현, 변화하는 금융 서비스

아메리칸대학교와 워싱턴 주립대학교 연구자들은 2002년 발표한 연구 논문의 결론 부분에서 전형적인 투자 실수를 피하고자 하는 사람들을 위한 권고 사항을 제시했다. 여기에는 경제적 자립을 추구하는 이들은 이미 잘 알고 있는 행동들이 포함되어 있다.

- 투자 편향을 이해하라. 백만장자들의 보고했던 편향과 행동들 중 다수가 일반적 투자 편향 범주에 들어간다.
- 투자의 목적과 제약 조건을 파악하라. 투자 목표가 무엇이며, 리스크를 감안할 때 그 목표에 어떻게 도달할 수 있는가?
- 계량적 의사결정 지침, 감정을 피할 수 있는 지침을 개발하라.
- 분산 투자를 하라.
- 투자를 검토하고 필요에 따라 재분배하라.

오늘날에는 위의 권고 사항 다수를 기술이 해결해준다. 즉 자동화된 투자 서비스(로보어드바이저)에 투자 조건을 설정해두기만 하면 투자 과정에 감정이 개입되는 일을 대부분 없앨 수 있다. 로보어드바이저는 투자 목표에 기초한 분산 투자, 투자 재분배를 가능하게 해주며, 알고리즘을 사용해 다양한 유형의 의사결정에서 감정을 배제할 수 있게 해준다.

로보어드바이저가 있는데 왜 개인 투자자들은 투자자문가까지 필요로 할까? 투자 판매인이었던 전통적 주식중개인들이 투자 관리 또는 재무 계획에 관여하는 자문가로 전환하는 현상이 계속 목격되고 있다.

이 책과 이전 책들에 실린 데이터 및 조사 결과와 일관되게, 스탠리 박사는 재무 상담이 포트폴리오 관리보다 행동 관리behavioral management의 방향으로 옮겨가리라고 예측했다. 오늘날 자산 관리는 '뱅가드 효과'Vanguard effect로 인해 상품화되는 과정에 있다. 만일 PC로 몇 시간 만에 구성한 당신의 포트폴리오가 연간 0.1%의 수수료로 돈 많은 대학발전기금 펀드보다 더 나은 수익을 낼 수 있다면 왜 비용을 더 들여서 낮은 수익을 올리겠는가? 또한 우리의 데이터는 행동 관리에 주력하는 자문가들이 우세해질 것이라는 사실을 보여준다.

우리는 수십 년 동안 우리의 행동 데이터에 '당연한 거 아냐?'라는 반응을 보이는 많은 사람을 만나왔다(이 집단에게도 우리의 연구는 가치가 있다. 그들 모두 가까운 사람 중에 이를 이해하지 못하는 이가 있을 것이고, 데이터는 공정한 제3자로서 검소한 생활 방식을 지지하는 그들의 주장을 되풀이해주는 역할을 하기 때문이다). 그러나 독자들이 보내준 피드백 대부분은 이런 행동 특성에 관한 통찰이 '유레카!', 즉 진정한 깨달음의 순간이었다고 했다. 그들 일부는 책을 읽자마자 행동을 바꿔 PAW의 방향으로 틀었다고 말했다. 그러나 대부분은 자연스럽게 변화가 일어났던 건 아니고 오랫동안 굳어 있던 행동 습관을 극복하기 위해 많은 노력을 기울여야 했다. 그래서 그 과정에서 지원군과 지침을 찾았던 이들이 많았다.

우리의 데이터는 재무상담사들이 고객들과 '비금융' 문제를 논의하는 시간이 점점 늘어나고 있음을 보여준다. 핀테크 플랫폼(로보어드바이저)들이 순전히 기술 지원 차원에서 포트폴리오 선정, 리밸런싱, 손실 수확 전략 같은 분야에 계속 침투하고 있으므로 재무상담사들이 생존하고 발전하기 위한 마지막 보루이자 최상의 분야는 행동 관리 및 코칭일 것이다.

재무분석가의 말을 들어야만 할까?

◆ ◆ ◆

부의 축적에 성공한 사람들은 자신들이 받는 금융·자산 관리와 관련된 정보의 질을 평가해 믿을 만할 정보를 선별하는 데 탁월한 능력을 가지고 있다. 그들은 '전문가' 직함을 가진 사람의 조언을 맹목적으로 수용하지 않는다. 스탠리 박사가 재무분석가에 대해 쓴 다음 글을 살펴보자.

상위 200개 고소득 직종 중에서 재무분석가는 연간 실현소득 20만 달러인 사람의 비율을 기준으로 할 때 꾸준히 상위 10위 안에 든다. 하지만 그들이 부자일까? 다수는 부자다. 재무분석가 집단은 순투자액이 100만 달러 이상인 사람들의 비율에서 1위를 차지하고 있다. 하지만 재무분석가의 말을 듣는 일에는 신중해야 한다. 그들 모두가 투자 실적이 뛰어난 것은 아니기 때문이다. 또한 모두가 소득을 재산으로 바꾸는 데 탁월한 것도 아니다. 내 추정에 따르면 재무분석가는 이 기준으로는 116위다. 고소득 재무분석가 154명 중에서 100명만 백만장자다.

2011년 〈USA 투데이〉 기사는 텍사스 A&M대학교의 에드워드 스완슨Edward Swanson 재무학과 교수가 재무분석가의 권고를 분석한 연구 결과를 인용했다. 《회계학 연구》Accounting Review에 처음 발표됐던 논문이었다. 기사 내용은 다음과 같다.

"분석가와 공매도(특정 종목의 주가 하락이 예상되면 해당 주식을 보유하지 않은 상태에서 주식을 빌려 매도 주문을 내는 투자 전략으로, 주로 초단기 매매차익을 노리는 데 사용되는 기법—옮긴이 주) 투자자들의 정보를 함께 고려하면 종목 선정에서 상당한 성과를 낼 수 있다. 즉 재무분석가가 '매도'를 권장하면 공매도가 아주 적은 종목을 '매수'하라. 그리고 재무분석가가 '매수'를 권장하면 공매도가 많은 주식을 '매도'하라."

'공매도가 많다'는 것이 무슨 뜻일까? 그것은 단순히 주가 하락을 예상하고 노련한 투자자들의 돈이 몰린다는 뜻이다. 분명 이 기사는 재무분석가의 조사 능력에 대해서는(또는 정직성과 성실성에 대해서는) 알려주지 않는다. 그리고 주로 공매자들, 그들의 말이 아니라 그들의 행동에 공을 돌린다. 공정히 말해 몇몇 재무분석가들은 타율이 아주 높다. 그런 분석가들 다수는 〈월스트리트저널〉 선정 올해 최고의 분석가 프로필에 실린다. 현명한 투자자가 되려면 다양한 정보 출처의 신뢰성을 판단할 줄도 알아야 한다.

변화하는 금융 세계에서 투자자문가 고용하기

유감스럽게도 모든 투자자문가가 고객의 최대 이익에 초점을 두지는 않는다. 미국의 주요 금융회사 중 한 곳에서 일하는 60세의 투자자문가 데니스 P.는 "저는 자신감이 부족한 고객을 원합니다."라고 했다. 그는 금융투자 업무 전반을 취급하며 판매 수수료를 받고 금융투자 상품을 판매, 중개하는 투자자문가다. 그의 주 고객은 갓 기업 임원이 된 사람들이다.

데니스 P.의 고객처럼 고소득을 창출하며 사회적 지위를 추구하는 이들은 투자에 관해 연구하거나 투자자문가를 신경 써서 조사할 시간이 없다. 이들은 주식 시장에 관한 최신 비밀 정보와 투자 전략을 게임처럼 '즐긴다.' 직접 투자 관리를 할 시간은 거의 없고, 투자를 게임처럼 즐기면서 최신 인기 종목만 알기를 원하는 경향이 있다.

그리고 이들은 유명한 금융 서비스 회사를 이용한다는 위세를 즐긴다. 즉 똑같이 바쁘고 출세주의자들인 소득명세서상 부자들 앞에서 "난 X(유명한 투자중개회사)를 이용해."라고 말하며 으쓱거린다. 이런 특권을 누리는 비용은 데니스 P.가 별로 하는 일 없이 매년 관리해주는 자산의 2%다. 우리의 잭도 전략을 바꿔 아무래도 이 집단을 목표로 해야 할 것 같다.

데니스 P.의 고객 대다수는 기업 임원급이지만 투자에 대해 자존감이나 자기효능감이 낮은 고객들도 있다. 데니스 P.는 자신의 조언과 전문 지식에 전적으로 의존하는 고객을 선호한다. 사실 우리는 그와 같은 생각을 하는 전문 서비스 제공자(변호사, 의사 등)들을 만나봤다. 그들은 자신이 전문가보다 많이 안다고 생각하는 고객들은 정말 골칫거리라고 생각한다(우리에게는 그렇게 이야기했다). 하지만 그들이 자산 계정을 빈번하게 회전 매매하고, 불필요한 값비싼 금융 상품을 판매해 자신감이 부족한 고객을 이용하기 때문에 이 업계 전체가 엄청난 홍보 문제를 겪고 있다는 사실은 놀랄 일이 아니다.

재무설계사에 대한 규제 및 대중문화가 변화를 겪으면서, 이제는 오로지 고객의 최대 이익을 위해 투자를 추천해야 한다는 신의성실 의무를 채택하는 방향으로 서서히 나아가고 있다. 《백만장자 불변의 법칙》 '절약 교육' 부분에서 이야기했듯이 백만장자들은 신의성실 의무를 꺼리는 투자자문가들을 주의해야 한다.

경제적으로 성공하려면 믿을 만한 자문단의 선정 역시 필요하다. 이는 과거의 연구·조사로도 확인됐다. 많은 백만장자는 자신의 전문 분야, 즉 자기 사업의 경영에만 집중하고 나머지 다른 일은 해당 전문가들(회계사, 자산관리사 등)에게 맡기기를 원한다고 말했다. 그렇다면 이웃집 백만장자 지망생들은 전문가를 고용할 때 무엇을 살펴봐야 할까?

1. 구체적으로 얼마를 지불해야 하는가?

사실상 자신에게 필요하지 않을 수도 있는, 필요하다 하더라도 직접 사면 훨씬 싸게 살 수 있는 금융 상품을 구입하기 위해 주식중개인에게 두둑한 수수료를 내던 시대는 끝났다. 금융 서비스 업계와 일반 대중이 아직 그 사실을 모르고 있을 뿐이다. 큰돈이 되는 이 산업의 종말은 몇 년, 어쩌면 몇십 년의 시간이 걸리겠지만 현재 그 죽음은 진행 중이다. 금융 상품 판매 수수료나 대형 금융 상품 회사의 리베이트를 받지 않고 업무 수수료만 받는 재무상담사들은 업계의 작은 일부분이지만 꾸준히 성장해왔다.

거의 모든 PAW는 금융 자문 서비스에 대해서는 업무 수수료만 지불하면 된다고 생각한다. 업무 수수료는 운용자산Asset Under Management, AUM의 일정 비율 또는 더 예측 가능하고 간단한 월별 또는 연간 상담료나 '구독료' 수준으로 값을 치를 수 있다.

2. 어떤 가치를 얻을 수 있는가?

재무상담사가 제공하는 가치는 눈에 띄지는 않더라도 즉시 확인될 수 있어야 한다. 수년 동안 뱅가드는 전문 금융자문가가 제공하는 부가가치를 분류하고 수량화하는 '투자 자문가 알파'Advisor's Alpha 라는 제목의 연구를 해왔다. 뱅가드의 연구는 포트폴리오 리밸런싱, 포트폴리오 구성, 투자 행동의 개선(비싼 가격에 매수, 낮은 가격에 매도) 등에서의 이점을 토대로 평균 약 3%의 포트폴리오 수익이 추가되는 것으로 계산했다. 하지만 이 분석은 이미 저축 및 투자된 돈과 관련해 전문 재무상담사가 제공한 이익만 수량화했다.

전문 금융 자문 서비스 덕택에 절약된(그리고 투자된) 돈은 어떤가? 데이터포인츠에서 실시한 시장 조사 결과에 따르면 재산 형성에 도움이 되도록 행동을 개선할 수 있는 사람은 그렇지 못한 사람들보다 143% 더 많은 연간 저축률의 혜택을 누리게 된다(17% 대 7%). 스스로 개선하거나 전문 재무상담사의 도움으로 재무 행동을 개선함으로써 이런 이득을 볼 수 있다. 다시 말해서 검소함, 사회적 무관심, 책임감 등 재산 형성에 이로운 행동을 일관되게 보여주는 사람들은 그렇지 못한 사람들보다 매년 평균 143% 더 저축한다. 만일 그 절반만큼이라도 연간 저축률을 끌어올리게 도와줄 수 있는 재무상담사라면 대단히 귀중한 존재일 것이다.

3. 나의 최고 이익을 위해 행동해줄 것인가?

이는 전문 서비스를 주고받는 모든 관계에서 가장 먼저 해야 할 질문이다. 재무상담사의 경우도 마찬가지다. 우리는 함께 사업을 하고 우리가 조언을 구하는 사람들의 신뢰성을 늘 평가한다. 더군다나 돈 관리를 맡길 사람이라면 신뢰성은 대단히 중요하다. 지금까지 수십 년 동안 재무상담사들이 금융 상품을 판매하고 수수료를 받는 '주식중개인' 모델로 활동해온 까닭에 신뢰성의 질문에 답변하기 힘들었다. 하지만 업무 수수료만 받는 재무상담사는 변호사들이 주 변호사 규정에 따르는 것처럼 고객의 이익을 위해 항상 행동하기를 요구하는 '신의 성실 의무 기준'에 따른다(이것이 강제 규정이 되면 전부터 있던 규정이 아니란 사실이 상상하기 힘들어질지 모른다).

이제 진짜 부자들은 누구인가?

◆ ◆ ◆

몇 년 전 스탠리 박사가 블로그에 올렸던 다음의 글에서도 볼 수 있다시피, 월스트리트의 경기가 좋을 때는 근처 명품 가게들도 호황의 시기를 누릴 수 있다.

2012년 TV 프로그램 〈매드 머니〉Mad Money에서 짐 크레이머Jim Cramer는 부유층을 고객으로 하는 매장 몇 곳을 분석했다. 그중 하나는 티파니였다. 짐은 티파니의 주가가 당연히 매출, 궁극적으로는 이윤과 매우 큰 상관관계가 있다고 지적했다. 나아가 그는 이 고급 상점의 실적은 금융 상품과 서비스, 이를 판매하는 기관의 실적과도 높은 상관관계가 있다고 주장했다. 쉽게 말해 월스트리트 근무자들이 큰 보너스를 받으면 티파니 제품을 많이 산다는 것이다.

내 데이터에 따르면 투자 상품 및 서비스 마케터들은 대차대조표상 부자보다는 소득명세서상 부자일 가능성이 크다. 이 소비자 집단의 소득이 높을 때 우리는 그들의 헤픈 소비 습관을 상세히 묘사하는 신문 기사들을 보게 될 것이다. 반대로 배당금이 줄어들면 과시적 소비도 줄어들고 고급 매장들은 미래를 걱정한다.

케빈 루스Kevin Roose는 〈뉴욕타임스〉 기사에서 이렇게 주장했다. "뉴욕 증권사들의 2011년 매출액은 135억 달러로 2010년의 276억 달러에서 급감했다. 월스트리트 근무자들의 소득 감소로 뉴욕의 고급 상점들이 고통받고 있다." 이는 티파니에 매출에 어떤 영향을 미칠까? 답은 이미 나와 있다.

소득명세서상 부자들은 수입이 현저하게 증가하면 과소비를 하는 경향이 있다. 월스트리트의 부유층을 다른 부자들과 비교해보자. 최근 미국 농부들의 수입이 크게 증가했다. "2011년 미국 농가의 순이익은 전년 대비 24%가 증가한 981억 달러를 기록했다." 농부 대부분은 대차대조표상 부자 유형이다. 그들은 다이아

몬드나 은 액세서리 같은 전리품보다는 자본 개선과 우량 주식과 채권에 초과 이윤을 배분하는 경향이 있다. 농촌에서는 새로운 사일로와 트랙터가 지위의 상징이다. 〈월스트리트저널〉에 보도된 대로 "존 디어(미국 농기계 제조업체) 주가와 옥수수 가격 사이에는 밀접한 관계가 있다. 농가 소득이 증가하면 농부들은 트랙터 같은 존 디어의 대형 농기계에 투자하고 싶은 의욕이 생긴다."

나는 《부자인 척 그만해라》에서 소득을 재산으로 바꾸는 데 능한 농부들의 모습을 소개한 바 있다. 재산 형성 능력 측면에서 농부는 미국의 고소득 직종 상위 200개 중에서 8위를 차지했다. 투자 서비스 마케터들은 어떨까? 이때 나는 고소득자 중 백만장자의 비율을 본다. 그들의 순위는 농부보다 훨씬 아래이며, 고소득 직종인 의사와 변호사의 중간이었다. 그러나 20만 달러 이상의 고소득자 비율에서는 상위 10위 안에 들었다.

재무 상담에서 인생 전반에 대한 설계로

우리의 재정적 책임과 행동은 삶의 나머지 부분과 얽혀 있다. 이는 금융 서비스 업계에서 고객에 대한 총체적 접근 방식을 강조하는 자문가들이 성공을 거두는 이유이기도 하다. 앞서 논의한 바와 같이 우리의 삶에 스며 있는 모든 특성과 경험, 어려움, 가족 관계는 재무 관리에 반영된다. 이는 금융 서비스 산업에 어떤 의미를 지니는가? 재무 계획, 심리학, 상담, 인생 계획이 모두 어우러진 전문 지식이 필요하다는 것이다.

가족, 건강, 결혼 생활의 문제, 나아가 슬픔과 종교에 이르기까지 재무상담사들은 여러 비재무적 문제까지 고객과 함께 해결해나가야 한다. 몇 년 전 재무상담사에 관한 대규모 연구에서 재무상담사의 역할이 코치로 진화하고 있는 현상에 대해 많은 정보를 내놓았다. 재무설계사협회Financial Planning Association 또는 국제재무설계사표준위원회Certified Financial Planner Board of Standards에 가입한 재무상담사 약 1,400명을 대상으로 했던 이 연구는 비재무적 문제와 관련해 재무상담사들이 직면하는 주제, 과제, 중요 사건들에 주목했다.

이 연구에 따르면 90% 가까운 재무상담사들이 비재무적 영역의 코칭이나 상담을 한 적이 있으며, 고객 응대의 25%는 재무 외적 문제라고 보고했다. 조사에 응한 재무상담사의 4분의 3은 지난 5년 사이에 비재무적 문제에 할애한 시간이 증가했다고 추산했다. 고객들과 논의한 비재무적 문제에는 다음과 같은 것들이 있다.

- 개인적 인생 목표(64%)
- 신체적 건강(52%)
- 직업과 관련된 문제들(50%)

가족 구성원이나 친구의 죽음, 자녀와의 불화, 결혼 생활의 갈등 역시 자주 논의되는 비재무적 문제로 꼽혔다. 가장 많은 시간을 차지했던 주제는 개인적인 인생 목표, 고객의 경력이나 직업, 신체 건강이었다.

이제는 거래 중심에서 관계 중심으로, 판매 상품 중심의 조언에서 총체적 조언으로 재정 자문 서비스가 진화하고 있다. 더불어 현재 학자와 실무자들이 구분하는 금융 코치와 상담자, 자문가의 경계도 사라지고 있다. 그런 경계의 와해로 재무상담사들은 고객의 복리에 초점을 맞춰 전문 지식을 쌓고 이를 잠재적 고객에게 제공할 것이다. 연구자들은 다음과 같이 결론지었다.

> 이혼, 가족 간 분쟁, 약물, 정신 건강, 종교와 영성, 질병, 죽음. 마치 성직자나 사회복지사, 심리학자, 의사들이 관리하고 있는 문제들 같다. 우리의 연구에 따르면 재무상담사들도 종종 이런 문제에 직면한다. 투자와 보험에 관한 지식이 이런 문제들을 해결해주지는 않을 것이다. 회계, 세제, 금융, 투자 분야의 석박사 학위만으로는 충분하지 않을 것이다. 재무 설계의 임무가 고객이 개인적 인생 목표를 달성하도록 돕는 것인 한, 코칭과 인생 계획 기술은 재무설계사에게 필수가 될 것이다.

이런 주제를 다루는 것은 잭이나 데니스 P.에게는 무리일 것이다. 하지만 자산 관리와 인생 관리가 서로 뒤얽혀 있다는 점을 무시한다면 그들은 시대에 뒤처질 것이다. 장기적으로는 젠킨스의 접근 방식이 성공할 가능성이 크다.

더 많은 시간을 투자 공부에 투자하라

우리의 최근 백만장자 표본에서 투자자문가에게 크게 의존하는 사람은 3분의 1 이하였다. 그렇다면 경제적으로 성공한 이 사람들은 어떻게 투자를 관리할 수 있는가? 재산을 모으려면 재생 불가능한 자원인 시간을 잘 분배해서 들어온 돈을 효율적으로 관리해야 한다. 또한 지식을 쌓는 데도 시간을 할애해야 한다.

투자 능력은 천성보다 양육에 의해 좌우된다. 투자의 복잡성과 그에 요구되는 지식은 교육을 요구하지만 우리 대부분은 그런 가르침을 가정에서 받지 못했다. 예를 들어 대중 부유층 투자자를 대상으로 한 연구에서 미래를 위한 저축의 중요성을 부모에게 배웠다는 사람이 55% 이상이었던 반면 부모에게 투자 방법을 배웠다는 사람은 5분의 1도 안 됐다.

석유 시추 엔지니어인 알래스카의 한 백만장자는 이렇게 말했다. "어렸을 때 투자하는 법을 배웠으면 좋았겠다 싶어요. 부모님은 투자에 대해 제대로 이해하지 못했고, 연금을 받으며 작은 농장이나 하면서 생활하는 게 두 분의 장기 계획이었을 겁니다. 1990년대 초반 유가와 함께 알래스카의 부동산 가격이 폭락했을 때 우리는 전 재산을 잃었습니다. 힘든 시간이었지만 그때의 경험이 오늘날 우리의 투자와 재무 관리에 큰 영향을 미쳤죠. 지금 우리가 보유한 재산은 전부 그 후에 모은 것이거든요."

최근 우리 연구의 표본으로 선정됐던 백만장자 투자자 대부분은 투자에 상당한 시간을 투입했다는 데 동의했지만 재산 형성 수준에 따라 다른 양상을 보였다. 1996년 이후 두 집단의 차이가 줄어들기는 했지만, PAW는 투자 연구를 하고 향후 투자 결정을 위한 계획을 세우는 데 UAW보다 많은 시간을 할애했다. 1996년 조사 자료에서 UAW는 매월 미래의 투자 결정을 위해 공부하고 계획하는 데 소비한 시간이 PAW의 55%라고 보고했다. 2016년 조사 자료에서는 UAW가 PAW가 쓴 시간의 약 77%를 썼다고 보고했다. 이런 변화의 이유는 분명하지 않지만, 적어도 부분적으로는 온라인에서 접할 수 있는 양질의 투자 관련 뉴스와 논평이 증가했기 때문이라고 생각한다.

1996년에 이런 객관적 정보에 접하려면 사설 뉴스레터나 〈배런스〉 Barron's 같은 정기간행물을 구독해야 했다. 물론 여전히 그런 정보원도 이용할 수 있지만 웹사이트, 블로그, 팟캐스트 등 양질의 무료 정보원도 존재한다. 인덱스펀드의 확산과 수수료의 대폭 감소를 통해서뿐만 아니라 무료 콘텐츠와 정보의 확산을 통해서도 투자가 민주화되었다.

투자 관리와 미래의 투자 관련 결정 계획에 쓰인 시간은 나이와 소득에 상관없이(통계 용어로 말하면 나이와 소득을 통제했을 때) 순재산과 긍정적 상관관계가 있다. 그렇다면 경제적으로 성공한 사람들, 즉 소득을 재산으로 바꾸는 데 성공한 사람들이 UAW보다 투자 연구에 더 많은 시간을 투자한다는 것이 놀라운 일일까?

이웃집 백만장자는
사실 당신 안에 있다

자신을 믿어라! 자신의 능력을 신뢰하라! 자기 능력에 대한 합
리적인 자신감 없이는 성공할 수도, 행복할 수도 없다.

_노먼 빈센트 필Norman Vincent Peale

다음번 이웃집 백만장자가 될 사람들을 위한 교본이 있다면 특정 거
주지역이나 특정 자동차의 운전석, 특정 시계나 투자 포트폴리오에서
찾을 수 없을 것이다. 다음 이웃집 백만장자를 찾게 해줄 공식은 그보
다는 우리의 일상생활을 구성하는 행동 습관과 경험 안에 있기 때문
이다.

단순히 인구통계학적 요인에 의해 진로가 결정되는 게 싫다면 매일
당신이 하는 일이 중요하다. 자수성가한 백만장자들은 자기 일에 매
진해서 부를 얻는다. 그들은 부를 쌓을 수 있도록 자신의 시간과 에너
지, 돈을 분배한다. 그들은 소비가 전문인 사람들이 넘치는 세계에서
절제하며 저축하고, 지출하고, 투자한다. 또한 자신의 강점과 더불어

장차 그들을 넘어뜨릴 수도 있는 시장, 경제, 주변 환경을 알고 있다. 현재에도 미래에도 큰 수입이나 횡재 없이 재산을 모으고자 하는 사람들은 생활 방식과 행동 모두를 바꿔야 한다. 사실 우리 다수는 기꺼이 변화하려 하지 않는다. 그리고 어떤 이들은 부를 쌓기 위해 바꿔야 할 생활 방식과 행동이 마음에 들지 않는다는 이유로, 혼자 힘으로는 경제적 자립을 달성할 수 없다고 변명한다.

소비자 구매나 투자를 살펴보든, 주택 구매나 다른 재정적 걱정을 살펴보든 소득을 부로 전환하는 데 능숙한 사람들은 여전히 역투자자와 비슷하다. 그들은 당신이 예상하는 것과 다르게 생각하고 행동한다. 재산을 모으고 경제적으로 성공하기를 원한다면 전통적인 방식의 교육, 직업, 투자를 포기해야만 할 수도 있다. 사실 우리의 삶과 생활 방식은 우리 부모와 크게 다를 수 있다. 소비가 과도한 가정환경에서 자랐다면 더욱 그렇다.

청바지 가격이나 피해야 할 투자 실수에 관한 일화 및 조사 결과는 흥미롭고 도움이 될 수도 있지만, 장기적으로 재산을 모으는 데 필요한 행동 습관을 만들어주기에는 충분하지 않다. 제5장에서 논의했듯이 재정을 관리하는 일은 소득을 재산으로 전환하는 데 효과적인 역량과 행동 습관을 필요로 한다. 1년에 하루 절약하거나 자동차 한 대를 현명하게 구입하는 것으로는 충분하지 않다.

수입보다 검소하게 생활할 능력과 의향이 있고, 자신이 내린 재정적 결정에 자신감을 느끼며, 궁극적으로는 자기 가정의 경제적 결과에 책임질 때 재산을 모을 수 있다. 그러려면 다른 사람들이 즐기는 활동과 타는 차, 입는 옷에 자극받지 말고 자신의 재정에 무슨 일이 일어나고 있는지 감시하는 데 초점을 둬야 한다. 그리고 앞으로의 경제적 경로를 계획해야 한다. 우리 삶이 어떻게 보이기를 원하는가에 따라 목표와 계획을 세우고 그 목표를 달성하기 위한 길을 마련해야 한다. 최근 뱅가드의 경제 전망 보고서는 장기적인 재산 증식 능력에 가장 큰 영향을 주는 요인은 결국 저축이라는 결론을 내렸다.

비록 우리가 선천적으로 돈과 관련된 결정에 자신감이 없거나 쇼핑을 취미로 즐긴다 해도, 다행히 이런 행동 특성들이 천성과 양육이 다양하게 결합해 나타난 결과다. 다시 말해서 현재 상태가 어떻든 당신은 재무 행동과 생활 방식을 바꿀 수 있다. 또는 이렇게 표현할 수도 있다.

재산 축적 가능성이 높은 사람은 타고나는 것이 아니라 만들어지는 것이다.

반가운 소식이 아닐 수 없다. 우리의 재무 행동은 소속 집단이나 성별, 기타 요인들을 뛰어넘을 수 있다. 과거에 있었던 일이 미래를 어느 정도 예측은 해주겠지만 미래가 반드시 과거와 같지는 않다. 경제적으로 더 나은 앞날을 위해 집중하고 훈련한다면 더욱 그렇다. 고맙게도 지금은 재무 관리에 필요한 지식을 얻고, 배우고, 늘리기를 희망하는 사람들을 위한 자원이 1996년보다 훨씬 많으며 그중 다수는 무료로 쉽게 이용할 수 있다. 유익하게 사용한다면 기술은 더 나은 변화를 모색하도록 우리를 자극할 수 있다. 누가 미국의 대통령이든, 가족의 출신 배경이 어떻든 우리의 재무 관련 행동은 언제든지 바뀔 수 있다.

부를 쌓아가는 여정을 즐겨라

◆ ◆ ◆

집안의 재력이 막강해서 생활 방식을 전혀 바꿀 필요가 없는 사람들은 어떨까? 스탠리 박사는 경제적 원조를 충분히 받은 사람들은 부를 추구해본 적이 없어서 아마도 모든 것을 당연시할 것이라고 말했다.

오늘날 자력으로 재산을 모으기는 어렵다. 1996년에도 어려운 일이었다. 그러나 재산 축적은 가능한 일이다. 또 경제적으로 자립한 삶을 살고 싶다면 필요한 일이다.

재산을 상속받은 사람들은 어떨까? 아마 그들은 수월하게 살아갈 것이다. 재산을 물려받은 사람들도 그 재산으로 무엇을 하는지, 어떻게 활용하는지에는 상당한 개인차가 있다. '경제적 우등생 상속인'과 '경제적 열등생 상속인'은 당신의 가족이나 이웃 중에도 있을 것이다.

재산의 전부나 대부분이 상속 재산인 백만장자를 나는 어떻게 분류할까? 나는 그들이 행운아라고 생각하지 않는다. 사실 그들은 기회를 박탈당한 사람들이다. 그들은 스스로 재산을 축적하는 데서 오는 큰 자부심과 만족감을 박탈당했다. 수많은 백만장자가 부자라는 목적지보다 부자가 되기까지의 여정이 훨씬 더 큰 만족감을 줬다고 말했다. 그들은 재산을 축적해온 역사를 되돌아보며 끊임없이 목표를 세우고 달성하면서 대단히 흡족했다고 회상했다. 경제적 성취의 맥락에서 그들이 가장 많이 자랑했던 것은 경제적 자립에 도달하기까지의 여정이었다.

목적지를 물려받은 사람을 결코 부러워해서는 안 된다. 경제적 자립을 향해 가는 여행은 대부분 처음 저축한 돈에서부터 시작된다. 다음에 땅에 떨어진 도토리를 보거든 집으로 가져와 책상 위에 올려놓도록 하라. 재산과 마찬가지로 거대한 참나무도 도토리 한 알에서 시작됐음을 상기시켜줄 것이다.

《백만장자 불변의 법칙》을 읽은 사람이라면 내가 데이브 노스 박사와 했던 인터뷰 발췌문을 기억할 것이다. 데이브는 순재산이 700만 달러가 넘는 현재 대차대조표보다 경제적 자립에 이르기까지의 여정에서 훨씬 큰 만족감과 자부심을 느낀다고 말했다. 그는 나와 인터뷰할 때 재산을 모으기 시작했던 초창기에 자존감과 만족감이 어떻게 올라갔는지 이렇게 설명했다.

"열한 살 때 저는 식료품 가게에서 일하면서 50달러를 처음으로 저축해봤습니다. 요즘도 마찬가지죠. 요즘은 저축 단위가 달라졌을 뿐이에요. 액수는 커졌어도 규칙도 같고 절제하는 것도 같습니다. 제가 학교에 다닐 때 아내는 교사였습니다. 우리는 수입이 적었어요. 그렇지만 우리는 늘 저축한다는 규칙을 지켰습니다. 아무것도 없으면 투자를 할 수가 없습니다. 우선 저축을 해야 합니다. 그리고 투자 기회를 활용해야 합니다. 뭐가 있어야 아주 좋은 기회가 왔을 때 잡을 수 있죠. 그게 바탕이 되어야 하죠."

경제적 자립의 달성을 위해 데이브처럼 연봉이 높은 전문가나 기업 임원일 필요는 없다. 미국의 백만장자 5명 중 4명은 자수성가한 사람들이다. 《부자인 척 그만해라》에 소개된 백만장자 944명 중 42%는 처음 전업으로 일하기 시작했을 때 순재산이 전혀 없거나 빚만 있었다. 부자 같은 겉모습이 아니라 부자가 되어가는 여정에서 행복을 얻는 법을 배우도록 하라. 삶을 통제하고 소비에 통제당하지 않는 데서 끊임없는 기쁨을 경험하도록 하라.

그렇다면 요즘은 이웃집 백만장자들이 어디에 있을까? 이 나라가 특별한 자유와 진취성과 절제력, 근면성에 대한 보상을 제공하는 한 이웃집 백만장자는 다양한 형태로 계속 존재하고 번창할 것이다. 다음은 경제적 성공을 추구하는 사람들에게 계속 요구되는 요소를 요약한 것이다.

- 소득과 순재산을 혼동하게 만들고 자수성가를 가로막는 부에 관한 잘못된 통념을 무시하라.
- 재무 행동에 미치는 다른 사람들의 영향을 인식하고, 부자처럼 보이는 것보다 경제적 성공을 위해 노력하는 사람들로부터 배워라.
- 이웃이 경제적 목표 달성에 영향을 미칠 수 있음을 이해하고 주거지역을 선택하라. 항상 현명한 소비를 하라.

- 재무와 관련된 자신의 강점과 약점을 평가해 근검절약 등 가능한 영역을 개선해가고, 재정적 결과에 책임을 지며, 지식에 기반해 자신 있게 의사결정을 내려라.
- 일과 직업에 대한 철학을 일찍 정립하라. 25~67세까지 오전 9시부터 오후 6시까지 근무하도록 강요하는 전통적인 직업관이 유일한 길이라고 생각하지 마라.
- 성공적인 투자 행동은 학습하고 개선할 수 있으며, 오랫동안 저축한 돈을 효과적으로 투자해 얻은 결실이 더 소중하다는 사실을 인식하라.

어쩌면 20년 후에는 연구자들이 우리가 벌어들인 소득을 손쉽게 안정적으로 재산으로 전환하는 비밀 공식이나 약을 찾아낼지도 모른다. 그게 발견된다면 우리는 행동과 절제력, 검소함, 자원 배분, 인내심에 관한 이야기를 그만둘 것이다. 그때까지는 경제적 성공의 길을 가려는 사람들에게 어렵지만 보람 있는 앞으로의 여정을 알려줄 지도가 여기 있다.

◆ 부록 1 ◆

연구 개요

거주지 및 사업 소유권을 토대로 한 연구 대상 확보

이 책의 대다수 표와 논의에서 인용됐던 백만장자 연구는 2015년 4월부터 2016년 1월 사이에 진행됐다. 부자 표본 집단을 확보하기 위해 우리는 주거지역과 사업체 관련 상업용 데이터베이스를 사용했다. 이 데이터베이스는 《백만장자 불변의 법칙》, 《부자의 선택》 등에서 백만장자 가정을 찾기 위해 쓴 것과 비슷한 방법을 사용하는 회사의 것이다.

우리는 익스페리언Experian(데이터 및 분석 툴을 제공하는 글로벌 정보 서비스 제공 업체—옮긴이 주)의 모자이크 프로그램의 집단 분류 중 미국 인구의 약 0.73%를 차지하는 '미국 왕족'American Royalty 집단을 선택했다. 이 집단은 익스페리언에서 규정한 미국에서 가장 부유한 가정들로서 우편번호와 주소에 기초한 지역 코드를 기반으로 한다. 그런 다음 우리는 국세청의 2012년 소득 통계를 이용해 상속세 신고서 기준으로 모든 주의 순위를 매겼다.

우리는 상속세 신고서 기준 상위 7개 주의 가정은 과소 표집하고(표본의 20%. 캘리포니아, 플로리다, 일리노이, 뉴저지, 뉴욕, 펜실베이니아, 텍사스) 나머지 주에서는 과다 표집했다(표본의 80%). 백만장자의 수가 적은 주에서 과다 표집한 이유는 미국인의 광범위한 단면을 표본에 포함하기 위해서였다.

가정을 대상으로 하는 표집과 더불어 우리는 익스페리언의 동일 프로그램에 사업주 옵션으로 사장, 사주, CEO, 창립자 같은 직함을 넣어 소기업주를 표집했다. 그 결과 총 9,947명의 가구주와 1,516명의 소기업주를 조사 대상으로 선정했다.

우리는 생활 방식, 인구통계학적 자료, 행동, 습관에 관한 질문들을 포함한 설문 조사지를 만들었다. 이전 조사에 사용됐던 것과 같은 질문들(예를 들면《백만장자 불변의 법칙》과《부자의 선택》을 쓰기 위해 조사에 들어갔던 질문들) 다수와 함께 부동산 구매와 투자 관련 행동에 관한 새로운 질문들을 추가해 서면 및 온라인 설문지를 완성했다. 설문지 발송과 회수를 포함한 설문 조사 진행과 데이터 입력은 케네소 주립대학교의 A.L.버러스 공공서비스 및 연구센터A.L. Burruss Institute of Public Service and Research에 맡겼다. 데이터 수집은 몇 차례에 걸쳐 이뤄졌다.

1차 데이터 수집

가구주 5,000명에게 우편으로 설문에 응해주면 1달러를 주겠다는 안내문과 설문지를 보내고, 그로부터 약 3~4주 후에 설문 작성을 상기시키는 편지를 보냈다. 1차 데이터 수집에 응해준 사람은 461명으로 9.2%의 응답률을 보였다.

2차 데이터 수집

2차로 가구주 500명으로 구성된 두 표본에 연구를 소개하는 편지를 보낸 후 서면 설문지를 우편으로 보내거나, 연구를 소개하는 편지를 보낸 후 온라인 설문에 응해달라는 엽서를 보냈으며 2달러를 대가로 지급했다. 서면 설문 조사의 응답률은 18.2%, 온라인 설문 조사의 응답률은 11.4%였다. 2차 데이터 수집에서는 1,000명의 가구주 중에서 148명이 설문에 응했다.

3차 데이터 수집

3차에서는 설문지의 길이를 줄여 두 종류의 설문지를 준비했고, 무작위로 A형 또는 B형 설문지를 발송했다. 3차 데이터 수집에서는 가구주 3,947명과 소기업 사주 1,516명에게 연구를 소개하는 편지를 보냈다. 그리고 온라인 설문 조사에 응해주면 2달러를 준다는 엽서를 보냈다. 3차 데이터 수집의 응답률은 가구주(n=289)와 사주(n=100)가 각각 7.32%와 6.6%였다.

　제때 회신을 보낸 총 998명의 응답자가 분석에 포함됐다. 전체적 응답률은 9%였다. 응답자 중 164명은 설문을 완전히 작성하지 않아 834명의 응답자만 선택했다. 응답자 834명 중 669명이 백만장자이거나 천만장자였다.

추가 조사

《백만장자 불변의 법칙》이나 다른 책들과 마찬가지로 이 책에서도 다른 표본과 연구가 포함된 경우가 있다. 추가 데이터의 주요 출처 중 하나를 여기에 소개하려 한다. 우리는 크라우드소싱 서비스(아마존의 '미케니컬 터크'Mechanical Turk)를 활용해 위에서 설명한 설문지로 528명을 조사했다. 응답자들에게는 참여 대가로 2달러를 지급했다. 연간 세전소득이 2만 5,000달러 이상이며, 단독 또는 공동으로 가계의 재무 관리를 하고 있어야 하며, 나이가 25세 이상인 사람에게만 참여 자격이 주어졌다. 이렇게 선정된 표본 집단은 평균 연령 37.9세에 과반수가 남성이며(53.5%) 추산 평균소득은 8만 7,101.21달러인 대중 부유층이었다. 표본의 거의 절반(47.7%)이 20만 달러 미만의 순재산을 보유하고 있는 반면에 44.2%는 20만 달러 이상에서 100만 달러 미만의 순재산을 보유하고 있었다.

행동과 경험 연구

2012~2017년 사이에 과거의 경험 및 행동이 갖는 예측적 특성을 검토하는 조사들도 진행됐다. 이 조사들은 부의 축적 연구에 있어 바이오데이터(기업이 이력서나 지원서, 면접 등을 통해 확보한 입사 지원자 개인 신상에 관한 모든 정보—옮긴이 주)의 유용성을 애플루언트 마켓 인스티튜트 조사단 참여자와 주로 미국 대중 부유층으로 구성된 두 개의 크라우드소싱 사이트에서 표집한 표본, 이렇게 2개의 표본으로 검토했다. 이 연구의 세부 사항은 데이터포인츠의 〈재산 형성에 관한 기술 보고서〉와 〈재무 행동과 자산 형성 가능성 백서〉 및 학회지 논문과 발표문에서 찾아볼 수 있다.

◆ 부록 2 ◆

개인 기업의 수익성 순위(1998년/2015년)

업종	1998년		2015년	
	순이익 창출 사업체 비율	총매출	순이익 창출 사업체 비율	총매출
플라스틱과 고무 제품			98	3,188
개업의/정신과 의원	93	21,698	91	37,200
투자은행 은행원, 증권거래인	49	2,246	90	12,810
치과 병원	94	91,998	89	77,693
족부 전문의	75	6,296	88	7,905
사회부조	83	75,876	87	834,770
증권중개인	67	20,839	86	10,176
척추지압사	84	31,285	86	33,912
구급 의료 서비스 (구급차 서비스, 혈액·장기 은행 포함)	–	–	86	35,594

업종	1998년		2015년	
	순이익 창출 사업체 비율	총매출	순이익 창출 사업체 비율	총매출
폐기물 관리와 환경 복원 서비스	69	15,741	85	24,059
병원	–	–	85	9,787
건축공사	–	–	84	622,635
특수 사업 도급업	87	1,789,725	84	2,035,724
건설	86	2,243,044	84	2,696,797
의료 및 사회 지원	86	1,506,387	84	2,181,372
제도(설계), 건물 준공 검사	91	50,347	83	44,376
양로원/요양원	72	48,026	83	81,300
자동차 차체 정비	79	80,665	83	70,691
법률 서비스	83	318,005	83	345,480
행정·지원·폐기물 관리 서비스	–	–	82	2,471,954
행정 및 지원 서비스	83	1,235,496	82	2,447,895
의원(정신과 제외)	87	170,538	82	179,425
과학 연구개발 서비스	53	12,566	82	40,461
창고 및 보관 시설	74	3,826	82	8,290
트럭 운송	–	–	82	643,728
구급 의료 서비스	87	760,492	81	1,255,515
외래 관리 센터 및 건강 치료사	–	–	81	259,314

업종	1998년		2015년	
	순이익 창출 사업체 비율	총매출	순이익 창출 사업체 비율	총매출
기타 교통 및 지상 운송	–	–	80	655,423
개인 서비스 및 세탁 서비스	81	1,208,071	80	2,493,940
정신과, 사회치료사	92	150,205	80	197,753
운송과 창고	80	790,262	80	1,619,557
기타 회계 서비스	83	345,408	80	356,199
기타 서비스	81	1,857,237	79	3,512,160
가정 의료 서비스	83	93,523	79	386,214
공인회계사 사무실	93	48,585	79	46,475
미분류 시설	82	348,125	78	589,940
가공 금속	75	29,319	78	36,733
검사실	–	–	78	6,564
원자재중개인	65	7,621	78	3,031
교육 서비스	79	292,813	77	855,798
검안사	98	12,810	77	22,796
수리공	85	342,797	77	398,593
택배, 퀵 서비스	76	182,092	77	189,460
가구와 소품	58	31,772	76	23,881
건축 서비스	87	70,786	76	102,545

업종	1998년		2015년	
	순이익 창출 사업체 비율	총매출	순이익 창출 사업체 비율	총매출
항공, 철도 운송	61	13,722	76	16,929
광고 및 관련 서비스	81	86,337	75	144,018
시장 조사, 여론 조사	49	28,111	75	53,368
박물관, 사적지, 유사 기관	–	–	75	8,028
건축, 토목 및 관련 서비스	84	226,852	75	249,754
자동차 수리 및 정비	78	306,369	75	360,747
농외 소득 산업	75	17,408,809	74	25,226,245
전기, 가전제품 및 부품	71	7,936	74	8,239
전문, 과학 및 기술 서비스	78	2,431,374	74	3,486,604
의료 및 진단 실험실	83	19,427	74	17,709
종교, 후원, 시민, 전문 및 유사 단체	–	–	74	258,879
자동차 기계 및 전기 수리와 정비	77	138,276	74	197,540
기타 다양한 서비스	75	454,840	73	775,788
기타 전문, 과학 및 기술 서비스	76	1,145,409	73	1,932,153
목제품	44	37,081	73	31,955
경영, 과학, 기술 컨설팅 서비스	77	563,555	73	918,517
가죽 및 관련 제품			72	6,038
컴퓨터 시스템 설계 서비스	74	205,552	72	286,069

업종	1998년		2015년	
	순이익 창출 사업체 비율	총매출	순이익 창출 사업체 비율	총매출
광업 지원 활동	70	12,818	71	19,300
부동산중개인, 부동산관리사, 부동산 감정평가사	–	–	71	858,484
잡화 제조	–	–	71	66,390
데이터 처리/인터넷 출판·방송/ 웹 검색 포털	–	–	71	100,357
엔지니어링 서비스	74	86,090	71	85,798
교통 지원 활동(견인 포함)			71	90,138
보험 대리점 및 중개인	77	294,680	70	311,554
화학 제조업	–	–	70	15,976
보험 설계, 중개 및 관련 활동	76	387,774	70	422,069
자동차 수리/정비(오일, 윤활유 교환, 세차)	–	–	70	92,517
농업, 임업 지원 활동	62	121,885	70	106,930
기타 보험 및 금융 매체 관련 활동	73	93,095	70	110,515
부동산	77	796,471	69	1,167,939
석유와 석탄 제품	–	–	69	1,030
부동산 임대	–	–	69	1,214,655
금융 및 보험	73	598,939	68	636,234
컴퓨터와 전자제품	70	12,937	68	16,891

업종	1998년		2015년	
	순이익 창출 사업체 비율	총매출	순이익 창출 사업체 비율	총매출
임업 및 벌목업(묘목, 조림 포함)	–	–	67	52,006
제조업	67	361,254	67	380,959
영화 및 녹음	59	54,643	67	112,826
음식점(일반, 패스트푸드) 및 주점	–	–	66	427,770
자동차 장비 렌털 및 리스	80	17,803	66	15,330
자동차 및 부품 판매업	69	131,095	66	132,250
기타 부동산 관련 업종	79	102,301	66	257,276
수상 교통	98	2,720	66	6,033
정보	65	212,455	66	337,957
내구재(기계류, 목재, 금속 등 포함)	74	186,195	66	189,507
공연 예술, 관객 스포츠 및 관련 업종	60	820,312	66	1,346,487
인쇄 및 부대 업종	77	36,768	66	31,950
공공 설비	44	7,147	65	20,235
예술, 오락, 레크리에이션	61	986,769	65	1,499,737
특수 디자인 서비스	60	141,563	65	270,473
신용 대출 중개 및 관련 업종	76	63,151	65	39,213
증권, 원자재, 기타 투자업	64	148,034	65	174,952
숙박, 음식, 주류 판매 시설	64	302,777	65	486,163

업종	1998년		2015년	
	순이익 창출 사업체 비율	총매출	순이익 창출 사업체 비율	총매출
식품판매업	81	127,853	65	92,538
광업	50	119,376	64	134,638
오락실, 카지노, 레크리에이션 시설	67	165,341	64	145,222
중공업 및 토목공학	–	–	64	38,439
석유와 가스 생산			63	109,099
의류업	61	23,213	63	22,701
일반 상점	73	27,061	63	28,966
출판업(인터넷 출판 제외)	70	48,598	62	77,200
도매업(도매상)	73	376,581	61	371,148
기타 금융 투자 업종(투자 자문)	64	115,889	61	147,617
운송 장비	100	8,092	61	11,931
기계	85	32,967	61	24,012
기타 광업	–	–	61	6,239
농업, 임업, 수렵업, 어업	64	288,922	60	269,704
식품 제조업			60	54,971
건축 자재, 정원 장비와 소모품 판매	73	51,639	59	26,585
전기 및 가전용품점	82	39,038	59	13,704
측량 및 지도 서비스(지구물리학 제외)	100	15,598	59	10,471

업종	1998년		2015년	
	순이익 창출 사업체 비율	총매출	순이익 창출 사업체 비율	총매출
비내구재(식품, 섬유, 화학제품 포함)	71	190,386	58	142,190
비금속 광물 제품	88	8,078	58	9,178
방송통신 및 인터넷 서비스 제공 업체	–	–	58	47,574
낚시, 사냥, 덫 설치	–	–	58	66,144
소매 잡화점	48	453,894	57	618,370
의류와 액세서리 판매장	70	120,917	57	164,182
관광·숙박 시설(호텔, 모텔, 민박 포함)	–	–	56	38,853
소매업자	55	2,349,535	55	2,460,635
주유소	71	37,767	55	16,546
운동용품점, 취미용품점, 서점, 음반가게	61	140,232	54	104,898
렌털, 리스 서비스	58	75,143	54	45,550
관광용 운송 수단	40	4,491	54	9,556
전자 도매 시장, 대리인, 중개인	–	–	53	39,451
숙박업	63	56,380	53	58,393
건강용품점	44	143,921	53	136,758
가구 및 가정 비품 상점	78	58,877	52	25,876
온라인 소매업	47	1,017,241	52	1,099,962
부동산(창고, 물품보관소 포함) 임대인	–	–	51	52,178

업종	1998년		2015년	
	순이익 창출 사업체 비율	총매출	순이익 창출 사업체 비율	총매출
상업 및 산업용 기계 장비 렌털 및 리스	–	–	50	15,176
캠핑카 야영장	72	14,107	49	9,999
하숙집	56	11,862	47	9,542
잡화 및 소비재 렌털	52	13,620	45	11,906
가전제품 렌털	–	–	38	2,671
섬유 및 섬유 제품 공장	94	5,668	35	13,115
축산(개와 고양이 사육 포함)	25	26,188	34	44,625
1차 금속 제조업	–	–	27	2,781
증권 및 상품 거래소	–	1,439	11	1,317

비고: 1998년, 2015년 미국 국세청 자료. 1,000명 이상의 응답자 데이터를 토대로 사업체 순위가 매겨졌다. 1998년과 2015년 사이에 업종 범주의 변화로, 직접 비교가 불가능했던 업종도 일부 있다.

부업을 병행하고 있는
소득 대비 재산이 많은(PAW) 대중 부유층의 직업

가정관리사	레크리에이션 지도자
간호사	무직
감독관	물리학자
감사	법률 보조 사무원
강사	법무사
경리	법원 행정관
고등학교 역사 교사	변호사
과학자	보건의료 전문가
관리자	보험모집인
교사	부동산중개인
교육자	비즈니스 애널리스트
교육자문가	사무 보조
급식 관리자	사무실 관리자
노인건강상담사	사업가
농부	사업주
데이터 입력	사업주 겸 경영자
디지털 마케팅 매니저	사업주/농업 관리자

사업주/도급업자

사진작가

성직자

소기업주

소매점장

소프트웨어 엔지니어

스카우터

시스템 관리자

식생 관리

식품과학자

애널리스트

약사 보조원

엔지니어

연구 프로그램 관리자

영업관리자

영업 및 사업 개발

운영자 및 사업 동업자

웹 개발자

웹 관리자

유지 보수 관리자(시설물 관리자)

인사과 직원

임대주

자동화 엔지니어

자영업/프리랜서

작가

작업관리자

재무관리자

재무분석가

전업 부모

중간관리자

지게차 기사

카피라이터

컨설턴트

탁아 서비스 제공자

통계 조사 컨설턴트

퇴직자

투자자

팀 단장

품질관리 감독

품질관리자

프로그래머

프로젝트 책임자

프리랜서

학생

학업 상담

IT

IT 관리자

TV 보도국 기자

The Next Millionaire Next Door